杨琦 郭树华 张跃华 著

农业保险与农业产业发展的互动机制及其对策研究
——以云南为例

云南大学出版社

图书在版编目（CIP）数据

农业保险与农业产业发展的互动机制及其对策研究：以云南为例/杨琦，郭树华，张跃华著.—昆明：云南大学出版社，2010
ISBN 978-7-5482-0080-2

Ⅰ.①农… Ⅱ.①杨… ②郭… ③张… Ⅲ.①农业—保险—研究—云南省 Ⅳ.①F842.66

中国版本图书馆 CIP 数据核字（2010）第 072839 号

农业保险与农业产业发展的互动机制及其对策研究
——以云南为例
杨 琦 郭树华 张跃华 著

策划编辑：	张丽华
责任编辑：	张丽华 谢 程 潘 芮
封面设计：	丁群亚
出版发行：	云南大学出版社
印　　装：	云南大学出版社印刷厂
开　　本：	889mm×1194mm 1/32
印　　张：	10.375
字　　数：	300 千
版　　次：	2010 年 4 月第 1 版
印　　次：	2010 年 4 月第 1 次印刷
书　　号：	ISBN 978-7-5482-0080-2
定　　价：	32.00 元

地　　址：昆明市一二·一大街云南大学英华园内（邮编：650091）
发行电话：0871-5033244　5031071
网　　址：http://www.ynup.com
E-mail：market@ynup.com

内容提要

农业是国民经济的基础产业，又是一个弱质产业，农业的发展受到许多不确定因素的影响，包括自然风险、社会风险和经济风险，在农业生产经营和农民日常生活中，农业风险几乎无处不在，无时不有。中国是一个农业大国，农业在整个国民经济中占有重要的地位。农业保险是处理农业非系统性风险（如天灾人祸等）的重要财务安排，是把各方面用于农业的风险准备基金，通过保险和被保险的责任契约有机地整合在一起发挥补偿风险损失的制度，是市场经济条件下现代农业发展的三大支柱（农业科技、农村保险和农业保险）之一，它对农业的健康发展起着至关重要的作用。中国的农业保险自20世纪80年代得以恢复以来，经历了两个发展阶段，即1982～1992年的由低速增长到高速增长的发展阶段和从1993年至今的由高速增长到低速增长的阶段。目前，农业保险仍在低谷中徘徊，中国仍然没有摸索到一条很好的发展农业保险的道路，仍没有找到一种适合中国农业保险发展的经营模式。

基于此，本书将对农业保险的经营模式选择与农业产业化互动机制问题进行研究，力图探索出一种适于中国农业发展的保险与农业产业化良性互动的机制模式，为中国农业保险的实践提供一定的参考。

Abstract

Agriculture is the foundational industry of the national economy, but also a weak industry. The development of agriculture is influenced by many uncertain factors, including natural risks, social risks and economic risks in agricultural production and daily life of farmers. Agricultural risks exist everywhere at anytime. China is a large agricultural country, and agriculture is an important part of national economy. Agricultural insurance is an important financial arrangement to deal with the non-systematic risks (such as natural and man-made disasters) in agricultural processing. It is used for agriculture in various aspects of the risk reserve fund, through the insurance and liability insurance contract which is organically integrated with a risk of loss of compensation system. It is one of the three pillars (agricultural science and technology, rural insurance and agricultural insurance) in the economical market that plays an important role in promoting the development of its agriculture. China's agricultural insurance since the 1980s when it had been recovered, has undergone two stages of development, that is, 1982 ~ 1992, from the slow growth to the rapid growth stage of development, and 1993 ~ now, from the rapid growth to slow growth phase. At present, agricultural insurance is still hovering at the low point. China has not yet found a very good way to development agricultural insurance.

Based on this, in this book we will discuss about agricultural insurance's choosing of business model and the interactions among aspects of agricultural industry. We would by all means discover a model suitable for China to develop the agriculture, and provide some reference to the practice of agricultural insurance in China.

目 录

第1章 绪 论 …………………………………………… (1)
  1.1 研究背景、研究目的和拟解决的关键问题 ……… (1)
  1.2 文献综述 ………………………………………… (5)
  1.3 研究思路及研究方法 …………………………… (9)

第2章 农业保险的相关理论分析 …………………… (10)
  2.1 农业保险的概念 ………………………………… (10)
  2.2 农业保险的特点 ………………………………… (10)
  2.3 农业保险的地位和作用 ………………………… (12)
  2.4 农业保险经营模式的基本内容 ………………… (15)
  2.5 开展农业保险的必要性与迫切性 ……………… (16)
  2.6 对农村保险的差异需求与分层供给行为选择的
      机制设计理论 …………………………………… (18)

第3章 中国农业保险的供求现状、矛盾及其成因分析
    ……………………………………………………… (31)
  3.1 中国农业保险的供求现状分析 ………………… (31)
  3.2 中国农业保险发展中存在的供求矛盾分析 …… (40)
  3.3 中国农业保险供求矛盾的成因分析 …………… (44)

第4章 农业保险与农业产业发展互动机制的国际借鉴
    ……………………………………………………… (50)
  4.1 国外农业保险经营模式的比较分析 …………… (50)
  4.2 国外农业保险经营模式的评价及其对中国的
      启示 ……………………………………………… (55)

第5章 国内发达地区农业保险与农业产业发展互动
     机制对云南的启示 ……………………………… (58)
  5.1 发达地区农业保险模式研究 …………………… (58)
  5.2 边远省份农业保险模式研究 …………………… (76)

5.3　中部地区农业保险模式研究 ………………………… (85)
第 6 章　中国农业保险经营模式的构建 …………………… (99)
　　6.1　中国理论界和保险界提出的四种主要模式 …… (99)
　　6.2　中国农业保险经营模式的选择 ………………… (103)
　　6.3　构建中国农业保险经营模式的政策保障 ……… (106)
第 7 章　云南农业保险与农业产业发展结合的现状与
　　　　问题 …………………………………………………… (111)
　　7.1　云南农业基本状况 ………………………………… (111)
　　7.2　云南农业结构变迁与支农政策绩效分析 ……… (131)
　　7.3　云南农业风险管理概述 …………………………… (163)
　　7.4　云南农业产业化发展状况 ………………………… (174)
　　7.5　云南农业产业化发展与农业保险 ……………… (192)
第 8 章　云南省农业保险与农业产业化发展互动机制
　　　　建设的定位和路径选择 ……………………………… (231)
　　8.1　互动机制建立的定位 ……………………………… (231)
　　8.2　云南农业保险实证研究及调研分析 …………… (253)
　　8.3　建设适合云南农业产业化发展的农业保险的
　　　　路径选择 ……………………………………………… (264)
第 9 章　云南省农业保险与农业产业发展互动机制
　　　　创新的相关对策 ……………………………………… (280)
　　9.1　经济机制设计理论与农业保险 ………………… (280)
　　9.2　基于云南农业保险主体利益的机制分析 ……… (281)
　　9.3　云南省农业产业化的问题 ………………………… (283)
　　9.4　农业产业化和农业保险的互动关系 …………… (287)
第 10 章　云南农业保险发展模式的功能体系设计 ……… (298)
　　10.1　云南农业保险模式选择的影响因素分析 …… (298)
　　10.2　云南开展农业保险的发展模式 ………………… (312)
　　10.3　云南农业保险发展模式功能 …………………… (313)
第 11 章　结　论 ……………………………………………… (317)
参考文献 ………………………………………………………… (318)
后　记 …………………………………………………………… (326)

第1章 绪 论

农业保险是稳定农业生产和农村社会生活的重要措施，但在中国农业保险的发展非常缓慢，严重影响了农业经济的发展。究其原因，是中国当前还未能找到适合自身情况的农业保险经营模式。由此，本书将对中国农业保险的经营模式选择问题进行研究。

1.1 研究背景、研究目的和拟解决的关键问题

1.1.1 研究背景

从客观上讲，农业存在着各种各样的风险，如干旱、洪涝、冰雹、病虫害、台风、雷击、火灾等自然风险和政策、制度等社会风险以及市场、价格等经济风险。

这些风险的发生有可能给农民的生产和生活带来一定的困难，严重的甚至会造成生产中断或破产。农业保险是一种转嫁上述风险，转移损失的经济而有效的好办法。

中国的农业保险自20世纪80年代得以恢复以来，其发展经历了两个阶段，即1982~1992年的由低速增长到高速增长的发展阶段，从1993年至今的由高速增长到低速增长的阶段。目前，农业保险仍在低谷中徘徊，中国仍然没有摸索到一条很好的发展农业保险的道路，仍没有找到一种适合中国农业保险发展的经营模式。当前，农业保险越来越受到人们的关注和重视，具体表现在以下几点：

1. 农业保险在农村经济发展中的地位越来越重要

随着中国社会主义市场经济体制的建立和发展，保险业在国民经济中的作用和地位不断提高，大力发展保险业已成为中国社会经济发展不可逆转的趋势。中国政府十分重视农业的发展，中国保监会确立的"十一五"期间的战略目标是到2010年，基本

建成一个业务规模较大、市场体系完善、功能作用突出、服务领域广泛、偿付能力重组、综合竞争力较强、充满生机和活力的保险市场，保险业年均增长速度将达到15%。在保险行业15%的增速中，农业保险将成为闪现的亮点。中国保监会主席吴定富认为，中国保险的下一个增长点是农业保险。他特别强调，发展"三农"保险不是政治任务，而是一个巨大的商机，国家对农业和农村的支持给"三农"保险带来了机遇，保险公司可以从中既获得经济效益又获得社会效益。

农业保险是农业和农村经济补偿体系的重要组成部分，在市场经济体制下，是稳定农村社会的重要手段，是确保城市农副产品有效供给的重要途径，绝不是可有可无的事，也不仅是农业部门或保险部门的事，而是全社会的共同责任。

2. 农业保险是政府减轻灾害补贴压力的重要手段

发展农业保险是防范自然风险、灾后迅速恢复农业生产的需要。农业是培育动植物以取得产品的产业，生产周期长，受自然因素制约严重，许多自然因素人们还不能有效控制，干旱、洪水、台风、冰雹、早霜、病虫害等经常会发生。中国是世界上农业自然灾害较严重的国家之一，幅员辽阔的广大农村，自然灾害频繁发生，灾害种类多，受灾面积广，成灾比例高。每一次自然灾害或意外事故的发生，都给人民的生命财产造成巨大损失，严重地影响了农村经济的稳步增长和人民生活的安定。

中国现行的社会救济制度，还不能对农业灾害给农业造成的损失给予足够的补偿。灾后迅速恢复农业生产，补贴的压力很大，客观上要求建立新的农业风险分散、损失补偿制度，农业保险就是适应这一需要产生的。

3. 发展农业保险是广大农民的迫切要求

农村改革给农村经济带来巨大变化，这些变化对农业保险提出了更为迫切的要求。富裕起来的农民碰到的难题之一就是"三年致富，抵不上一次事故"，如何解决生产致富和自然灾害、意外事故造成损失的矛盾问题日渐突出。由于农村家庭联产承包经营制度相对稳定，因此，具备一定经营规模的农户在农业生产中不断增加基本建设投入，而且农业再生产过程中所需要生产资料的价值越来越大，一旦遭受自然灾害和意外事故，其物质的损失越来越巨大，建立在小农经济基础上的恢复生产的办法已远远不能解决问题。所有这些变化了的情况，已经不是一家一户靠其自身的能力所能解决的，必须采用标志着人类社会进步的一种新的经济措施——保险来解决。

4. 发展农业保险是在 WTO 框架下应对国际竞争的需要

在 WTO 框架下，外资保险公司已经逐渐进入中国的农业保险市场，中国农业保险面临着新情况。WTO 框架下农业竞争的范围扩大，对手更多，增加竞争力的手段之一就是涉足新领域，开发新产品，但是开发新产品就会有新风险，而保险可以规避风险。因此，在 WTO 框架下，应对国际竞争更加需要发展中国的农业保险。

5. 发展农业保险是政府扶持和保护农业发展的重要措施

农业具有自然和经济再生产相交织的特征，因而，农业生产经营者承受着自然和市场的双重风险。发展农业保险，是防范市场风险，保护农业和农民利益的客观需要，它离不开国家财政的支持。农业保险是国际上最重要的非价格农业保护工具之一。在世界贸易组织《农产品协议》的附件 2《国内支持：免除削减承诺的基础》中的第 7 条和第 8 条中就明确提出了政府可以在财政上参与农业保险以支持本国农业发展的具体规定，这些规定非常有利于中国对农业实施合理保护。采用农业保险的措施支持农业的发展，完全符合 WTO 规则和世界经济发展潮流。根据世界多数国家和中国 20 世纪 80 年代农业保险经营试点的经验，农业保险在政府稳定农业生产和保护农民利益中收到不少社会效益，已成为其支持农业发展的重要措施。因此，许多国家均对农业保险给予政策上、经济上和法律上的支持。中国目前在法律法规、经营模式、扶持政策等方面，都不能适应国民经济和农业发展对保险的需求。

1.1.2 研究目的

当前对农业保险经营模式的研究，有利于促进中国农业保险的发展。国内目前对保险的理论和实践的研究已经有一些成果，本书力图在前人研究的基础上，结合国家"十一五"规划的要求，探索出一种适合中国农业保险发展的经营模式。本书研究的具体目的是：

（1）探索在社会主义市场经济条件下，中国的农业保险如何才能更好地适应农村经济发展的客观需要，提高农业抵抗风险的能力。

中国农业保险的发展还比较落后，一方面有潜在的自然需求，另一方面则是供给的不足。探索一种适合的经营模式，解决这一供需矛盾，更好地服务农村经济，是本书研究的目的之一。

（2）总结农业保险的经验和教训，为农业保险理论研究开拓新的思路。

一般来说，经济制度是由于交易活动的不确定性而形成的，而保险制度则是由于交易活动结果的不确定性而形成的，保险制度的应用不仅降低了交易费用，而且确保了交易成果的稳定性。因此，它对整个经济的运行起保障作用，且与经济发展水平密切相关；反过来经济发展水平客观上也要求有与其相适应的保险组织制度。保险组织制度水平过高，对低水平的保险需求来讲是一种奢侈品，难以继续下去；保险组织制度水平过低，或者无组织，则又难以满足保险需求，对经济发展和保险业本身的发展都是一个损失。农业保险的发展依然遵循这个规律。

中国的农业保险已经恢复（1982年）试办了20多年，取得了一定的实践经验和研究成果，希望本书的研究能系统地总结中国农业保险发展的经验和教训，为政府支持农业保险的发展提供一定的理论依据，为今后的农业保险理论研究开拓新的思路。

1.1.3 研究所要解决的关键问题

一些国家尤其是发达国家在农业保险经营模式上的经验，有很多值得中国借鉴的地方。而且国外对农业保险的研究比较全面，有关农业保险的发展理论和实务方面的研究成果比较丰富，我们应充分学习和借鉴，但同时，也要紧密结合中国的国情。

近年来，国内一些部门和专家学者对农业保险问题的研究作过一些探索。但是，随着社会主义市场经济体制的不断建立和完善，以及国民经济和农业的快速发展，中国的农业和保险业都发生了很大的变化，而且还将发生更多的变化，因此，本书将结合这些变化对中国农业保险的经营模式进行研究，以期探索出一种适合中国农业保险发展的经营模式。

1.2 文献综述

从 19 世纪后半叶至今，中外的许多学者都对农业保险提出了自己的观点和看法，关于农业保险的文献著作数不胜数，本节将分成国外和国内两个部分对这些文献著作进行一个简单的综述。

1.2.1 国外文献综述

维也纳学派代表人物之一的庞巴维克（Bohm-Bawerk）在他的博士论文中研究了与保险有关的条件型索赔。19 世纪后半叶，奥地利和德国的精算学家创立了风险理论。在洛桑从事学术活动的瓦尔拉斯（Warlas）将保险看做一种从经济活动中消除不确定性的工具，这样他就能够在确定性条件下建立一般均衡理论。阿罗（Arrow）在 1953 年所做的研究是保险经济方法论方面的一个重大突破，他证明了市场力量如何决定索赔。后来，很多的经济学家也对农业保险问题进行了研究，美国学者 Luz Maria Bassoco 等人对农业保险的补贴问题进行了深入研究，Glauber 和 Collins 对强制投保所造成的社会福利损失进行过探讨，还有加拿大的一些学者探讨过农业保险对农民收入的保障作用，这些研究多集中在国家干预理论和宏观调控理论的研究方面，强调利用政府财政政策、保险政策等经济、行政、法律手段，配合市场机制、价格机制共同支持农业保险的运作，确保农业的实际利益得到保障。

Mark Wenner 和 Diego Arias 认为由于存在很高的管理成本、逆向选择和道德风险等问题，使得传统的农业保险计划无法维持，政府的介入不能从根本上解决问题，还会产生新的问题，保险的创新工具才是解决的最佳途径。创新工具包括利用资本市场的巨灾债券、保险期货、天气指数合同等。

Jerry R. Skees 认为如果把效率作为绩效的标准，世界上没有一个政策性的农业保险是成功的，因此农业保险是否需要政府的介入是值得怀疑的。① 他研究的重点是，很多国家都把美国农业保险的发展模式作为一个范本来学习，但 Jerry R. Skees 认为美国的农业保险模式成本太高而且扭曲了正常的市场机制，他建议一种政府与市场混合的发展模式，政府提供巨灾援助，并建立应对农业系统性风险的基金，市场则经营单一责任风险。

European Commission Agriculture Director Ate – General 的工作论文研究认为农业保险中的价格和产出风险随着贸易自由化和自然气候条件恶化而不断上升。当然农户还要面临其他很多的风险，在这种情况下他们会运用各种风险的管理工具，而农业保险是其中的最佳选择。但由于在需求和供给两个方面都存在"市场失灵"问题，需要政府的介入。欧盟各国的实践也证明了这一点。但是即便如此，还是存在很多问题，农产品的保险覆盖率、农户的参保率都比较低，容易导致政策寻租，补贴政策鼓励了农户进行高风险生产等。

Shri Nicolas Chatelain 认为农业保险是发展中国家保护农业生产、稳定社会经济的重要工具。② 他分析随着国际贸易竞争的日益加剧和新兴产品市场的快速发展，对农业保险有了新的更大的需求。农业保险已经不能仅仅局限于传统的可保风险，而要关注更多新的复杂的险种。这些险种不能单靠市场进行经营，需要政府的介入，主要有两种方式：补贴和提供再保险。同时发展中国家由于受到经济发展水平的限制，在推行农业保险计划时，要关注以下问题：（1）注重发挥互助社，还有地方政府的作用；（2）重视银行和农业保险之间的互动作用；（3）加强相关机制的建设，例如风险控制机制、损失评估机制和气象指数的建立等。

Shri R. C. A. Jain 分析了由于农业的基础地位和弱质性，可

---

① Jerry R. Skees. Agricultural Insurance Programs: Challenges and Lessons Learned. Workshop on Income Risk Management Session 4: From risk – Pooling to Safety Nets: Insurance Systems OECD, Paris 15 – 16, May 2000.

② Shri Nicolas Chatelain. Challenges in Implementing Agricultural Insurance & reinsurance In developing Countries. the Journal, January – June 2004.

以保护农业生产的农业保险对于发展中国家具有重要的意义。①但是因为缺乏经验数据、土地非私有化、农民收入水平低和缺乏相关的人才和保险资源等原因，农业保险在发展中国家难以推行。在这种情况下，农业保险发展框架的搭建非常重要。他认为应该分成三个层次：第一层，基础框架；第二层，具体框架；第三层，可持续发展框架。

由此可见，国外有关农业保险发展的理论与实务方面的研究成果较多，农业保险的理论也逐渐完善，这为研究中国农业保险问题提供了重要的基础条件。

1.2.2 国内文献综述

现在出版的著作中，关于农业保险这一主题的国内专著并不多，且农业保险的基础理论现在都是以介绍性为主。任素梅在其著作《农业保险概论》中，对农业保险问题作了较为系统的介绍。还有一些著作也介绍了农业保险的理论和实践，高文平、郭晓航、李军、庹国柱等都有这方面的专著，但是，农业保险的理论体系仍不完善。尤其是在当前的经济理论有较大的发展，中国已经加入 WTO 的背景下，中国的农业保险业也面临着新的挑战和机遇，农业保险理论亟待着充实和更新。

而对于农业保险的属性，刘京生博士在《中国农业保险制度论纲》一书中从商品性和非商品性的角度讨论了农业保险的属性，提出农业保险具有商品性和非商品性双重属性的观点，这种观点对于后来农业保险的属性研究具有指导性的意义。李军在《农业保险的性质、立法原则及当前的发展思路》一文中提出农业保险在具有一定排他性特征的同时又明显地具有公益性特征，应当属于准公共物品。庹国柱教授在《中国农业保险与农村社会保障制度研究》一书中提出农业保险产品是介于私人物品和公共物品之间的一种物品，但更多地趋于公共物品。由此可见，虽然国内学者关于农业保险属性研究的角度有所不同，但结论基本是一致的，即他们都认为农业保险是一种准公共产品，一方面

---

① Shri R. C. A. Jain. Challenges in Implementing Agriculture Insurance and Re‐insurance in Developing Countries. the Journal, January – June 2004.

具有排他性、竞争性等私人产品的性质,另一方面又具有外部效应这个典型的公共产品的性质。

关于中国农业保险经营模式的选择在中国理论界争议很大,总结起来主要有以下两种观点:(1)以政府为主导,建立政策性的农业保险。但对于如何建立政策性农业保险制度、是否专门成立政策性的农业保险公司及农业保险公司业务范围的界定仍存在争议。常保平等认为中国的农业保险公司应该是不以盈利为目的的政策性保险机构,实行一级法人制度,按照行政区划设置分支机构,自成系统。刘京生等提出财政支持型的农业保险发展之路,国家财政不对保险费率直接补贴,而是对经营主体的经营亏损进行补贴,经营农业保险的主体必须建立同中国再保险公司的再保险业务关系,中国再保险公司作为国家独资公司通过再保险方式,代行国家支持农业保险的职能。郭永利等认为中国农业保险公司要以农户的互助为基础,进行独立核算和自主经营的非商业性企业法人。(2)以市场为主导,政府给予适当支持的农业保险经营模式。但在组织构架上也有一定的分歧。一种观点是建立互助制的农业保险模式,主要有两种形式,一是较为初级的农业保险互助社和较高层次的农业相互保险公司。庹国柱等主张以县为基础设立,由董事会领导和决策,董事会下设精干的办事机构具体组织全县农业保险的经营;在省一级设立联合会或联社,统一规划和协调组织全省的农业保险,并建立系统内的再保险机制;国家建立农业再保险机构,在省或中央一级设立"巨灾风险准备基金"。同时认为农业相互保险公司是一种比较理想的组织形式,但相互保险公司对中国来说还是一个全新概念,缺少实践经验,理论上的优势能否在现实条件下发挥出来尚不可知。对此,还应进行深入的可行性研究。钱立秀等则主张应以乡为基础设立,省一级设立联社机构,但不开展业务,主要负责辖区保险互助社的再保险,在更大范围内分散风险。另一种观点是发展商业性保险公司。谢家智、王和、皮立波等认为农业保险的市场主体应是私人的商业性保险公司。

1.3 研究思路及研究方法

1.3.1 研究思路

本书首先以农业保险的一般理论为依据和指导，在对中国农业保险的供求现状进行分析的基础上，找出了当前中国农业保险发展中存在的供求矛盾，并进一步分析了其成因，为构建中国农业保险的经营模式奠定了基础；接着对中国农业保险的实践及国外农业保险的经验进行了分析，为构建中国农业保险的经营模式提供了参考；最后在上述分析的基础上，提出了构建适合中国国情的农业保险经营模式的具体方式及其政策保障。

1.3.2 研究方法

为了达到研究目的，本书主要采取如下研究方法：

1. 定量分析与定性分析相结合

在农业保险经营模式的研究中，定量分析与定性分析都有不可替代的作用，例如对中国农业保险的供求现状的研究需要用定量分析的方法，对各国农业保险的发展模式评述则需要用定性分析的方法。

2. 静态分析与动态分析相结合

一种方法的应用有其特定的产生环境和应用方式的选择。如果要弄清楚某一问题由什么决定的，需要采用静态分析方法；而如果要弄清一项制度或政策的由来，并要对其进行评判时，则需要采用动态分析的方法。在本书中，笔者把这两种分析方法结合起来，对农业保险的经营模式进行研究分析：对中国农业保险供求矛盾的成因分析采用的就是静态分析的方法；对中国农业保险实践及国外农业保险经验的分析则是采用动态分析的方法。

第2章 农业保险的相关理论分析

本章将从农业保险的概念入手,对农业保险的特点、农业保险的地位和作用、农业保险经营模式的基本内容以及开展农业保险的必要性和迫切性进行分析,为下文的研究提供理论依据和指导。

2.1 农业保险的概念

本书所指的农业保险就是指在农业生产经营过程中,为有生命的动植物因自然灾害或意外事故所造成的经济利益损失,提供经济保障的一种保险。

农业保险不同于农村保险。农村保险是一个地域性的概念,是指在农村经济活动中,对于生产经营者、劳动者的人身福利及其所有的财产和所从事的生产经营活动,如农业、牧业、林业、渔业、工业、商业、建筑业、服务业等,所提供的各种保险的总和。农村保险不仅包括农业保险、农民的家庭财产保险和人身保险,还包括乡镇企业的财产保险等。可见,农业保险只是农村保险的一部分。农业保险按其保险对象不同可分为种植业保险和养殖业保险两大类。种植业保险是指以各种粮食作物、经济作物、林木、果实等为主要对象的保险,一般分为农作物保险和林木保险两类。养殖业保险是指以饲养、繁殖的各种畜禽、水生动物为主要对象的保险,它包括大牲畜保险、家畜家禽保险、水产养殖保险和其他养殖保险。由于本书研究的是农业保险的经营模式,因此,不研究农业保险中具体的种植业、养殖业等产业的保险,只研究大的农业保险问题。

2.2 农业保险的特点

农业保险最基本的特点是不以赢利为目的,体现政府行为的一种风险保障措施或政策。具体来讲，农业保险具有以下几种独特的个性：

第一，农业保险的双重正外部性。农业是一国的基础产业，农业稳定，受益者不只是农民，而是整个社会，农业歉收，受损的也不只是农民，而会涉及全社会的每个成员。所以农民购买农业保险、保险公司提供农业保险，保证农业生产顺利进行，可使全体社会成员享受农业稳定、农产品价格低廉的好处，因而，农业保险是一种具有正外部性的准公共产品。农业保险的正外部性体现在农民对农险"消费"（或需求）和保险公司对农险"生产"（或供给）两个方面，具有供给和需求双重的正外部性。

农业保险"消费"的正外部性，表现为农民购买农业保险的边际私人收益小于边际社会收益，而边际私人成本大于边际社会成本，私人成本收益和社会成本收益出现了差异，从而导致正外部性产生。

第二，风险单位很大，使风险难以分散。对于农业保险来说，一个风险单位往往涉及数县甚至数省，特别是洪涝、干旱灾害，这些风险事故一旦发生则涉及千千万万农户、上亿公顷的农田；一次流行性疫病，受传染的牛、猪和禽等将会成千上万。

按照大数法则的要求，被保险的保险标的的数目要足够大，才能使风险得到分散，使风险损失接近其期望，保险的财务才可能稳定，但农业风险单位之大，使其在一县一省甚至一个国家的空间内都难以得到有效分散。

美国学者巴兹来等人在研究私人保险公司不愿意经营农作物保险的原因时指出，农场与农场之间的产量风险是正相关的，因此，保险公司的承保风险不易在空间上分散。因为保险精算依据的是大数法则，大数法则要求风险损失事件（随机事件）之间是相互独立的，如果农场的风险损失事件之间是正相关，它们就属于同一个风险单位。在一个风险单位内，无论有多少农场，有多大作物面积，它们之间的损失事件肯定是正相关的，因为灾害发生使同一个风险单位内的农场会同时受损。这一特点给农业保险经营带来特殊的困难，也为农业保险在大范围开展和农业保险的国际再保险的必要性提供了重要依据。

第三，农业风险的区域性明显。农业灾害特别是自然灾害具有明显的区域性，不同地区的主要灾害不同，风险类型、风险频率和风险强度差异也很大。地理和气候的差异性为农业保险区划，特别是费率分区的必要性提供了根据。

第四，农业风险具有广泛的伴生性。一种风险事故的发生会引起另一种或多种风险事故的发生，因此农业风险损失也容易扩大，而且由于这种损失是多种风险事故的综合结果，很难区分各种风险事故各自的损失后果。例如，台风灾害往往伴有暴雨灾害，山区的暴风雨灾害还可能导致山洪和泥石流的发生等。在这种条件下，单一风险的保险理赔就会遇到麻烦，这也许是许多国家开办多重风险或一切险农作物保险的理由之一。

第五，风险事故与风险损失的非一致性。在很多情况下，农业风险事故甚至重大的农业风险事故，最终不一定导致损失，反而会导致丰收，或者一个地区的风险事故会使相邻地区受益。陕西省商县（商州市）在1998年经历了一场严重的冰雹灾害，当时玉米被砸得东倒西歪，没想到的是，这一年的玉米获得空前大丰收。据农业技术专家分析说，这是因为冰雹虽然给苗期的玉米带来灾害，但由于农作物有较强的再生能力，冰雹袭击作物的同时，也给土壤增加了水分和氮肥（冰雹中含有氮），后期如果加强田间管理就不会因灾害减产。类似的现象还很多。

第六，农业灾害发生的频率较高，损失规模大。风险事故发生的频率和损失规模是厘定保险费率的基本依据，保险标的所面临的风险事故发生的频率高和损失规模大。一般财产保险，例如，火灾保险，一般情况下火灾发生的几率在万分之五左右，飞机失事的几率是二百万分之一。但农业风险发生的频率很高，从1950年到2002年50多年间，中国农业受灾面积平均达29.7%，成灾面积平均为12.81%，农作物产量低于平均产量的年份大部分国家都超过20%。

2.3 农业保险的地位和作用

2.3.1 农业保险的地位

农业的稳定对于整个国民经济的发展至关重要，而农业保险又是确保农业生产稳定的重要措施。农业保险是国家对农业乃至整个国民经济进行宏观调控的具体政策，农业保险在农业中的地位主要表现在以下三个方面：

第一，农业保险是国家对农业投入的一个重要渠道，是国家扶持农业发展的一种重要方式。农业稳产与增收的最终受益者不仅仅是农业的生产者，收益更多的是农产品的消费者。因此，对农业风险的投入应该是社会化的、多元化的，既有农业生产经营系统的农业部门，又有间接应用农产品的社会成员和其他产业部门，这样可以使以政府为调节中枢的多元化主体向农业进行风险投入得以实现。农业风险投入作为农业总体投入的重要组成部分，在市场经济中必须以其特定的保险方式进行。国家对农业保险的投入和补贴是基于以下几个原因：

（1）农业是弱质产业，需要国家扶持和保护，农业保险作为对农业风险管理的行业是弱质和亏损行业，也需要国家扶持。

（2）产业主体即广大农民对保险费的承受能力不高，难以承受实际保险费。因此，帮助农民建立风险机制就必须补贴一部分保险费。

（3）公平性。非农产业的保险费，大部分由国家或市场负担，企业或个人承担很少一部分，而由农牧民经营的农牧产业所交保险费不存在税前列支，这部分开支不可能进入成本，因此也就没有向市场转嫁的可能性，实际是由农民自己承担了。所以，显然不合理，需要提供补贴。

第二，农业保险是国家对产业要素实施平衡、鼓励和奖励的一项重要政策，是促进农业发展的一个重要手段。

（1）在市场经济中比较利益和比较劳动生产率均低的农业在市场机制的调节下处于极为不利的地位。当农民收入下降，并明显低于其他产业劳动者时，在市场机制的调节下以资金、劳动生产力为代表的农业生产要素会不可避免地流出农业，从而导致农业缺乏后劲，发展受阻。为避免这一现象发生，政府可通过开办农业保险，为其提供经济补偿，以保障和鼓励其发展农业生产。

（2）自然风险和市场风险对农业生产均产生不利的影响。

据有关分析表明,自然灾害对粮食的减产幅度平均每年为5%,可使粮食减产250亿千克,远远超过中国平均每年进口粮食150亿千克的水平。市场风险如市场比价和价格弹性均会对农业生产产生极为不利的影响。越是关系到国计民生的基础产品,其需求价格弹性就越小,生产得越多,遭受的市场风险就越大。因此,中国农业在市场机制面前无法与其他产业竞争,如果得不到政府切实有效的保护与扶持,农业的萎缩和停滞将不可避免。在20世纪90年代中期多次召开的中央农村工作会议上,曾几次提出农业的保护政策除实行农业价格保护外,还有五项政策,其中一项就是实行农业保险,健全农业风险补偿机制。

第三,农业保险是国家对农业实施风险管理,保护农业发展的重要措施。在市场经济进程中,中国农业保障制度的安排与创新至少应包括:产权保障、耕地保障、价格保障、投入保障和风险保障五个方面,实践证明,只有特定模式的自成体系的农业保险才能体现风险保障和投入保障。

2.3.2 农业保险的作用

第一,在市场经济条件下,农业保险有利于转移风险,保证农业生产持续稳定的发展。《国家企业成本管理条例》规定,保险费可以进入成本。因此,企业用于投保的保险费,大部分由国家财政(税前记入成本)和社会(通过成本记入物价部分)负担了。真正由企业承担的只是很少一部分,而农业却缺少这种合理的扣除,这种扣除只有进入再分配,通过农业保险才能发挥其社会效应。

第二,农业保险可以稳定国家财政支出,促进保险资金流转。农业保险的补偿作用一方面可以减少财政救灾支出,另一方面也可以使被保险人恢复生产力,通过税收形式为国家增加财政收入。同时,还保证保险资金归还和正常流转。

第三,农业保险有利于加强农业风险管理,减少农业灾害损失。农业风险管理通过核保、验险、防灾防损等项措施以逐步增强农业抵御自然灾害的能力,减少灾害造成的损失。

第四,农业保险有利于调整农村产业结构,有利于国民经济协调发展。

2.4 农业保险经营模式的基本内容

2.4.1 农业保险的经营主体、客体及投保人

第一，农业保险的经营主体，包括政府、商业公司和农户，政府又分为地方政府和中央政府，经营主体的组织形式有国有独资公司、股份制公司、相互合作制公司等，经营主体的经营方式包括政策性经营、商业性经营、合作性经营三种。

国有独资公司如美国的农业部的联邦保险公司，中国的中国人民保险公司，它又分为商业股份制公司、国有股份制公司、国有和商业混合股份制公司。

第二，农业保险的经营客体即农业保险所指向的标的，它分为常规农副产品和特种农副产品。常规农副产品就是农林牧副业中的粮、棉、油、猪、牛、羊、鱼等普通的传统农副产品，它的价值低，技术比较成熟，产量大，有些属于国家战略储备部分。特种农副产品是指附加值高、价值高的特种养殖和种植，它的商业化程度高，市场运作成熟。

第三，投保人是指与保险标的具有直接经济利益的农户、公司、农场主、专业户，如烤烟保险中的烟农、烟草公司。

2.4.2 农业保险制度安排

农业保险作为一种农业发展的保护制度，它对相关法律的依赖强度是相当强的。制度学派认为，人类存在于一个不确定性的未来，它的经济活动也不例外。制度可以通过一系列规则安排，界定人们行为的边界，约束人们之间的相互关系，降低不可预期性，降低交易成本、机构成本，如家庭、企业、保险等一般的经济制度是由于交易活动的不确定性所形成的。而农业保险制度则是由于农业经济活动结果的不确定性而产生的，通过在时空上分散局部风险来补偿具体的风险损失，以确保交易成果的稳定性。它着眼于农业和农村的稳定，有一定农业内部分配微调作用，由此需要一系列制度安排来实施农业保险。其中最重要的是立法，通过立法来厘定中央政府、地方政府、保险人、被保险人等各自的责任和权利以及交易规则、市场规则等运作规则。

2.5 开展农业保险的必要性与迫切性

2.5.1 开展农业保险的必要性

农业保险的必要性源于对农业保护的要求,对农业保护的必要性主要由于以下的原因:

(1) 农业产业在国民经济中的地位和作用,是政府对农业实行保护的经济依据。农业是国民经济和社会发展的基础。农业无论是作为社会之源、生存之本的基础作用,还是对国民经济各部门所做的资本积累,都不可能因为市场经济发展和农业产值在国民经济中的份额下降而改变。中国是一个人口大国,人均农业资源较少,农业的基础地位和作用比任何国家都重要。如果中国的农产品不能保持较高的自给率,随着人口增长和人民消费需求的不断增加,农业所承受的压力越来越大,农业的波动对人民生活、经济发展和社会安定等都会带来影响。因此,没有农业的健康发展,也就没有国民经济的健康发展;没有农业的稳定,也就没有农村的稳定,乃至国家的稳定。这就要求在挖掘农业自身潜力的同时,加强政府对农业的扶持和保护。

(2) 农业的天生弱质性和在市场竞争中的不利地位,是政府对农业保护的直接原因。农业是一个自然再生产与经济再生产交织的过程,各种自然条件对农业生产的影响很大,使农业具有明显的不稳定性和脆弱性。农业生产不仅面临自然风险而且还常常遭受各种经济和社会的不确定因素造成的市场、技术、社会等风险。由于农业本身的特点,承担风险的能力又远远低于其他产业,在市场竞争中处于不利地位。具体表现在:其一,农业生产周期长,资金周转慢,技术进步滞后,因而社会效益大而经济效益低,投资于农业往往得不到平均利润。在市场经济条件下,农业不但吸收不了外部资金的投入,甚至还难以阻止本来就稀缺的农业资源反向流出,农业比较利益低的问题比较突出,导致农业在市场和产业竞争中乏力。其二,农产品作为人们基本生活必需品,需求弹性小,可替代性低,因此农产品供求波动所造成的危害远超过其他商品,市场风险大。而农业再生产由于受复杂多变的自然因素的影响,供给稳定性差,加剧了本已存在的市场风险。

(3) 中国农业正处在向市场经济转轨的过程中，面临形势十分严峻，强化农业保护迫在眉睫。首先，面对市场经济的快速生成，大量剩余劳动力仍滞留在农村，使得农村土地要素的流动缓慢。这一切使得中国农业受到资源和需求的制约，扩张空间小造成投资效益差，产业利益低，从而在资源要素特别是资金要素的竞争中缺乏足够的实力和吸引力。其次，中国市场经济正在发展阶段，市场机制本身和宏观调控还不完善，农村社会化服务体系和市场中介组织也不健全，农民缺乏联合互助，无力抗衡非正当竞争，使得短时期内农产品市场和要素市场仍将处于无序失衡的状态。这将会增加农业效益低的效应，而已经扭曲了的资源要素的市场配置机制，又进一步加剧了农业不利的竞争地位。最后，长期以来，国家对工业实行倾斜政策，对农业基础设施和公益事业投入严重不足，全国农业投资一直呈下降趋势，而且国家把发展农村公益事业和建设基础设施的经济负担，大部分转移给农民，导致农民负担过重，收入增长缓慢，严重地影响了农民生产的积极性。

2.5.2 开展农业保险的迫切性

随着农业的发展，市场化的生产经营活动日益活跃，在自然与市场双重风险威胁下的农民，迫切要求风险体系的完善。一是随着改革的深入，农业经济体制发生了根本性的变化。目前农业实行的是家庭联产承包责任制，农业生产、流通的规模小及分散化，使对农业投入的比重逐年下降，基础设施老化，综合生产力难以提高。而原来可由集体经济承担的风险则转移到了分散的农户及农民个人身上，使相应的承担风险的能力降低。二是随着高产、高效、优质农业的发展，必须增加投入，并采用先进的农业科技，这必定会带来较高的投资风险，如果缺乏相应的风险保障机制，则难以吸引资金向农业投入，影响农业尽快实现商品化、现代化。因此探讨新形势下中国农业的风险保障问题，是十分必要而迫切的。

在原有的计划经济体制下，中国的农业风险保障基本上是以村为单位的集体经济为载体，靠国家的救灾资金和物资下调办法支持的。实践证明，这种带有行政色彩的风险保障机制，由于受到国家财力和实施途径的极大限制，即使只是应付中国频繁发生的自然灾害，其保障能力已经十分有限，更不用说解决因农业经济体制变革、市场经济发展而带来的一系列新的问题、新的风险了。

2.6 对农村保险的差异需求与分层供给行为选择的机制设计理论

近年来，伴随着我国农村发展、农业产业结构调整和农民的增收而来的是其日益增长的保险需求；与此同时，农民群体内部的收入差异日益扩大，这一差异不仅表现在地区和地区之间，也表现在同一地区的不同农户之间。

基于我国地区经济发展水平和农民收入的不同，农村问题的侧重点也不同；我国不同地区市场结构和经济结构迥异，地区之间农村保险需求千差万别。① 即便是同一地区农民的收入差距也不断扩大，涉及同一地区农民收入分层的问题。② 农民收入差距的扩大，必然会影响其融资需求及其行为选择。

我国复杂的农村经济结构和收入结构对保险的需求变得复杂化，对此，必须以多元的农村保险供给来匹配，③ 现阶段需要一个多层次、梯度化的农村保险供给。④ 为此，有学者分析了多种保险机构共存下的小额保险市场均衡，通过设计保险合同，使得三类供给者（正式保险机构、政府机构和非政府机构）得以有效区分三类收入群体（高收入者、中收入者和低收入者），从而

---

① 刘民权：《中国农村金融市场研究》，北京：中国人民大学出版社，2006年版，第12~13页。
② 江成会、吴楚平：《金融供求非均衡状态下农户金融模式的理性选择——京山县农户金融模式个案研究》，载《金融研究》，2006年第4期。
③ 何广文：《中国农村金融转型与金融机构多元化》，载《农村经济观察》，2004年第2期。
④ 王芳：《中国农村金融需求与农村金融制度：一个理论框架》，载《金融研究》，2005年第4期。

改进农村保险市场效率。①

从已有的研究文献看,对基于自利动机的我国农村保险分层供给和差异需求行为选择的研究并不多,尤其是很少有基于机制设计思想给出简单明了的模型推导。因此,本书试图通过有关约束机制模型的推导分析,考察农村高收入者、中收入者和低收入者的差异需求行为选择,以及作为农村保险供给者的代表的正式保险和民间保险相应的分层行为选择,并就此提出相关的政策建议,以便改进机制设计,促进不同农村保险供求的匹配,在满足不同层次农村保险需求的情况下,最大化各种保险供给者的利益,从而改善农村保险市场供求匹配状况和效率。

2.6.1 我国农村保险的多元供给者和需求者的分类及特征

(1)当前我国农村保险市场上的供给者及简化分类。当前我国农村保险市场形成了包括商业性、政策性、合作性保险在内的,以正式保险为主导、以农村信用合作社为核心的农村保险体系。同时,还有内生于农村经济的民间保险,日益发挥作用的小额保险服务,以及以贫困人口福利改进为重要目的的贫困救济。

正式保险主要是指由政府供给的,外生于经济体系的一类保险,它们的保险活动受到中央货币当局的监管。我国农村正式保险体系主要包括中国农业银行、农村信用合作社、中国农业发展银行及其他正式保险等。

民间保险即非正式保险则指处于央行和保险监管当局监管之外的那些保险活动。民间保险在我国农村地区的规模很大,② 发生率也很高,③ 因此在农村保险市场上占据重要的地位。

为便于讨论,本书把农村保险供给主体仅分为正式保险和民

---

① 刘锡良、洪正:《多机构共存下的小额信贷市场均衡》,载《经济研究》,2005年第3期。

② 中央财经大学课题组根据调查结果测算,中国地下保险规模介于7 400亿元~8 300亿元之间。在农村地区,全国15个省份的农户通过非正式保险取得的保险占56.78%。越是经济落后的地区,农户从非正式保险取得保险的比重就越高。

③ 温铁军(2001)对我国东、中、西部15个省份的抽样调查发现,民间保险的发生率高达95%;另据国际农业发展基金的研究报告,我国农民来自非正式保险市场的保险大约为来自正式保险市场的4倍。

间保险①两类,讨论两类具有代表性的供给者基于自利动机的行为选择。

(2)我国农村保险市场上的需求者及特征。我国农村保险市场上的需求者主要有农户、乡镇企业和各级政府及一些事业单位。为了简化问题的讨论,笔者仅考虑农户的需求行为,并根据农户的收入和其他特征的不同,将其简单分为三类,即高收入型农户、中收入型农户和低收入型农户。

高收入型农户的收入相对较高,其收入除了满足一般性的生活消费之外,还有部分节余。但其自有资金并不能满足扩大生产的需要,因此需要借贷;其保险主要用于生产性投资,还可能投资于非农生产的其他领域,因而其面临的经营风险相对较小;在个人财产方面有一定的积累,因此可以应对数量较小的保险抵押要求。

中收入型农户是指基本达到温饱状态的农村中低收入者,主要从传统的农业生产中取得收入,因此面临的不确定性较大,需要保险来维持生产,平衡消费;其拥有生产能力并且具有传统的信用意识,一旦得到保险,将会努力工作进行偿还;由于其可以选择的其他获取收入的途径不多,即保险的机会成本较小,他们可能愿意忍受更高的利率;而且他们只有很少的个人财产,几乎无法提供正式的保险抵押物。

低收入型农户则挣扎在生存线上,几乎没有生产能力,因此在任何情况下,都无力偿还保险;但他们也需要资金来维持基本的生存需要,他们没有任何符合抵押要求的财产,也无力从其他途径取得收入;在这种情况下,他们对利率存在着极高的忍耐度,需求的利率弹性几乎为零。

在对于三类农户划分依据的诸多因素中,本书主要考虑包括收入水平、抵押物的可得性、保险的主要用途、对利率的忍受程度等。

---

① 在此的民间保险,是指剔除了友情保险以外的非正式保险部门,主要包括专职的商业性质的保险,包括保险者、银背、私人钱庄、典当商和其他民间保险组织等。

2.6.2 农村保险多元供求者的行为选择：基于机制设计理论思想的模型分析

（1）机制设计理论及其在分析农村保险供求者行为选择中的适用性。资源配置机制问题一直是经济学研究的核心问题。亚当·斯密用"看不见的手"来比喻市场如何在理想状态下保证稀缺资源的有效分配，但现实情况通常是并不理想的，因为完全竞争无法实现，市场主体间信息不对称，外部性导致了私人生产和消费可能会对社会成本和福利产生影响。既然市场机制会失灵，那么是否存在其他机制能够替代或是改进市场机制，以保证资源的有效配置呢？或者说对于给定的经济环境，是否存在一个或多个机制来保证既定社会目标也即资源配置帕累托最优的实现？

经济学在这方面的发展成果就是由赫维茨开创并由马斯金和迈尔森进一步发展和运用的机制设计理论。概括地说，机制设计理论是在已知目标既定的条件下，求解最优的路径也即探讨什么样的经济机制可以实现目标的问题。

机制设计理论的激励问题涉及两个方面内容：最优机制和效率机制。无论是哪一个方面，机制设计都是一种典型的三阶段不完全信息博弈。在第一阶段，委托人提供一种机制安排，具体形式可能是规则、契约、最终分配方案等；第二阶段则由代理人决定是否接受这种机制；若是接受机制，则进入第三阶段博弈：代理人在机制约束下选择对自己有利的行动。这一博弈在大多数经济事件中的问题是第一阶段过于复杂。因此，现实中人们往往选择直接跳过第一阶段进入第二阶段进行，即委托人在第二阶段接受机制，第三阶段在机制下选择。这就是所谓的"显示性原理"，它在研究中的应用大大简化了问题的复杂程度，代理人的类型空间就直接等同于信号空间，把复杂的社会选择问题转换成博弈论可处理的不完全信息博弈，并可进行数理模型分析。

机制设计理论基本思想和框架有助于经济学家、各国政府和企业等识别在哪些情况下市场机制有效，哪些情况下市场机制无效，以便确定最佳和最有效的资源配置方式，帮助当事人确定有效的交易机制、规制计划和表决程序；为研究、比较和设计不同经济制度安排或经济机制提供了理论框架,在现实经济中具有非常广阔的应用空间,发挥着重要的作用。①

同样,把机制设计理论基本思想和框架运用到分析农村保险市场多元相关利益主体基于自利动机的行为选择问题上,具有适用性和深远的理论实际意义。在这里,我们可以先假设,无论是多元的农村保险供给者还是分层的需求者,都不讨论第一阶段的东西,即现行的农村经济体系和保险制度的机制设计是否合理,而是直接进入第二阶段,接受现有的机制体系,认为这些太复杂,无论是正规保险还是民间保险的供给,无论是高收入型农户、中收入型农户还是低收入型农户的需求,都是客观存在。所争论的则是第三阶段的内容,行为选择机制:农村保险供求双方如何选择自己的行为,标准是对自己最有利。同时分析农村保险多元供求主体在相关机制约束下基于自利动机的行为选择,相关机制变量的改变对相关行为选择的影响,从而考虑改进和完善相关机制来促进农村保险供求的匹配和市场效率的提高。

(2)基于约束机制的农村保险供给者与需求者可能的行为选择。从需求者的角度考虑,一般而言,高收入型农户可以以较低的利率从正式保险部门保险,但考虑到正式保险部门可能要求较高的抵押物,他们也可能求助于民间保险获得保险。在某些情况下,他们还可能通过贿赂保险机构或者政府的工作人员来获得不用偿还的救济款或者利率极低的扶贫保险。中收入型农户虽然也希望从正式保险部门得到利率较低的保险,但苦于保险抵押的限制,最终只能向民间保险部门借贷,同时,小额保险也向他们提供了另外一条取得保险的途径。由于他们没有足够的财产去贿赂主管贫困救济和扶贫保险的工作人员,这两种价格低廉的资金不会为他们所获得。低收入型农户长期以来就被排斥在正式保险体系之外,在一般情况下,商业性的小额保险体系也不会惠及他们,他们面临着对成本高昂的民间高利贷或者是免费获得政府救济。

---

① 为此,2007 年度的诺贝尔经济学奖颁给了为机制设计奠定理论基础并作出卓越贡献的三位经济学家:赫维茨、马斯金、迈尔森。

从供给者的角度考虑，正式保险部门需要考虑如何在保证自身利益的前提下，扩大借贷交易形成的空间；民间保险需要考虑如何确定不同的利率水平，从而使得自身收益最大化。

因此，我们需要考虑的问题是，面对不同层次的需求，农村保险的提供者会如何选择；哪些因素使得他们背离了自身的最优目标；应该如何设计适当的借贷约束机制，扩大交易达成的空间，自动分离不同层次的需求者，实现农村保险市场供求间的匹配。

（3）农村保险供给者与需求者行为选择的模型分析。本节借鉴普兰纳布·巴德汉、克里斯托夫·尤迪在《发展微观经济学》一书中的模型，① 以保证基于自利动机的投保人和保险者参与为约束条件，构造简单的约束机制模型，探讨实现借贷交易的必要条件及不同机制变量对于实现交易的影响，投保人和保险者在相关机制约束下的行为选择以及引入新的机制变量对于合约实施的影响。基本模型和相关假设如下：

假设农村保险市场上的供给者正式保险组织和民间保险组织用下标 F 和 I 表示，差异需求者高收入、中收入和低收入型农户用上标 H、M 和 L 表示；农村保险市场上的利率为 i，保险者需要对投保人进行必要的监督，其付出的监督成本为 c，② $c \in (0, 1)$，保险者将资金投入农村借贷市场的机会成本为 c_0；投保人运用保险从事农业型生产投资获得的效用为 R，付出固定的成本为 s，其还款概率 p 取决于 i 和 c，与 i 成反向关系，与 c 成正向关系，$p^H > p^M > p^L$，③ 投保人运用保险从事农业型生产投资的机会成本为 c_1，$c_1^H > c_1^M > c_1^L$。④ 假设当投保人项目事件失败时，保

---

① 在巴德汉、尤迪的《发展微观经济学》一书中，他将利率和农民的努力程度作为解释变量，构造了类似的模型。不同的是，他选择了最大化投保人的收益。

② 之所以引入监督成本，是基于信息经济学的视角，考虑到监督成本作为一种隐性成本，也会影响到保险者的收益，同时，监督的难度和大小也将直接影响投保人的还款概率，进而影响收益函数，因此，应该对其加以考察。

③ 由于中收入型农户收入较低，可能更有冲动运用保险从事消费性活动，导致保险无法偿还的风险增大。

④ 由于高收入型农户可选择的经营活动更多，因此他们放弃保险从事其他活动的机会成本相对更高，而中收入型农户若不保险，可能无法进行任何生产经营活动。因此从事其他活动的机会成本相对较低。

险人将不能追回任何保险和利息,此时保险人的收益将为 0;只要投保人的项目事件成功,保险人便可收回全部款项;投保人和保险人均为风险中立。所以,当项目事件成功时,保险者的收益为 $i-c$,投保人的收益为 $R-i-s$;当项目事件失败时,保险者的收益为 $-c$,投保人的收益为 $-s$。

所以,保险者的期望收益为:

$$\pi = p(i,c)(i-c) + [1-p(i,c)](-c)$$
$$= p(i,c)i - c \tag{1}$$
$$(R > c_1 \geqslant 0)$$

投保人的期望收益为:

$$\pi = p(i,c)(R-i-c) + [1-p(i,c)](-s)$$
$$= p(i,c)(R-i) - s \tag{2}$$

基于自利动机,保证投保人和保险者参与的约束机制基本模型简化为:

$$\begin{cases} p(i,c)i - c > c_0 \\ p(i,c)(R-i) - s > c_1 \end{cases} \tag{3}$$

第一,基于相关机制设计的农村正式保险市场供求行为选择。对于正式保险市场,约束机制模型相应转化为:

$$\begin{cases} p(i_F,c_F)i_F - c_F > c_0 \\ p(i_F,c_F)(R-i_F) - s > c_1 \end{cases} \tag{4}$$

若存在均衡的 i_F^*、c_F^*,则必然满足:

$$i_F^* > \frac{c_F^* + c_0}{p(i,c)} \tag{5}$$

$$i_F^* < \frac{\overline{R}p(i,c) - s - c_1}{p(i,c)} \tag{6}$$

即: $\dfrac{c_F^* + c_0}{p(i,c)} < \dfrac{\overline{R}p(i,c) - s - c_1}{p(i,c)} \Rightarrow c_F^* < \overline{R}p(i,c)$

$-s - c_1 - c_0 \tag{7}$

若要公式 (7) 成立,则监督成本 c_F^* 和机会成本 c_0 必须较小,机会成本 c_1 和付出的固定成本 s 也必须较小,而收益 R 和还款概率 p 必须较大。

下面讨论正式保险组织将如何基于不同机制对不同类型的投

保人分层,并考虑改进相应借贷合约机制以优化农村保险市场供求效率。

①基于利率变动机制的差异需求与分层供给行为选择

由于正式保险部门往往受限于高昂的信息成本,因此无法以较低的成本筛选潜在的投保人类型,只好以相同的利率水平向不同类型的投保人提供保险。

由于 $p^H(i,c)i-c > p^M(i,c)i-c$,保险给高收入型农户将给正式保险组织带来更大的收益。

从前面的模型可知,高收入型农户可以接受的利率上限为 $\overline{i_H^*} = \frac{Rp^H(i,c)-s-c_1^H}{p^H(i,c)}$,中收入型农户可以接受的利率上限为 $\overline{i_M^*} = \frac{Rp^M(i,c)-s-c_1^M}{p^M(i,c)}$,低收入型农户可以接受的利率上限为 $\overline{i_L^*} = \frac{Rp^L(i,c)-s-c_1^L}{p^L(i,c)}$,由于 $c_1^H > c_1^M > c_1^L$,所以 $\overline{i_H^*} < \overline{i_M^*} < \overline{i_L^*}$。如果正式保险提供的利率水平为 i,当 $i < \overline{i_H^*}$,所有投保人都会申请保险;当 $\overline{i_H^*} < i < \overline{i_M^*}$,高收入型农户不会申请保险,借贷交易规模缩小;当正式保险组织索要的利率 $i > \overline{i_L^*}$ 时,只有缺乏利率需求弹性的低收入型农户才有可能申请保险,但由于低收入型农户的 $p^L(i,c)$ 相当低,正式保险组织会放弃保险,借贷机制失效,几乎没有相应的交易。

②基于利率管制机制的差异需求与分层供给行为选择

尽管近年来,随着我国农村保险体系改革的深入,一些正式保险组织的借贷利率逐渐放开,但弹性仍然有限,存在着一定的利率管制。

假设受到政府管制等一系列因素影响,正式保险组织的利率为 $\bar{i}$,此时投保人足额还款的概率 p 仅由监督成本 c 决定,为 $p(c)$,则公式(3)的机制约束问题变为:

$$\begin{cases} p(c)\bar{i}-c > c_0 \\ p(c)(R-\bar{i})-s > c_1 \end{cases} \quad (8)$$

在满足 $\frac{c^*+c_0}{p(c^*)} < \bar{i} < \frac{Rp(c^*)-s-c_1}{p(c^*)}$ 的情况下,以最大化

供给者利益为目标,则有:

$$\pi = p(c)\bar{i} - c$$

$$\Rightarrow \frac{d\pi}{dc} = p'(c)\bar{i} - 1 = 0 \qquad \Rightarrow p'(c) = \frac{1}{\bar{i}} \qquad (9)$$

说明当边际监督成本等于利率水平的倒数时有最优解,且在均衡点处。

但由于信息不完全,正式保险组织无法充分了解投保人的情况,即使付出了很大的监督成本收益也较低,即 $p'(c)$ 很可能不大。而在利率管制且有上限时,利率往往较低,这时将导致 $p'(c) < \frac{1}{\bar{i}}$,即模型没有最优解。若要 $p'(c) = \frac{1}{\bar{i}}$ 成立,监督成本 c 必须非常大,这时,理性的保险者将选择放弃任何保险,从而解释了当存在较低的利率上限管制和较高的监督成本时,农村保险需求者难以从正式保险部门取得保险的现象。

同理,如果有利率管制且有一个较高的下限时,将不能满足 $\bar{i} < \frac{Rp(c^*) - s - c_1}{p(c^*)}$ 的约束条件,投保人的收益将无法弥补利率成本,他们将选择放弃保险。

因此,基于农村保险市场利率管制机制的借贷交易实现的空间会缩小。

③基于要求抵押机制的差异需求与分层供给行为选择

对于农村正式保险组织来说,即便存在一个较高的利率可以分离低风险(高收入型农户)和高风险(中低收入型农户),利率管制的存在也使其不便。由此,正式保险部门出于自身利益最大化的考虑,其理性的行为选择是不提供任何保险。

基于信息非对称及由此导致的逆向选择问题,当保险者未能有效甄别保险市场上风险程度不同的投保人时,将遭受损失。对此,正式保险组织可以通过设计相关机制来消除逆向选择问题,机制之一就是要求抵押保险,即把相关风险转移给投保人承担,避免保险者的收益取决于投保人不为人知的类型。

现假设投保人能够提供的抵押品价值为 v,并当投保人的相关项目事件失败时,抵押物将归保险人所有。当保险项目事件成功时，保险者的收益为 $i-c$，投保人的收益为 $R-i-s$；当保险项目事件失败时，保险者的收益为 $v-c$，投保人的收益为 $-s-v$。

这时，公式（3）的约束机制问题变为：

$$\begin{cases} p(i,c)\ i-c+[1-p(i,c)]\ v > c_0 \\ p(i,c)\ (R-i)-s-[1-p(i,c)]\ v > c_1 \end{cases} \quad (10)$$

即：$\dfrac{c^*+c_0-[1-p(i,c)]\ v}{p(i,c)} < i^* <$

$$\dfrac{\overline{R}p(i,c)-s-c_1-[1-p(i,c)]\ v}{p(i,c)} \quad (11)$$

显而易见，如果引入抵押品而进一步完善农村正式保险供求的相关机制，则部分地缓解了其所面对的不确定性风险，降低了正式保险组织可以接受的利率水平。在相同的利率水平上，其愿意提供的保险数量增加，即抵押品的存在有利于扩大农村正式保险部门的保险供给规模。

另一方面，农户所能接受的利率水平也降低了。由于仅有高收入的农户能提供一定数量的抵押品，而中收入农户仅能提供较少的抵押品，低收入农户则无法提供抵押品，从而中低收入农户将自动退出正式保险对象的队伍。同时，对抵押品价值 z 的要求应处于一个合理的水平，① 如果过高，则即便是高收入型农户也无法提供正式保险组织所要求的抵押品，即 $i^* < \dfrac{\overline{R}p(i,c)-s-c_1-[1-p(i,c)]\ v}{p(i,c)}$ 无法得到满足，从而也将被迫放弃保险，即这次是因抵押品的过高要求而导致需求方退出，无法形成借贷交易。

第二，基于相关机制设计的农村民间保险市场供求行为选择。相对于正式保险组织而言，内生于农村的民间保险组织基于地缘、人脉关系等具有信息方面的优势，其可以以较小的成本甄

---

① 张杰（1998）在《中国农村保险制度：结构、变迁与政策》中提到，考虑到抵押品的实际可交易程度和二级市场上的变现难度及变现价值，农民可提供的抵押品仅有珠宝首饰、贵重家具、粮食、牲畜和大件农具。房屋由于具有高度的分散性和低品质无法作为抵押物，而农民对于土地并无处置转让权，土地也无法作为抵押物。因此，农民实际可以提供的抵押品价值并不大。

别不同类型的需求者;同时由于其不受利率上限的限制,对于不同的投保人,民间保险可以要求不同水平的利率;此外,民间保险还可以以较小的监督成本 c 监督投保人的行为,且较为有效,即 $p'(c)$ 较大,能够同时向高中收入型农户提供保险。

对于高收入型农户而言,供求约束机制为:

$$\begin{cases} i_H^* > \dfrac{c^* + c_0}{p^H(i, c)} \\ i_H^* < \dfrac{\overline{R}p^H(i, c) - s - c_1^H}{p^H(i, c)} \end{cases}$$

对于中收入型农户而言,供求约束机制为:

$$\begin{cases} i_M^* > \dfrac{c^* + c_0}{p^M(i, c)} \\ i_M^* < \dfrac{\overline{R}p^M(i, c) - s - c_1^H}{p^M(i, c)} \end{cases}$$

假设监督成本、所获收益和固定成本均相同,$p^H > p^M$,$\omega^H > \omega^M$。因此,对于民间保险来说,$\dfrac{c^* + c_0}{p^H(i, c)} < \dfrac{c^* + c_0}{p^M(i, c)}$,即 $i_H^* < i_M^*$;同理,而对于农户来说,$i_H^* < i_M^*$。所以,民间保险将对高收入型农户索取较低的利率,而中收入型农户则自愿接受较高的利率。并基于民间保险组织的监督优势,借贷交易实现的空间将进一步扩大,有可能在 i_H^*,i_M^* 两个利率水平上达到分离均衡,高、中收入型农户均可能从民间保险组织获得保险。

可见,民间保险组织能够运用其信息上的优势,以较小的成本分离高中收入型需求者,利用不同的利率达到分离均衡,同时其较小的监督成本和较好的监督效果扩大了借贷机制有效性的范围。对于高收入型农户而言,当正式保险组织的监督成本较小或对其要求的抵押品价值较大时,其可能更倾向于向民间保险组织保险,即便民间保险要求的利率略高。

对于农村的低收入型农户而言,他们保险主要是用于维持最基本的消费性支出,即维持生存。他们缺乏劳动能力或其他可以获得收入的途径,即使侥幸借到钱,也没有能力偿还,可以认为他们的还款概率接近于0。同时他们没有任何抵押品,从事其他活动的机会成本也接近于 0, 他们的收益仅仅来源于违约所得的保险。

所以对于低收入型农户而言,公式(3)可写为:

$$\begin{cases} p(i,c)i-c>c_0 \\ 1-s>0 \end{cases} \quad 即: \begin{cases} i > \dfrac{c+c_0}{p(i,c)} \\ 1-s>0 \end{cases}$$

由于 $p(i,c) \to 0$,$\dfrac{c+c_0}{p(i,c)} \to \infty$,即必须满足 $i > +\infty$。显然,这是不可能成立的。因此,具有信息优势的民间保险不会选择向低收入型农户保险。

2.6.3 农村保险差异需求与分层供求及匹配机制设计的政策建议

通过上面基于机制设计思想的相关模型分析可知,在存在多类供给主体和多层次需求并存的农村保险市场上,基于不同借贷机制约束,多方供求基于自利动机而面临的行为选择是复杂多样的,需要具体的分析和应对。适当的借贷机制设计,将有利于约束差异需求与分层供给的行为选择和实现匹配供求,而在进一步改进和完善借贷机制时必须考虑相关的机制变量,如信息传递、利率、监督成本、辨别成本、抵押物的可得性和价值的合理性等诸多因素。

基于前面的分析和推论,本书提出如下政策建议:

(1) 农村保险供给体系的机制设计:发展多层次的保险供给组织。由于我国的正式保险部门受到信息成本的制约和利率制定的约束,其提供保险的规模和对象受到限制。而民间保险组织由于地缘、社会关系等方面的优势,可以以很小的成本鉴别和监督不同类型的投保人,通过利用不同的利率来补偿可能存在的风险,从而被排斥在正式保险供给之外的中收入型农户的保险需求可能得到满足,而高收入型农户也可能因为避免提供抵押品而获得更大的收益。因此,民间保险在一定程度上可以弥补正式保险的不足,增进农村居民的福利。对于低收入农户,民间保险却无法满足其保险需要,需要的资金只有通过国家的扶贫保险和贫困救济才可能得以满足。小额保险的存在可使中收入型农户增加取得保险的途径。因此,包括民间保险组织和小额保险在内的其他保险组织的存在是十分必要的,国家应该引导和规范民间保险而不是一味打压,从而使其更好地为农村居民服务。

(2) 利率机制设计:进一步放宽对正式保险的利率限制。农村信用社的利率能够在更大范围内浮动,且将作为更加市场化的主体与其他保险组织展开竞争,将有效地降低农村保险市场的利率,改善保险机构的服务,满足农村的差异需求及分层供给的匹配。

(3) 抵押品机制设计:考虑农村土地流转承包,增加有效性抵押品。对于农村的相关保险组织来说,农村居民缺乏有效的抵押品,未能提供有效地用于弥补信息非对称而引致的逆向选择、道德风险等问题的抵押品,可以从制度上考虑农村土地流转承包制,从而提供有效的抵押品。

(4) 基于低收入需求者的机制设计:加强财政保险的支农力度。加强国家财政的支农力度,进一步规范贫困救济和扶贫保险的发放,严格控制其投向。不能直接参与和农户的保险交易的政府,应该在扶贫保险对象的选择上要严格,而对于保险回收率①的要求要相对弱化;应该加强对作为代理人的保险机构的监督。

总之,多层次的农村需求体系要求我们培养多元化的农村供给体系,基于机制设计的视角,考虑构建"双重四元"② 的农村保险体系,并考虑积极推行利率方面的改革,促进保险部门之间有序竞争,以提高农村居民的福利。同时国家应该严格立法和监督,保障农村最贫困人口的保险需求得以满足。

---

① 这显然不符合理论上国家的最优选择。因为即使保险无法偿还,只要其投向正确,即其保证了低收入型农户的利益,国家就依然是有收益的。追求保险的回收率可能加速保险机构选择保险给高收入型农户,最终损害国家的利益。

② 是指对农业银行、邮政储蓄、农村信用合作社和农业发展银行四种原有保险机构进行正确定位,形成社会主义新农村支持的保险供给。根据农村经济发展的需求,开发农业保险、资本市场、非正式保险和信用担保机构四类新型保险主体。

第3章　中国农业保险的供求现状、矛盾及其成因分析

本章将对中国农业保险的供求现状进行分析，找出农业保险发展中存在的供求矛盾，并进一步探讨这些矛盾形成的原因，为下文的研究奠定基础。

3.1　中国农业保险的供求现状分析

中国是于1982年恢复农业保险业务的。1983~1993年，在计划经济体制背景下，该项保险由国家财政兜底，保险公司对农业保险的成本和盈亏考虑较少，根据各地需要开办了多项种植业、养殖业险；农业保险业务有较快发展，保费收入从1982年的23万元增至1993年的5.6亿元。1982~1994年，中国农业保险承担了4 600亿元的农险责任，对保障农业生产、促进农村经济发展起了积极作用。但从1994年起，各保险公司开始商业化转型，农业保险开始走市场化经营之路。保险公司作为自主经营、自负盈亏的商业性经济实体决定其追求利润的最大化，保险费率的制定、险种的选择、条款的设计以及经营等都要遵循市场原则。这种商业化农业保险模式与农业保险的政策性、非赢利性的经营特性相背离，使农业保险市场矛盾重重，出现发展缓慢甚至是停滞萎缩的局面。

3.1.1　中国农业保险的供给现状分析

农业保险是处理农业非系统性风险（如天灾人祸等）的重要财务安排，是市场经济条件下现代农业发展的三大支柱（农业科技、农村保险和农业保险）之一，是世贸组织允许各国支持农业的"绿箱"政策之一，日益受到各国政府的重视。

在中国,农业是基础产业,也是弱质产业,面临市场和自然双重风险的威胁。加入 WTO 后,中国弱质农业面临更加严峻的国际竞争。但是,为农业保驾护航的农业保险近年的发展情况并不稳定,波动幅度较大,但从总体上看农业保险保费收入还是有所增加的,只是其增量较小,从 1994 年到 2005 年的 12 年间,增长额不到 2 亿元,增长率不到 40%;而同期的财产保险增长额近 1 050 亿元,增长率将近 450%,详细情况见表 3 - 1 所示:

表 3 - 1 中国 1994 ~ 2005 年财产保险及农业保险的情况对比分析

单位:万元

项目 时间	财产保险 保费收入	财产保险 赔款额	农业保险 保费收入	农业保险 赔款额	农业保险收入占财产保险收入的比重(%)
1994 年	2 332 828	1 740 879	50 404	53 853	2.16
1995 年	2 924 130	1 817 460	49 620	36 450	1.70
1996 年	3 235 233	2 037 512	57 436	39 481	1.78
1997 年	3 822 307	2 146 900	57 589	41 871	1.51
1998 年	5 057 403	2 895 106	71 472	56 304	1.41
1999 年	5 272 181	2 796 987	63 228	48 556	1.20
2000 年	6 080 000	3 080 000	40 000	30 000	0.66
2001 年	6 850 000	3 330 000	30 000	30 000	0.44
2002 年	7 800 000	4 030 000	50 000	40 000	0.64
2003 年	8 690 000	4 760 000	50 000	30 000	0.58
2004 年	11 250 000	5 790 000	40 000	30 000	0.36
2005 年	12 830 000	6 910 000	70 000	60 000	0.55

资料来源:《中国统计年鉴》,1995 ~ 2006 年。

从中国 1994 ~ 2005 年财产保险及农业保险的相关数据可以看出,中国农业保险的发展速度远远低于同期财产保险的发展速度,从而导致农业保险收入在财产保险收入中所占的比重逐年下

降,如图3-1所示:

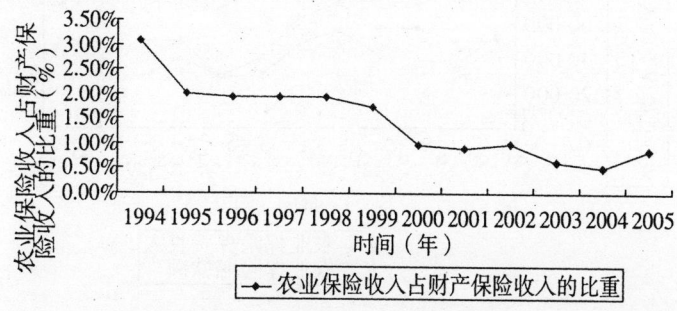

图3-1　1994~2005年中国农业保险收入占财产保险收入的比重

在1994~2005年间,中国财产保险的保费收入与财产保险的赔款额之间的差距逐年拉大(且保费收入始终大于赔款),也就是说财产保险的利润空间逐渐增大,如图3-2所示:

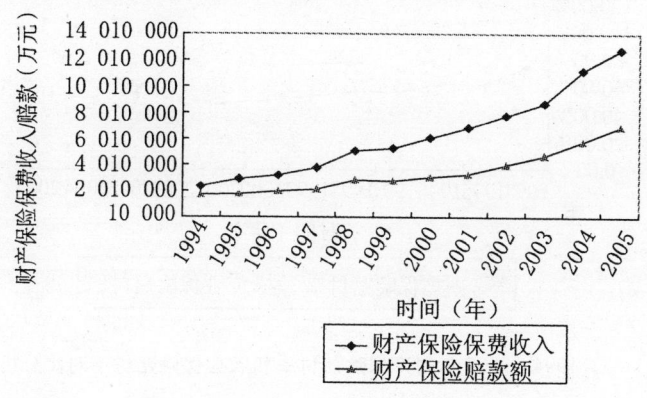

图3-2　1994~2005年中国财产保险保费收入及赔款情况分析

然而在这12年间,中国农业保险的保费收入与农业保险的赔款额之间的差距却始终很小,有时赔款额甚至超过了保费收入或者和保费收入持平,如1994年和2001年。在这种情况下,把管理成本考虑在内,经营农业保险的保险机构就会处于亏损状态,详见图3-3所示:

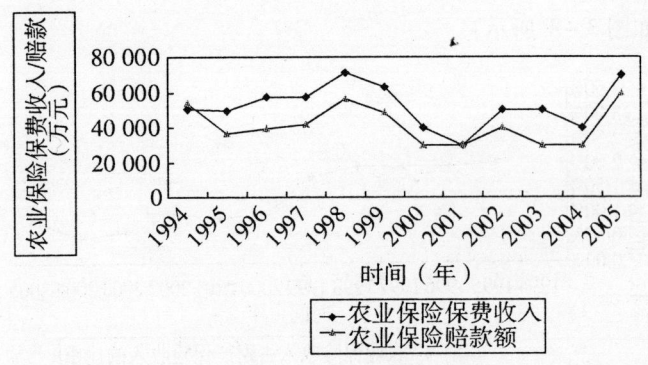

图 3-3　1994~2005 年中国农业保险保费收入及赔款情况分析

换句话说，在财产保险赔付率逐年下降的同时，农业保险的赔付率却没有明显的下降趋势，从而使得农业保险的赔付率远远高于财产保险的赔付率，如图 3-4 所示：

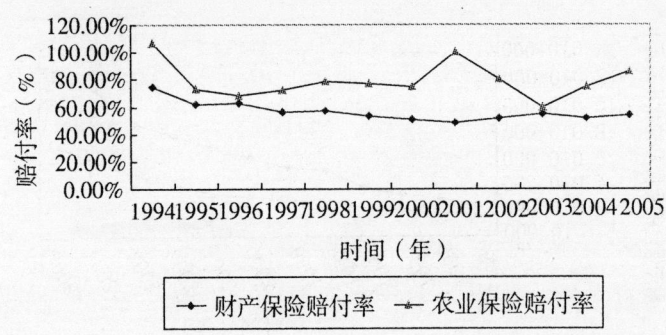

图 3-4　1994~2005 年财产保险赔付率和农业保险赔付率对比分析

在 1994~2005 年的 12 年间，农业保险赔付率在 70% 以上的有 11 年，且其中还有 4 年在 80% 以上；而财产保险赔付率在 70% 以上的只有 2 年，且最高的一年也只有 74.63%，因此，以赢利为目的的商业性保险公司大多不愿意涉足农业保险。以云南省为例，截至 2006 年底，全省的财产保险公司已达 12 家，但经营农业保险的只有中国人民财产保险股份有限公司云南分公司 1 家；且全省 16 个地州中仍有昭通、丽江、文山、大理、德宏、怒江、迪庆等 7 个地州还没有开办农业保险。这使得风险非常大的基础产业——农业面临投保无门的尴尬局面,也即中国农业保险的供给严重不足。

3.1.2 中国农业保险的需求现状分析

农业是基础产业,又是弱质产业,各种自然灾害对农业生产的打击较严重。尽管不少农民具有投保的愿望,但从总体上来看,中国农业保险实际上还是缺乏有效需求。

下文以2005年云南龙润茶业有限公司在云南省临沧市和思茅市做的市场调查情况为例进行分析。之所以选择这两个地区的调查情况做案例分析,是因为这两个地区农业保险的发展情况与全国的总体发展情况比较吻合,处于一种保费收入有增加趋势,但增量较小;保费收入与赔款额之间的差距总体较小,甚至有赔款支出超过保费收入的情况,如表3-2所示:

表3-2 2004~2006年临沧市、思茅市的农业保险情况

单位:万元

地 区	2004年保费收入	2004年赔款支出	2005年保费收入	2005年赔款支出	2006年保费收入	2006年赔款支出
思茅市	140	163	238	171	214	229
临沧市	147	79	179	235	240	216

资料来源:《云南省保险年鉴》,2005~2007年。

2005年5月,云南龙润茶业有限公司为建立"企业+茶农+基地+市场"的产业链,在临沧市和思茅市随机选取了五个村进行了市场调查,临沧市分别是凤庆县大兴村、锦绣村,云县涌宝村,双江县五家村;思茅市是镇沅县五一村。此次市场调查是以问卷的形式进行的,云南龙润茶业有限公司在每个村投放了150份问卷,共计投放了750份问卷,最后收到有效问卷637份。该问卷中有一个部分是关于农业保险的,本书将以此次调查中所获得的农业保险的相关数据信息为例对农业保险的需求情况进行分析。

此次问卷调查被访问者的年龄分布如下:最小为21岁,最大为64岁,各年龄段的分布为:25岁及以下的占5.6%,26~

35 岁之间的占 32.4%，36~45 岁之间的占 35.5%，46~55 岁之间的占 22.4%，56~64 岁之间的占 4.1%。被调查者的受教育情况如下：就学时间不足 3 年的占 5.6%，3~6 年的占 8.2%，6~9 年的占 62.8%，9 年以上的占 23.4%。从调查问卷所反映的情况看，凤庆县大兴村的人均收入为 2 503.7 元、凤庆县锦绣村的人均收入为 1 727.7 元、云县涌宝村的人均收入为 3 602.2 元、镇沅县五一村的人均收入为 2 984.3 元、双江县五家村的人均收入为 1 921.9 元。从五个村的总体情况看，收入在 1 000 元以下的被调查者占 4.67%，收入在 1 000~2 000 元的被调查者占 18.77%，收入在 2 000~3 000 元的被调查者占 35.56%，收入在 3 000~4 000 元的被调查者占 21.64%，收入在 4 000~5 000 元的被调查者占 11.67%，收入在 5 000 元以上的被调查者占 7.69%。选取这些有差异的样本有助于了解不同年龄段、不同教育背景、不同收入的农民对于风险的偏好的情况。

在此次调查中使用的问卷第三部分第一个问题如下：

自然灾害给您的个人家庭农业生产带来的损失程度大约是（　　）

A. 10% 以下　　B. 10%~20%　　C. 20%~30%

D. 30%~40%　　E. 50% 以上　　F. 无法估计

通过对收回来的有效问卷进行统计，可以看出，只有 6.71% 的人认为自然灾害给家庭农业生产带来的损失程度低于 10%，有 72.88% 的人认为自然灾害给家庭农业生产带来的损失程度在 20% 以上，详细情况见表 3-3。

在当前中国农业生产普遍较为落后的情况下，农民的人均收入还比较低，20% 的损失就很有可能严重影响农民的正常生产和生活，由此可见，农业面临的自然灾害风险是非常大的，农民实际上是很渴望自身的正常生产生活能有所保障的，换句话说，农民实际上是有投保愿望的。

在此次调查中使用的问卷第三部分第二个问题如下：

表 3-3 自然灾害给家庭农业生产带来的损失情况

单位:%

自然灾害给家庭农业生产带来的损失程度	凤庆县大兴村	云县涌宝村	镇沅县五一村	双江县五家村	凤庆县锦绣村	五个村共计
10%以下	13.48	3.06	0.00	0.00	0.00	6.71
10%~20%	7.35	43.92	26.54	0.00	0.00	15.58
20%~30%	48.50	27.53	59.83	24.00	0.96	29.66
30%~40%	13.67	18.35	10.64	26.00	3.32	12.02
40%~50%	3.46	2.08	0.00	50.00	58.02	24.16
50%以上	1.20	2.04	0.00	0.00	32.00	7.04
无法估计的	12.34	3.02	2.99	0.00	5.70	4.83

资料来源:云南龙润茶业有限公司内部资料。

您考虑过通过保险来分散您个人家庭面临的风险吗?( )

A. 考虑过　　　B. 没考虑过

调查结果显示,收入越高的被调查者考虑过通过保险来分散个人家庭面临的风险的越多,详细情况如表 3-4 所示:

表 3-4 考虑过运用保险分摊家庭风险的分布

单位:%

收入占比	1 000元以下	1 000~2 000元	2 000~3 000	3 000~4 000	4 000~5 000	5 000元以上
考虑过投保的人数所占的比重(X_i)	22.19	27.98	36.66	35.71	62.96	55.87
不同收入水平被调查者所占的比重(Y_i)	4.67	18.77	35.56	21.64	11.67	7.69

资料来源:云南龙润茶业有限公司内部资料。

以不同收入水平被调查者在所有被调查者中所占的比重 Y_i 为权重，对不同收入水平中考虑过投保的人数所占的比重 X_i 进行加权平均：

$\sum X_i Y_i = 22.19\% \times 4.67\% + 27.98\% \times 18.77\% + 36.66\% \times 35.56\% + 35.71\% \times 21.64\% + 62.96\% \times 11.67\% + 55.87\% \times 7.69\% = 38.69\%$

即在所有的被调查者中只有 38.69% 考虑过运用保险来分摊家庭风险。

考虑投保的人数所占的比重与其收入水平的线性关系如下：

$$Y = 7.7826X + 12.989$$

相关系数 $R^2 = 0.8346$

由收入水平与考虑投保的人数所占的比重的正相关关系，可知随着收入的增加，考虑投保的人数所占的比率也是增加的。这说明收入是影响人们参保意愿的主要因素，随着人们收入的增加，人们更重视对农业保险的投保。

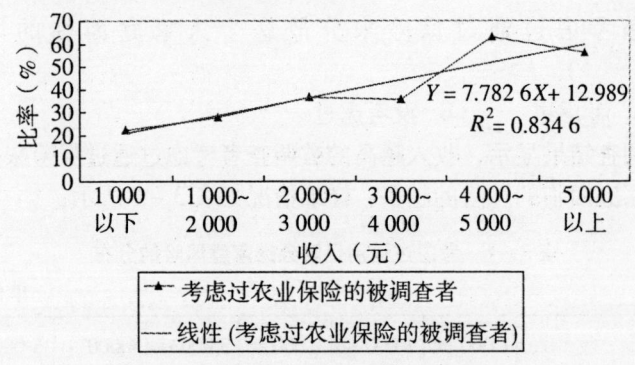

图3-5　不同收入人群对农业保险的态度

同时，调查结果还表明受教育时间越长的被调查者考虑过通过保险来分散个人家庭面临的风险的越多，详见表3-5所示：

表 3-5 考虑过运用保险分摊家庭风险的分布

单位:%

受教育时间 占比	3年以下	3~6年	6~9年	9~12年	12年以上
考虑过投保的人数所占的比重	8.67	22.44	26.58	48.72	64.16

资料来源：云南龙润茶业有限公司内部资料。

考虑过投保的人数所占的比重与其受教育时间的线性关系如下：

$Y = 13.726X - 7.064$

$R^2 = 0.9629$

由上可知，考虑过投保的人数所占的比重与受教育程度是正相关关系，随着受教育时间的增加，考虑投保人数所占的比重也随之增加。说明受教育程度越高的群体，对农业保险的作用了解更多，更愿意参保农业保险。

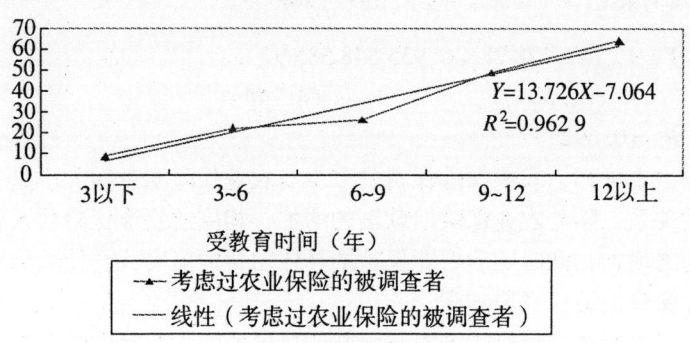

图 3-6 不同受教育程度人群对农业保险的态度

表 3-6 农业保费收入与农业保险赔款的相关关系

单位：万元

时间	农业保险保费收入	农业保险赔款额
1994 年	50 404	53 853
1995 年	49 620	36 450
1996 年	57 436	39 481
1997 年	57 589	41 871
1998 年	71 472	56 304
1999 年	63 228	48 556
2000 年	40 000	30 000
2001 年	30 000	30 000
2002 年	50 000	40 000
2003 年	50 000	30 000
2004 年	40 000	30 000
2005 年	70 000	60 000

资料来源：《中国统计年鉴》，1995~2006 年。

$$Y = 13\,757.178\,28 + 0.935\,848\,585\,9X$$
$$(1.634) \qquad\qquad (4.744)$$
$$R^2 = 0.692$$

由上可知，农业保险保费的多少与农业保险赔款额大小是正相关关系，随着农业保险赔款额的增加，相应的农业保险收入就会随之增加，此时随着农业保险的具体赔付的落实，会使人们对农业保险的参保意愿加强。

综上所述，尽管中国农业面临的风险非常大，且农业风险所带来的损失会在很大程度上影响农民的生产和生活，农民是否愿意参保农业保险，受到收入水平、受教育程度和农业保险赔款额等因素的影响。

3.2 中国农业保险发展中存在的供求矛盾分析

通过上一节对中国农业保险供求现状的分析，可以发现中国农业保险在供求中存在的许多矛盾，归纳起来，主要有自然需求不断增加与有效需求严重不足的矛盾、高费率与农业风险保障不足的矛盾以及高赔付率与商业保险公司经营目标的矛盾。

3.2.1 自然需求不断增加与有效需求严重不足的矛盾

中国现阶段财产保险和人寿保险业务竞争相当激烈，但各保险公司对农业保险业务的开发与经营缺乏积极性，以至于农业保险在全国大部分地区仍是一片空白。如前所述，这种现象并不表明农业生产者不需要风险保障，事实上，农业自然灾害给农业生产带来的损失从1978年的162亿元增加到1994年的1 944亿元，10余年增长10多倍。农业生产者承担的风险越来越大，急需相应的农业保险来转移风险、提供经济补偿。但恰恰是在农业风险增大的背景下，20世纪90年代中期以来，中国农业保险业务不断萎缩，保费收入从1992年最高峰的8.6亿元下降到2004年的3.77亿元，2004年的保费收入与2003年相比下降了15%，与1992年的最高峰相比下降了56%，直到2005年才又恢复到7亿元。即便如此，按全国2.3亿农户计算，户均投保费仅为3元。另外，在保费收入大幅下降的同时，农业保险险种的数目也在减少，由最多时的60多个下降到目前不足30个。农业保险的急剧下降与农业成灾损失的上升以及农业生产发展的需要形成鲜明反差，农民对商业化的农业保险缺乏有效需求。[①]

从上文的分析中可以看到，影响农民参与农业保险的因素主要有两个：农民的收入水平和受教育程度。首先，因为作为农业保险投保主体的农民收入水平较低，加之农业生产成本居高不下，农民可支配收入较少。2005年全国农民人均收入为3 128元，还不到城镇居民人均收入的三分之一。相对于农民收入而言，按照商业化原则确定的保险费率较高，抑制了农民对保险的有效需求。其次，农民的受教育程度普遍较低，通过保险来分散风险的意识薄弱，这也是农民有效需求不足的一个重要因素。此外，中国农村仍然是农业生产者以家庭为单位的生产方式，农业

---

① 数据来源于《中国统计年鉴》，1979～2006年。

生产的商品化程度和农业生产的预期收益较低，也使农民不愿付出较高的保险成本。

农业保险的有效需求严重不足，必然导致农业保险范围过窄，规模狭小，很难满足保险经营所依赖的大数法则。农业保险经营者风险集中，赔付率较高，商业化保险公司无法获得直接的经济效益，必然导致农业保险业务萎缩。大部分农业风险无法通过保险来转移，这严重影响了农业生产的稳定和发展。

3.2.2 高费率与农业风险保障不足的矛盾

农业保险的保险费率远高于一般财产保险的保险费率，如中华联合财产保险公司（原新疆兵团保险公司）的农业保险费率约为5%~12%，其中玉米、小麦为5%，棉花为6%，甜菜和蔬菜达到10%。而一般财产保险的保险费率仅为0.2%~2%。导致农业保险费率高的原因是农作物损失率和养殖业死亡率高。如中国西部地区粮食作物的灾害损失率通常在7%~13%之间，棉花的灾害损失率通常在9%~18%之间。农作物损失率和养殖业死亡率高造成农业保险的净保费率必然高，而与收入水平相比，这样的收费标准是绝大多数农民无法承受的。于是，一方面是农业保险的费率高，另一方面是农业风险保障严重不足。

目前中国粮食作物的承保比重只有0.01%，棉花0.02%，大牲畜1.1%，奶牛3.6%，生猪0.8%，家禽1.3%，水产养殖2.5%，而一些发达国家，如加拿大农业投保面积占总耕地面积的65%，日本的农作物投保率高达90%。相比之下，中国农村绝大多数的种植业和养殖业并没有投入农业保险，损失无法通过保险得到任何补偿，即使出现一些重大的灾害事故，通过农业保险得到的补偿也十分有限。如1998年，中国遭受百年一遇的洪水灾害，而农业保险的赔付金额却不足亿元，根本无法起到经济补偿，恢复生产的目的。[①]

3.2.3 高赔付率与商业保险公司经营目标的矛盾

由于农业保险承保的风险不仅发生概率高，而且损失集中、

---

① 数据来源于《中国保险年鉴》，2005年。

覆盖面大，其赔付率远高于一般的财产保险。1982~2004年，全国农业保险保费收入80.98亿元，累计赔款支出70.65亿元，简单赔付率达到87.24%，大大高于一般财产保险赔付率53.15%的水平，也超出保险界公认的70%的临界点；加上其他费用，农业保险的平均综合赔付率超过120%，农业保险经营长期处于亏损状态。同时，农业风险在时间和空间上分散不够充分，且容易形成巨灾损失，导致保险公司的赔付率高于预期的赔付率。①

此外，农业保险中存在严重的逆选择和道德风险，也是农业保险赔付率居高不下的一个重要原因。保险商品的费率是根据风险单位集合的平均损失率来确定的，而高风险单位倾向于购买保险，或原来低风险的单位参保后从事高风险的项目，导致保险公司的赔付率上升。由于农业风险的地域差异性和个体差异性比较大，使得农业保险的逆选择更为严重。而且，受农业生产经营的属性及小农意识影响，农业保险中的道德风险难以有效控制或控制成本高。如黑龙江省某个村子只有几个养鸡户投保了养殖险，可出现鸡瘟时村里人将死鸡都放到投保户那里找保险公司索赔，保险公司很难确定保险责任，导致赔付率上升。

农业保险赔付率过高、经营亏损，有悖于保险公司以赢利为目标的商业化经营宗旨。在2003年之前，只有中国人民保险公司、中华联合财产保险公司经营农业保险业务，即使是业务量最大的中国人民保险公司，2002年农业保险保费收入近3亿元，也仅占到公司保费总收入的0.6%，2003年以来，在上海、吉林、黑龙江分别成立了安信、安华、阳光3家专业性农业保险公司经营农险业务，并在江苏、四川、辽宁等地开展了一系列农业保险试点。但总的来说，农业保险还远远不能满足广大农民日益增长的保险需求，国内其他商业保险公司根本不愿涉足亏损严重的农业保险业务，从而造成农业保险市场供给主体严重不足，无法起到对农业生产和农村经济的社会保障作用。②

---

① 数据来源于《中国统计年鉴》，1982~2005年。
② 数据来源于《中国保险年鉴》，2003~2004年。

3.3 中国农业保险供求矛盾的成因分析

3.3.1 农业保险的外部性

外部性（Externality）是指某一个经济主体的行为对另一个经济主体的利益所产生的效应，而这种效应没有通过货币或市场交易体现出来，从而导致资源配置不能达到最大效率，即单个经济单位从其经济行为中产生的私人成本和私人利益无法与社会成本和社会利益对等，总存在生产过多或生产不足，不能达到帕累托最优（Paroto Optimality）。最早提出外部性理论的是英国的经济学家庇古。庇古认为，厂商边际私人净产值和边际社会净产值不一致的现象，就是生产的外部性。外部性分为正外部（Positive Externality）与负外部性（Negative Externality）。正外部性是指一种经济活动给其外部造成积极影响，引起他人效用增加或成本减少，为社会提供和产生巨大的经济利益；负外部性是指经济人的行为对外界具有一定的侵害性或损伤，引起他人效用降低或成本增加。

农业是中国的基础产业，农业稳定，受益者不只是农民，而是整个社会，农业歉收，受损的也不只是农民，而会波及全社会的每个成员。农民购买农业保险，保险公司提供农业保险，保证农业生产顺利进行，可使全体社会成员享受农业稳定、农产品价格低廉的好处，因而，农业保险是一种具有正外部性的准公共产品。它的正外部性体现在农民对农业保险的"消费"（或需求）与保险公司对农业保险的"生产"（或供给）两方面。正是这种供给和需求的双重正外部性，导致农业保险"需求不足，供给有限"。

1. 农业保险"消费"的正外部性与"需求不足"

农业保险"消费"的正外部性表现为利益外溢，即农民投保后，农业保险所提供的一部分利益由投保农民直接享有，如保证农民收入稳定，但另一部分利益则由农民以外的全体社会成员享有，如农业保险使农民生产的风险成本降低，生产规模扩大，农产品价格低廉。农民进行农业保险"消费"，利益外溢使边际私人收益小于边际社会效益，从而导致正外部性产生。如图3—

7所示:

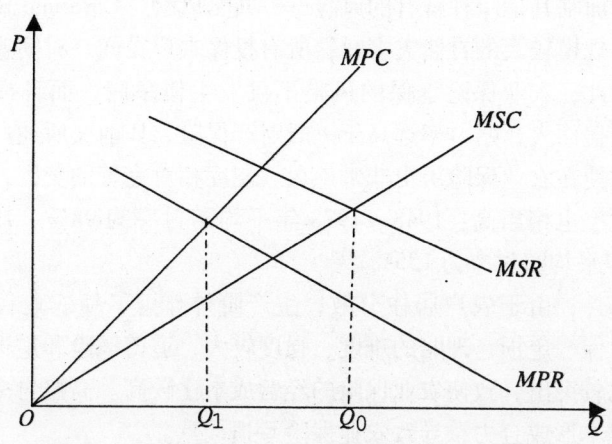

图 3-7 农险"消费"的正外部性与"需求不足"

从图 3-7 可以看出,农民进行农险"消费"的边际私人收益为 MPR,整个社会从农民"消费"中所得的边际社会收益为 MSR,利益外溢使边际社会收益大于边际私人收益。但如果政府对农民的投保行为不进行补贴,农民将承担农业保险的全部成本,边际私人成本 MPC 大于边际社会成本 MSC。农民和社会分别按照边际成本等于边际收益的原则确定农业保险的最佳均衡量 Q_1 和 Q_0,私人的最佳"消费量" Q_1 小于社会最佳规模 Q_0,农业保险"需求不足"的现象出现。

另外,如果一国的农业收益率低,农民可支配收入少,农险需求不足可能会更加严重。如中国一些地区的农险费率高达 9%~10%,农民投保价值 1 000 元的农作物需要交保费 100 元,而一些贫困地区农民年收入不足 1 500 元,到底会不会投保,无需赘言。

2. 农业保险"生产"的正外部性与"供给有限"

农业保险"生产"的正外部性体现于农业保险赔付率和经营成本较高,保险公司经营农业保险亏损严重,私人边际成本高于社会边际成本。农业保险的承保对象是有生命的动、植物,面临的风险种类繁多,各种自然灾害、疫病及火灾等意外事故,乃至偷盗等社会危险的发生都会导致损失。尤其是自然灾害，使农业保险面临其他险种鲜有的风险——共变风险（Covariate Risk），即遇到规模较大的自然灾害时，所有投保农户在同一时间遭受损失。因此，农业保险承保的风险不仅发生概率高，而且损失集中，覆盖面大，赔付率远高于一般财产保险，如前文所述。

即使在农业保险历史非常悠久、制度相对完善的美国，农险的赔付率也相当高：1948~1978年平均赔付率为98%，1981~1987年平均赔付率为155%。[①]

另外，由于农户居住分散，生产野外作业，使农业保险展业、承保、定损、理赔的难度、强度较大，道德风险和逆选择的问题比较突出，致使农业保险的经营成本比较高。高赔付率和高经营成本形成合力，导致农业保险亏损严重。

如果政府对商业性保险公司的农险"生产"不提供补贴，保险公司的边际私人成本远高于边际社会成本，而边际私人收益却是"大干大赔，小干小赔，不干不赔"，远小于边际社会收益。于是，追逐利润最大化的保险公司和社会分别按照边际成本等于边际收益的原则确定农业保险的均衡量，结果是保险公司的最佳"生产量"小于社会最佳规模，造成农险"供给不足"。具体分析与图3-7中农民农业保险"消费"的情形类似，只是用保险公司的"生产"行为代替农民的"消费"行为而已。

3.3.2 农业保险的特殊技术障碍

农业保险自身存在的特殊技术障碍也是造成农业保险供求矛盾的一个重要原因。

首先，保险责任的确定与保险费率的厘定都比较困难。一方面，农业保险的风险单位与保险单位不一致，而且风险单位往往很大。不同的风险单位一般也不重合，常常会有多种农业风险同时或相继发生。而且各地区农业实践差异较大，这样无论单一风险保险还是一切险保险，其保险责任的确定都不容易。另一方面，农业灾害损失在年际间差异大，纯费率要以长期平均损失率

---

① 数据源于《中国统计年鉴》，1982~1988年。

为基础，但有关农作物和畜禽生产的原始记录和统计资料极不完整或难以搜集，这就给农业保险费率的精确厘定带来特殊困难。

其次，定损理赔难度大。农业保险的标的都是有生命的动、植物，标的价格在不断变化。赔款应根据灾害发生时的价值计算，而这时农作物或畜牧产品往往还未成熟或还在生长中，要正确估测损失程度、预测其未来的产量和产品质量以及未来产品的市场价值都很困难。

再次，道德风险防范难。农业保险的保险利益是一件难以事先确定的预期利益，其标的大都是活的生物，它们的生长、饲养或种植的好坏在很大程度上取决于人的管理照料的精心与否。同时畜禽保险中的防疫工作往往也带有区域性，所以当地没投保的农户也存在"搭便车"现象。因此农业灾害损失中的道德风险难以防范。据统计，近年来在中国的一些地区农业保险经营中的道德风险给保险公司造成的损失占农业保险赔款的30%以上。

3.3.3 农业灾害、农业生产以及农业经济的区域性

中国农业灾害、农业生产以及农业经济的区域性决定了中国的农业保险也具有区域性的特点，在不同的区域，保险标的、保险金额、保险责任与保险期限都不相同，使得农业保险的难度加大，这也在一定程度上制约了农业保险供给。

首先，农业灾害的区域性决定了中国各个地区农业保险的保险责任和保险金额存在着很大的差别。中国的地域横跨热带、亚热带、温带、寒温带四个气候区，地形地貌十分复杂，多样的地理条件和复杂的地形环境决定了农业面临着多种自然灾害风险，分布呈区域性的特点。总的看来，中国的农业灾害的分布存在着以下的规律：黄淮海地区及黄土高原、粤东和闽南沿海、云南东部和北部等地的干旱次数较多；洪涝灾害经常出现在长江和珠江中下游、淮河流域等地区；冰雹多发生在西部和山区；霜冻则对东北和华北地区的危害较大。由于各个地区自然灾害的种类存在着很大的区别，不同地区农业保险的保险责任必然也不同。另外，各个地区自然灾害的风险程度不同，各地种植业和养殖业的损失程度也不同，这决定了在风险不同的地区，农业保险的保险金额也不同。

其次，中国农业生产的区域性决定了各个地区农业保险的保险标的不同。中国的农业生产具有区域性的特点，不同地区的主要农产品具有很大的差别，因此农业保险的保险标的也不同。例如东北地区农业保险的主要标的是玉米、大豆、甜菜和柞蚕；黄河中下游地区农业保险的主要标的是小麦、棉花、花生、芝麻、烤烟、温带水果以及工厂化养殖的畜禽；东南沿海地区的农业保险标的主要是集约化程度较高的水稻、甘蔗、橡胶、郊区养殖的经济动物及食品加工；而青、藏、宁、甘、内蒙等省、自治区的农业保险标的主要是肉畜和种畜。农业生产条件的差异对各地农业保险的保险期限也有影响，以冬小麦为例，在青藏高原，由于气候寒冷，冬小麦从播种到成熟共需要12个月的时间；在北京地区，则需要10个月的时间；而在中国的南方，由于气候温暖，仅需要6个月的时间。

再次，中国农业经济发展的区域性也是造成农业保险供求矛盾的主要原因。现阶段，中国农村的经济发展水平和农民的收入水平按东、中、西地带呈明显的区域性分布，即经济发达的东部及东南沿海地区农民的收入水平高于中部地区，中部地区高于西部地区，东部经济发达地区农民收入的增长幅度也高于中、西部地区，但用于生活必需品的支出份额却低于中、西部地区，这使东部地区农民的财富积累更快，不断扩大了地区间的经济差距，形成明显的经济区域。在经济发达的东部地区，农民的收入水平较高，消费支出的弹性较大，有承担农业保险费的能力，但在这些地区，由于农业经济地位的下降，保险的需求有弱化的倾向；而在中西部尤其是西部地区，经济发展较为落后，农民经济收入的主要来源还是农业，但由于土地经营规模很小，且分布零散，使农民对农业保险的要求也较为烦琐，这就使农业保险机构的工作难度明显加大，业务费用开支也相应增多，从而保费较高。因此，中国农业保险的发展就出现了有效需求不足的困境：一方面，东部地区有支付能力的农民保险需求相对不足；另一方面，中西部地区有较强潜在保险需求的农民，却缺乏足够的支付能力，从而形成了农业保险需求与保险费承担能力的结构性摩擦。

3.3.4 农业保险的政策支持不足

自 1996 年中国各保险公司开始商业化转型以后,国家对属于政策性险种的农业保险就不再有补贴,对农业保险的各种支持十分有限,通过保险转嫁以分散农业风险的方式运用较少,主要依靠政府投入农业基础设施、救灾救济和价格补贴等手段抵御农业自然风险。

从资金上看,自 1990~2000 年的十年间,中国财政支农资金中农业基本建设投资 3 909 亿元,其中水利 2 476 亿元,救灾和救济 359 亿元。而 1982~2001 年间加上对保险公司的亏损补贴和营业税优惠,对通过保险方式转嫁农业风险的投入不超过 15 亿元。① 从政策上看,中国的农业保险业务,除免交营业税外,其他方面同商业保险一样对待。政府也没有相关的财力投入和扶持性政策,如补贴保费、管理费、支持再保险、允许经营健康险等。这与世界上其他主要国家政府对农业保险的大量投入和政策支持形成了鲜明对照,如日本政府补贴农民保费甚至占到农民应缴保费的 50%~70%。

农业保险的商业化运营,使经营农业保险业务的保险公司业务风险集中,加上农业保险的综合赔付率较高,形成了保险公司"小保小赔,大保大赔,不保不赔"的现象。尽管 2004 年以来中国保险监督管理委员会批准成立了 3 家专业性农业保险公司,但这些保险公司刚刚起步,许多业务正处于不断试点、探索和完善之中,其业务范围和规模远不能满足现代农业发展的迫切需要。

---

① 数据源于《中国统计年鉴》,1983~2002 年。

第4章 农业保险与农业产业发展互动机制的国际借鉴

4.1 国外农业保险经营模式的比较分析

4.1.1 美国的农业保险经营模式

美国于20世纪30年代开始试办农业保险并以农作物保险为主要组成部分,由此习惯上称其农业保险为"农作物保险"。美国的农业保险模式是一种政府主导参与型模式。该模式是以国家专业保险机构为主导,对政策性农业保险进行宏观管理和进行直接或间接经营,重点以农作物为主,并逐渐向养殖业方向扩展。这种模式有健全的不断完善的农作物保险的法律法规为依托,建立了政府主办下的农业保险公司来提供农作物的直接保险和再保险。这种经营是政策性的,但农民是自愿投保,对投保的农作物仅支付纯保费的一部分,其余部分由政府补贴。政府认购农业保险公司一定数额的资本股份,并负担一切经营管理费用,对资本存款收入和财产免征一切赋税。除政府的农业保险公司以外,其他私营、联合股份公司、保险互助会等也都可以在政府农业保险的框架下经营农业保险。经过近70年若干次的实践探索与创新,美国农作物保险基本实现了由传统农作物保险向现代风险管理制度的历史性演变,其保险密度已高达70%左右。归纳其成功的原因主要有4个方面:

第一,建立与时俱进的法律保障体系。美国现行的农作物保险是由参议院提议后,经过14年的论证于1938年在《联邦农作物保险法》中确立的。该法规定了农作物保险的目的、性质、开展办法和经办机构等内容,为联邦政府在1939年全面实施农作物保险业务提供了法律依据和保障。此后美国政府又根据时宜的变迁对该法进行了多次修订与完善。

第二，逐步构建网络型农业保险组织体系。依据1980年修订的《农作物保险法》，私人保险公司既可以参与联邦农作物保险公司（FCIC）的农作物保险和再保险并独立承担风险损失责任，也可以只做享受FCIC佣金的代理人而不承担风险责任。此后，在联邦政府财政及税收等优惠政策的激励下许多私人保险公司积极承保农作物保险。时至2001年，FCIC就基本不再做原保险业务，而只代替政府行使政府职能专注经营再保险。由此形成了农户向私人保险公司投保，并获得政府的保费补贴，私人保险公司不仅可以从政府获得各种费用补贴与优惠政策，而且又可向FCIC或私人再保险公司进行分保以分散风险，再保险公司又可从政府获取费用补贴及税收与保险等优惠条件的网络型农业保险组织体系。

第三，开设"模糊"的农业保险产品。根据保险的宗旨，保险只承保纯粹性风险（如自然灾害风险）而不承保投机性风险（如市场风险）。但美国在《1996年农场法》中就推出了既承保农作物产量风险又承保农产品价格风险的收入保险，如团体收益保险、作物收益保险、农场总收入保险、收益保证保险和收入保护保险，等等。这些保险产品的推出受到了广大农民的欢迎，并促进了美国农作物保险的快速发展。至2002年承保面积已达到1.16亿公顷，占可保面积的81.3%。

第四，强有力的政府扶持。美国政府开展农作物保险的目的是建立农村经济"安全网"，提高国民整体福利水平。正基于此，美国政府对农作物保险的财政扶持力度非常大，而且手段也更直接更有效。重点体现在三个方面：（1）保费补贴只针对农作物保险业务而不针对保险机构。无论是FCIC还是私营保险公司，只要经营农作物保险就享受政府保费补贴。（2）农作物保险公司可以获得业务费用补贴。政府不仅向FCIC提供各种业务费用，而且还向私营保险公司提供20%~25%的业务费用补贴。（3）通过再保险分散保险公司的风险。为了降低保险公司经营农作物保险的风险责任，提高其保障能力，联邦政府通过FCIC向私营保险公司提供比例再保险和超额损失再保险保障。

4.1.2 日本的农业保险经营模式

日本的农业保险模式是一种政府支持下的相互会社模式。国家对关系国计民生的和对农民收入影响较大的主要农作物（水稻、小麦等）和饲养动物实行法定强制保险。政府的主要职责不是经营保险而是监督和指导。日本农业保险成功的原因主要有以下几个方面：

第一，建立多重风险分散与安全保障机制。日本农业保险组织由基层向高层分为三级：农业共济组合、农业共济组合联合会和国家农业保险机构（即农业共济再保险特别会计处）。农业共济组合是设置在市、镇或村一级不以赢利为目的的民间保险相互会社，其作为最基层组织直接向本地区所有成员承保，然后再向农业共济组合联合会进行部分分保，以减小风险责任。农业共济再保险特别会计处又向农业共济组合联合会提供超额赔款再保险，以降低其非常损失所致高额赔偿责任。1952年农业共济联合会与政府共同出资筹建了农业共济基金，用于农业共济联合会的补偿基金不足以支付赔款时向其提供保险。由此构筑了多重风险分散与安全保障机制：首先是通过原保险与两次再保险将农业风险在全国范围内的3个不同主体（投保人、承保人与政府）间进行3次分散；其次是通过农业共济基金又为农业保险经营机构实现长期收支平衡提供了一个"稳定器"，进一步增强了农业保险抗风险的能力。

第二，采取与政府调控目标相一致的实施方式及激励措施。日本农业保险的实施方式是强制保险与自愿保险相结合。其强制保险有两种情况：一种是对有关经济社会发展目标、国计民生及严重影响农民收入的农产品生产实行法定保险，如水稻、小麦、牛、马、猪、蚕等；另一种是当农户所种植的可保农作物面积超过法定最低限（目前为0.3公顷）时就会自动成为该地区农业共济组合成员，即成为被保险人。自愿保险主要是对具有一定保险需求的农产品生产如水果、花卉等以及小规模农作物种植农户。

第三，农业保险立法先行并逐步建立完善的法律保障体系。日本于20世纪20年代初开始酝酿农业保险，经过充分调研之后首先进行的就是立法。1929年颁布了《牲畜保险法》、1938年颁布了《农业保险法》，而在1939年4月才正式举办农业保险。在其后又对这两部法律进行了多次修改与完善，尤其是1947年日本政府根据当时所需将这两部法律修改合并为《农业灾害补偿法》，为实施强制保险和确认合作组织为基本组织形式提供了法律保障，并开创了独具特色的政府扶持下的民间非赢利团体经营模式。时至今日，日本农业保险法制已十分健全，从微观的强制与自愿保险范围的设定、费率确定和赔款计算方法等，到宏观的组织结构、政府职责与再保险等都有具体规定。

4.1.3 法国的农业保险经营模式

法国是一个农业比较发达的国家，也是农业保险起步较早、发展较快的国家之一。法国的农业保险模式是一种政府资助的商业保险模式。不少西欧的发达国家如德国、西班牙、荷兰等都采用这一模式。这种模式的主要特点是，全国没有统一的农业保险制度和体系，政府一般不经营农业保险。农业保险主要由私营保险公司、保险相互会社或保险合作社经营。投保是自愿的，农民自己支付保费，国家也支持私营保险公司举办农业保险，同时为了减轻参加农业保险的农民的负担，也给予一定的保费补贴。

法国经营农业保险的成功经验有很多，如通过国家立法保护农业保险、政府为减轻农民的保费负担向农民提供很大比例（50%~80%）的保费补贴、向保险公司提供费用补贴与税收优惠政策等等。然而作者认为最值得中国借鉴的成功经验则是建立政府与社会共同联办的国家保险公司独立经营广义农业保险。1986年法国成立了以政府控股为主体、社会参股的股份有限公司——农业互助保险集团公司，下设农业相互保险公司、非农业财产保险公司、农民寿险公司和农业再保险公司4个保险公司。其中，农业相互保险公司承保全国农民的所有财产、疾病和意外伤害的损失；非农业财产保险公司承保农村的屠宰商、面包商、手工业商、小商业者的财产、疾病和意外伤害保险；农民寿险公司承保农民和非农民的人寿保险和死亡保险业务；农业再保险公司负责对内对外的分保业务。由此可见，该集团是将农业保险的经营范围由狭义农业保险扩大为广义农业保险并将其作为一个系统统一进行承保经营。经过近 20 年的实践证明这种经营方式不但实现了"以险养险",而且增强了保险公司的经营能力,极大地促进了法国农业保险的发展。到目前为止,该集团净资产已达 45 亿欧元,保费收入 122 亿欧元。

4.1.4 印度的农业保险经营模式

印度与中国均是发展中国家,具有相近的国情,如经济发展水平不高、农业生产力水平低、农民对农业保险的需求程度低等,所以印度举办农业保险的成功经验对中国也具有很大的启示作用。

印度的农业保险模式是政府重点选择性扶持模式。除印度外,还有一些亚洲的发展中国家如泰国、菲律宾、孟加拉国等的农业保险模式也是政府重点选择性扶持模式。这种农业保险发展模式的特点主要表现在:一是农业保险主要由农业保险专门机构或国家保险公司提供;二是由于多是试点,主要承保的是农作物而很少承保饲养动物,农作物也一般选择本国的主要粮食作物,目的是保证农业经济的稳定;三是参与保险的形式大多数是强制保险,并且这些强制保险一般都与农业生产保险相联系。其成功的原因主要有以下几个方面:

第一,财政支持是促进农业保险发展的原动力。印度于 1961 年就开始对其主要农作物如水稻、小麦等在部分地区进行了农业保险试验,但由于政府不提供财政支持,试点没取得任何进展。直到 1972 年政府通过建立全国性保险机构直接组织和经营,并实行保险责任由中央政府与邦政府两级按比例分摊、经营管理费用全由国家负责之后,农业保险才得以迅速发展。

第二,推行与国情相适宜的实施方式与承保范围。印度农业保险的实施方式是自愿保险与有条件的强制保险相结合。这里所说的有条件的强制保险是指进行生产的农户必须参加相关农业保险。由于开展农业保险市场环境不够成熟和政府的财力有限,印度农业保险的承保范围只限于关系到国计民生的主要农作物如水稻、小麦等和养殖业的主要牲畜如牛、马等。这样既可减少逆选择与道德风险发生概率又可集中国家财力保证农业稳定发展。

4.2 国外农业保险经营模式的评价及其对中国的启示

4.2.1 国外农业保险经营模式的评价

四种农业保险模式虽然在组织形式上存在很大差别,但经营农业保险最基本的内容却是一致的,它们的共同特点表现如下:

1. 农业保险带有强制性或准强制性的特征

许多国家对农业保险实行依法强制投保,其目的是按照大数法则的规则,尽可能地扩大同质标的物的规模,使风险在空间和时间上进行分散,以保证农业保险经营的稳定性。如美国的农业保险原则上实行自愿保险,但仍以立法形式来规范,在1994年的《农业保险修正案》中明确规定,不参加政府农作物保险计划的农民不能得到政府其他计划福利,这在一定程度上造成了事实上的强制保险;日本通过法律明确规定,对具有一定规模的农民实行强制保险,对达不到规模的农户,实行自愿保险。

2. 政府在推进农业保险中起到了积极作用

首先,农业保险是一种政策性很强的保险业务,许多国家都由政府组织国家农业保险公司,由政府出资建立初始资本和准备基金,直接经营农业保险。其次,各国政府认识到农业易受自然灾害影响,是非赢利经营,政府给予财政补贴和减免税负,共同分担农业风险。如日本政府对农作物保费的补贴率达50%~70%。再次,农业保险遭遇巨灾风险的可能性较大,因此政府设立了再保险公司或政府扶持商业保险公司,再保险公司向农业保险提供再保险,承担最后保险人的责任,如果农业保险机构准备金积累不足,政府给予支持。

3. 农业保险的组织机构形式多样

发达国家的农业保险组织归纳起来有三个方面:合作组织、政府组织和私营公司。其中,合作组织是最主要形式,政府组织除经营一般保险业务外,主要从事保险经营,私营公司数量很少,仅有的一些还受到政府的业务指导和资金扶持。这三种组织相互配合,相互协作,构成一个有机的组织体系。如法国从事牲畜保险的组织形式有:当地小型互助组织、大型互助合作组织、政府保险机构、合股保险公司等。国外农业保险组织形式虽然多样,但农业保险的特殊性决定了农业保险市场的垄断性或弱竞争性。

4. 建立农业保险立法,保障农业保险顺利实施

农业保险作为一种农业发展和保护制度,它对相关法律的依赖程度是相当强的,它的产生和发展作为一种诱致性的制度变迁,其立法意义远远超出一般商业规范性法律制度。各国一般都有正式的农业保险立法,依法对主要农作物和养殖业实行强制保险,建立专项农业保险基金,组织专门管理机构。无论农业商品经济发达还是落后的国家,对农业保险的经营方式普遍采取非赢利性的政策性保险或合作性保险,单纯采用商业性保险方式的寥寥无几。发达国家均以法律来约束政府行为,避免由于地方政府的随意性或财政困难而忽视对农业保险的支持。

4.2.2 国外农业保险经营模式对中国的启示

通过上文对国外农业保险模式的分析,可以看出各国农业保险取得的成绩都是有其必然原因的,这也给中国农业保险模式的构建带来如下启示:

1. 明确中国农业保险的目标

尽管由于各种条件所限中国目前还没有能力将农业保险的目标定位为福利政策,但至少应使其发挥保险最基本的分散风险与经济补偿功能。也就是使农业风险在尽可能大的范围内得以分散,提高农民灾后恢复生产和生活的能力,提高农民从事农业生产的积极性,保障农业生产的持续性与稳定性,进而促进农村经济的繁荣发展。

2. 尽快立法以保障和促进农业保险的发展

尽快对农业保险进行立法,并以法律的形式对农业保险具体的目的、目标、保障范围、保障水平、费率厘定、赔付标准、实施方式、组织机构及运行方式、初始资本金筹集数额和方式、各级政府的作用与职能、管理费和保险费分担原则、异常灾害条件下超过总准备金积累的赔款和处理方式、税收规定、各有关部门的配合、资金运用等方面进行详细而明确地规范。只有这样才能使农业保险依法实施,才能使保险机构依法经营,才能使农民权益依法得到保障。

3. 扩大农业保险的经营范围

中国可以借鉴法国的成功经验，打破农业保险公司仅开办狭义农业保险的现状，允许经营农业保险的公司以某些优惠条件经营广义农业保险，不仅能起到"以险养险"的功效，增强保险公司从事农业保险的积极性与稳定性，提高其开发农村保险产品的能力，而且还可减轻国家财政负担。

4. 有计划、有步骤地开发适宜的农业保险产品

在对美国农业保险产品进行分析时，曾指出其推出了超越保险宗旨的系列收入保险，但这些保险产品却已得到了联合国世贸组织的认可，这无疑又为农业生产增添了一道防护墙。尽管中国政府现阶段还没有足够的能力为农民提供市场风险保障，但可以在财政能力强、经济较发达的地区进行试点，为中国农业保险长期目标服务。

5. 建立国家农业再保险体系与巨灾风险基金

中国是世界上自然灾害频发且损失最严重的国家之一，由于农业风险具有高度关联性，致使农业风险损失在时间和空间上不易分散，很容易形成农业巨灾损失。一旦农业巨灾损失发生，单独的商业性保险公司就很难独立承担与消化。因此，中国应尽快在全国范围内建立政府独资的再保险公司，或建立政府与保险公司相结合的优惠型农业再保险，并多方合作积极积累巨灾风险基金。

6. 建立财政支持与政策优惠制度

中国政府应在财力允许的范围内，充分利用世贸组织"绿箱"政策，借鉴国外支持经验，如给予经营公司一定保费补贴、业务费用补贴、管理费用补贴、税收优惠及再保险等，以促进中国农业保险体系的建立与完善。

第 5 章 国内发达地区农业保险与农业产业发展互动机制对云南的启示

5.1 发达地区农业保险模式研究

本章将首先对中国农业保险经营模式的实践情况进行分析,总结实践中取得的成绩及发现的问题,接着对国外较有代表性的农业保险经营模式进行比较分析,找出其成功经验给中国带来的启示,为下文构建中国农业保险的经营模式提供依据和参考。

5.1.1 中国农业保险经营模式实践的分析

中国的农业保险始于 20 世纪 30 年代,历史较短。在 20 世纪 30~40 年代,先后出现了官僚资本、民族资本和保险合作互助社等组织形式开办的农业保险机构。但由于当时中国的政治经济局势极不稳定,农业保险的试验没有宽松的外部环境,因此最后均以经营失败告终,没能持续下来。新中国成立后不久,中国开始筹办农业保险,当时的农业保险是强制参加的,由中国人民保险公司统一办理,但由于缺乏正确的理论引导,农业保险领导机构没有根据经济发展水平确定农业保险的发展方针与政策,因此导致了农业保险经营一哄而上、一哄而下的局面,到 1959 年,全面停办了农险业务。随着农村经济体制改革和保险业务在全国范围内的恢复,1982 年,中国又开办了农业保险业务,自此,在二十余年的探索中,中国初步形成了四种经营模式。

1. 商业性保险企业独自经营农业保险

1982 年中国恢复农业保险后,探索的第一种农业保险经营模式是商业性保险企业独自经营农业保险的模式,这也是中国人民保险公司从 1982 年试办农业保险以来逐步产生的经营模式,基本做法是由人保公司直接向农业生产者出售农险单,农业生产者支付保费和享有风险损失补偿的权益，人保公司基本上实行"低保额、低保费"自负盈亏的商业化经营。在1982~1990年期间，该模式是中国农业保险最主要的经营模式。

1984年，人保公司为进一步发展农业保险，专门成立了农村保险业务部，各分、支公司相继开展了农险业务。由于是国有保险公司承担的政策性业务，公司根据农业保险分布广、费用大、亏损率高的特点，对农业保险实行内部单独核算，并给予适当补贴，即用其他险种的赢利补贴农业保险。财政部门免收人保公司农业保险的营业税。人保公司的经营方针是"不赔不赚，收支平衡，略有结余，以备大灾之年"。作为对农业保险经营模式的改革，云南、吉林、新疆等省、自治区分公司对农业保险实行了一种叫"切块经营"的新办法，即将县以下除寿险以外的所有农村保险业务都划为一块，其中种、养两业保险的年度盈余，全部留给本县建立风险基金和用于防灾投入以及基础建设。农村其他财产险盈余大部分用来建立省、地、县三级风险基金。

20世纪90年代后，国有商业保险公司都可以经营农业保险，但农业保险费率低、赔付率高，国有其他商业保险公司均未涉足此项业务。人保公司独家经营农业保险的模式，是对传统的国家保险业独占模式的套用，属于完全垄断模式。这种模式的最初建立，是对前苏联国家保险体制的简单仿效，是同高度集中的计划经济体制相适应的。该种模式虽然可以较好地保证农业保险政策性的贯彻，有利于在全国较大范围内分散风险，从而有效发挥大数法则的作用，但是在没有国家财政补贴和税收优惠的情况下，这种模式在实践中存在诸多弊端。其中要害之处在于，中国人保公司作为国有保险企业，国家赋予其一定的政策性职能，然而没有同时赋予相应的政策保护和支持，这就迫使商业性经营的人保公司对农业保险采取内部补亏和种种应付措施，但这种办法只能解决一时之急，而面对农业保险的连连亏损，人保公司显得越来越力不从心。自1982年至2001年，人保公司累计收入的农险保费为65.35亿元、累计赔款支出为56.96亿元，从商业经营的角度来看，加上20%的业务管理费，人保公司农业保险的支出约为68.35亿元，20年亏损了3亿元。详见表5-1所示：

表 5-1 1982~2001 年中国人民保险公司农业保险业务统计表

单位：万元

时间	保费收入	赔款支出	当年赔付率（%）
1982 年	23	22	95.7
1983 年	173	233	134.7
1984 年	1 007	725	72.0
1985 年	4 331	5 266	121.6
1986 年	7 804	10 637	136.3
1987 年	10 027	12 604	125.7
1988 年	11 529	9 546	82.8
1989 年	12 932	10 721	82.9
1990 年	19 244	16 723	86.9
1991 年	45 503	54 194	119.1
1992 年	81 707	81 462	99.7
1993 年	56 107	64 691	115.3
1994 年	27 272	36 572	134.1
1995 年	49 592	36 450	73.5
1996 年	57 469	39 481	68.7
1997 年	71 253	48 167	67.6
1998 年	61 683	47 681	77.3
1999 年	50 840	35 232	69.3
2000 年	45 214	30 700	67.9
2001 年	39 804	28 500	71.6
合计	653 514	569 607	

资料来源：中国人民保险公司内部统计资料。

由于农业保险的长期亏损和公司内部险种之间资金调剂的限制，农业保险大干大赔、小干小赔的状况严重地影响了人保公司经办农业保险的积极性，制约了农业保险的发展。特别是随着中国的市场经济进程加快，中国人保公司实行集团制改制以后，追求自身利益最大化逐渐成为企业的主要目标，这把人保公司对农业保险的经营推向了更加两难的困境。"不敢不办，不敢大办"的困难选择，是造成农业保险发展曲折的重要原因之一。

2. 地方政府与商业性保险公司共同经营农业保险

这是人保公司为了在现行体制下寻求发展出路，打破收不敷赔的僵局，在1986年以后探索的另一种组织经营模式，即将农业保险引入政府行为。开始是依靠县（市）政府组织展业，保险公司办理具体业务，后来逐步发展为保险公司与县（市）政府联合办农业保险，实行"风险共担，利益均沾，同舟共济"的原则。广东一些县支公司就是与县（市）政府采用"五五共保，四六赔付，风险共担，盈余留地方"的办法进行联合经营。即双方各出50%的风险基金，出险后保险公司赔60%，县（市）政府赔40%。地方政府与商业保险企业联合经营农业保险，是中国人保公司在进行农业保险体制改革探索中的创造和成果之一。"联合共保"的优势在于可以发挥地方政府的积极性，利用行政权力来组织和推动农业保险并分担风险责任，这在一定程度上解决了农业保险基金不足、农民缺乏自愿投保热情、保费收缴困难和展业、理赔人力不足等问题，人保公司因此也可以降低自身的经营风险和提高企业整体经济效益。

可是，"联合共保"模式并没有从根本上解决保险公司商业性经营与政策性经营之间的矛盾。在实验过程中所显示的缺陷是，一方面人保公司由于还要靠险种盈亏互补维持农险业务，而依然从根本上缺乏开办农业保险的内在动力；另一方面地方政府在组织和推行农业保险中，虽然其可以凭借行政权力解决承保面扩大问题，但并不能解决好农业保险基金的广泛筹集和积累问题。特别是由于利益主体的二元化，政府应出资金又往往不到位，在政府还没有充分认识到农业保险对于农业发展的重要意义的情况下，一旦发生灾害，便出现"农民多要，政府多报，保险公司多赔"的扭曲的索赔格局，不仅增加了道德风险的发生，而且进一步削弱人保公司办农业保险的积极性。同时，政府行为介入过程中，在缺少法律规范的条件下，政府的任意侵占保险费用、超赔责任不兑现等无理性行为时常发生，这大大降低了"共保"之效率。由此可见，"联合共保"也存在很大的局限性。

3. 农村保险相互会社或保险合作社经营农业保险

农村相互会社是中国农民自发创立的农村保险的主要形式，以河南省为代表（河南叫"农村互助统筹保险"）。其具体做法是：以县为单位成立农村保险互助会，互助会领导机构由农民民主选举产生，一般由地方政府、农民代表、投保企业、人保公司及有关职能部门代表组成；保险基金主要依靠农民和企业自筹，在经济条件好的地区，当地政府和集体经济可以予以适当的补贴；互助会实行单独立账，独立核算，不纳税、费（政府对农业保险给予免除一切税费的优惠政策），结余留在当地，逐年积累滚存，逐步建立地方性农业保险基金；互助会的业务委托人保公司当地分支机构代办和管理，并实行"七三"分保，人保公司帮助互助会开展业务，并通过分保、超额补贴办法提供支持。还有一种保险合作社形式，它与相互会社的区别是有资本股份，可以赢利和分红，合作社的资本通过社员入股形成，股份一般是内部股，不向社会发售，合作社成员也都是被保险人。这种合作社实质上是股份制保险公司，而并非真正的保险合作社。

相比之下，通过保险相互会社发展农业保险具有一定的优越性。由于相互会社是社员在自愿互利基础上资助建立的盈亏自负、风险共担、利益共享的农业保险组织，因此，其经营灵活，可因地制宜设立险种，保险费不会很高，同时再保险费收取、防灾防损、灾后理赔等方面具有其他形式保险企业和组织所不具备的优势。在该模式下，社员集保险人和被保险人于一身，其利益高度一致，又是在本乡本土，对农业生产状况、农作技术、土地的地理位置和等级等情况，彼此都比较了解，任何被保险人的道德风险和逆向选择都会涉及其他被保险人的利益，因此被保险人之间易于形成一种自觉监督机制，从而可以有效防止道德风险和逆向选择。

但是农村相互会社是以县为单位建立的农村互助保险组织，规模太小，风险比较集中，这难以使风险在较大的空间上得到分散。同时，由于规模小，保险基金积累的速度和规模都会受到限制，所以其保险补贴能力有限。其次，相互会社吸收本地农民以外的企业资金参加，这些资金必然有追求利润的要求，但想在农业保险上赚取利润，事实证明又是非常困难的。这种矛盾很难协调，因此农民社员以外的投资就不可能有一个稳定的基础。再次，经验表明，相互会社的经营容易受到地方政府的干预甚至操纵。这一方面是因为相互会社需要政府的支持，如果有补贴，也要经过政府部门的手；另一方面是因为某些政府部门和官员也希望从农业保险相互会社中得到好处，这样该模式的那些优势将会大打折扣，其失败往往也在所难免。这是某些省曾经一度兴旺的农村相互会社制度销声匿迹的主要原因之一。

4. 政府部门直接或间接经营农业保险

中国直接经营农业保险的政府部门是民政部。民政部自1986年开始试办的农村救灾保险以合作保险机制为主要内容，其操作方式是，各试点县成立救灾保险互济会，初始资本金由民政部从救灾款中一次性拨给，每个试点县50万~100万元不等，有条件的地方，县财政也给予适当的资助和补贴。每试点县提取15%的保险费上交省民政厅和国家民政部，以进一步建立中央和省两级保险基金，形成再保险网络。救灾保险强调"救灾"，所以互济会只对传统救灾项目中的农作物、农房、劳动力和大牲畜进行保险，保障水平较低，原则上只保障灾民的基本生活和简单再生产。遗憾的是这项经营或者说这项改革最后以失败告终。

中国的民政部门举办农村救灾保险，是借鉴国际农业保险经验开办政策性农业保险的一种尝试。其优势是国家民政部门可以从救灾救济款中拨付一笔资金作为资本金，同时在原则上也要求政府、集体、农民三方共同筹集保险基金。但是由于缺少立法规范和保护，使得这种原则上的规定性预算约束软化，在实验过程中除了民政部给各试点县拨付的资金外，地方政府和集体的资助很难到位。再者，由于救灾保险比较强调"救灾"，这使保障水平普遍太低，不足以维持灾民的基本生活和简单再生产，因此缺乏足够的吸引力。同时，就民政部门本身来说也缺乏经营农业保险的技术和经验，缺少专业人才。许多试点县的实验条款不科学、规章制度不健全，加之不适当的行政强制，使一些投保农民的利益受到损害，这也是造成这项改革以失败而告终的一个主要原因。

新疆生产建设兵团（现改为中华联合财产保险公司）办农业保险归入政府部门间接经营农业保险。财政部逐年拨给的（不是直接拨付，而是通过减少利税）6 000万元，形成新疆生产建设兵团农牧保险公司资金的主要部分，兵团也逐年补充一部分，业务上由农牧保险公司具体办理；财税部门提供免税优惠待遇；对兵团的粮、棉、油等主要作物、牲畜和农机实行长期全面统保（实则为强制保险）；在内部经营管理上，实行公司与各场、团（兵团的独立核算单位）"收益共享，责任共担"原则，即种植、养殖业保费扣除必要的义务费之后，各得50%收益，出险后各付50%的赔偿责任。

新疆生产建设兵团的做法在实践中有许多成功之处：政府行为的介入及其政策上的支持和优惠，较好地解决了准备金积累问题，使农业保险有了持续发展的后劲；全兵团实行统保（强制投保），可有效地防止逆向选择，又可以使风险在不同险种之间分散，责任准备金在不同险种之间调剂使用；公司与场、师、团之间的合理利益机制，又较好地解决了展业的困难。不过值得考虑的是，这种试验是以现行兵团管理体制为基础，如果这一体制有所改变的话，其农业保险的发展将会面临新的考验。

发达地区成功的农业保险模式主要有"上海模式"、"浙江模式"、"江苏淮安模式"、"江苏苏州模式"、"北京模式"。

5.1.2 各种模式的特点

1. "政府主导下的农业专业保险公司经营"：上海模式

上海自1982年恢复开办农业保险以来，经过20多年的探索，特别是从1991年开始，实行了政府推动、公司代理的经营机制，有力地推动了农业保险的稳步发展。在此基础上，2004年9月，上海成立了安信农业保险公司，采取"政府财政补贴推动，商业化运作"的经营模式。上海模式的制度特征表现为：政府财政补贴；"基本保险+补充保险"的运作机制；实行统保、共保、多样化承保；以险养险，巨灾补偿；实行专业性农业股份公司的形式。

2. "政府推动+共保经营": 浙江模式

浙江农业保险采用"政府推动+共保经营"的模式,即由在浙江的10家商业保险公司组建"浙江省政策性农业保险共保体",由省人保公司作为首席人具体承担运作。浙江省农业保险试点基本框架可以概括为"政府推动与市场运作相结合,共保经营与互保合作相结合,全省统筹与县级核算相结合,有限风险与责任分层相结合"。浙江模式的制度特征表现为:保险对象主要面向种养大户;保险品种采取"$1+X$"模式,即目录指导下自主选择;从低保障起步;以保大灾为主;以险养险;核损理赔更多依托农村基层载体。

3. "政策性保险、商业化联办共保": 江苏淮安模式

江苏省淮安市农业保险采用"政策性保险、商业化联办共保模式",于2004年11月由淮安市人民政府与中华保险公司签订了"联办共保协议",确定对水稻、三麦、养鱼和农民团体意外伤害险等4个险种在10个乡(镇)进行试点。淮安模式的制度特征表现为:政府补贴保费;保险公司与地方政府利益、风险共担;实行"低保额、低保费"的初始成本保险;以险养险。

4. "政府主导,保险公司代办": 江苏苏州模式

苏州政策性农业保险选择了"委托代办"模式,并加以改良,形成了具有苏州特色的农业保险体系。其做法是:政府统一招标、分层委托、农户自愿参保、政府资金补贴支持、通过市场化招标程序进行市场操作、农业保险基金封闭运作。

5. "政府主导下的商业保险公司经营": 北京模式

北京市政策性农业保险制度采取政府推动、政策支持、市场运作、农民参与的方式运作。北京模式的制度特征表现为:建立政策性农业保险管理机构;由商业保险公司市场化运作;全面的财政补贴。

表5-2 发达地区农业保险制度要素比较

地区	浙江	上海	苏州	淮安	北京
试点形式	主体共保经营,辅助互助合作	政府财政补贴推动,专业保险公司商业化运作	统一招标、分层委托,由两家商业保险公司代办的模式	地方政府与商业保险公司联办共保	政府主导下的商业保险公司经营
试点范围	11个典型县(区),逐步扩大到30个县(区)	全市各区(县)	苏州市全市	2004年在10个乡(镇)进行试点,逐步扩大	全市各区县
保险对象	种养大户、龙头企业、农业专业合作组织	所有符合基本条件的农民	本市范围内从事农业生产和农产品加工的农户、农业企业、农业专业合作组织等	以保小户为主	不区分大小户
实施方式	自愿参保	自愿参保	自愿参保		政府推动、农户自愿
试点品种	试点品种为9个,水稻、大棚蔬菜、西瓜、柑橘、林业、生猪、鸡、鸭、淡水养鱼。每试点进行试点,按1+X模式,水稻为必保承保,试点品种总量不超过5个	对水稻、生猪、奶牛、家禽4个险种实行35%保费补贴的普惠制基本保险,动员农户参加其他保险。其他保险还有30个左右农业保险品种	设立水稻、苗木、生猪、内塘水产养殖、家禽重点险种5个,市、各区级重点根据实际情况可以增加其他农业保险险种	水稻、三麦、养鱼	覆盖主要种养业生产项目的30%,重点为粮食、蔬菜、果品、肉禽、奶牛

续表

地区	浙江	上海	苏州	淮安	北京
保障标准	物化成本为主,低保险、低保障的保额以保障灾后恢复再生产为目的	水稻施行80%产量保险,其他险种以保物化成本为主	保障程度较高,例如:水稻主要以定位产量保险为稳定农民收入的社会保障	水稻和小麦保险的保险责任:自然灾害等造成绝收减产70%以上;病害虫害造成的损失达70%以上或绝收	参保农民获得农业生产经营成本损失补偿
风险责任	5倍封顶,在5倍之内,按照一定比例共保体与政府分担	一般来讲,专业性保险公司自负盈亏,一旦遇巨灾保险基金击穿,政府进行财政补助	超赔分担原则。当超赔基金出现超赔时,由保险公司按超赔额的10%负责理赔,其余部分由各市区推进农业保险委员会负责筹集	如遇大灾,县(区)农业保险风险基金不足以赔付时款,保险公司与地方政府按3:7比例分摊	农业巨灾风险准备金
政府作用	组织推动、思想发动、政策支持,其中:水稻50%保费补贴,其他品种35%保费补贴;政府筹措巨灾基金	政府推动。水稻、生猪、奶牛、家禽按保费35%实施补贴;蔬菜、小麦、林木、西瓜、甜瓜、淡水养殖按保费30%补贴	政府主导。市级财政设立农业保险补助基金,以水稻补贴比例,各级财政补助总的财政补助程度为60%,很高	中华联合淮安市政府按3:7进行共保,发生赔付按同比例分摊。如遇大灾,县(区)农业保险风险基金不足以赔付时款,保险公司与地方政府按3:7比例分摊	政府推动、市场运作。建立政策性农业管理机构,实施全面的财政补贴,提供保费用补贴、经营管理费用补贴、巨灾风险准备金,由商业保险公司市场化运作

5.1.3 不同模式之间的比较

下面先进行浙江、上海和苏州的比较，然后再和北京模式以及淮安模式进行比较。之所以这么比较的原因在于：浙江、上海和苏州的地理位置和经济状况较为相似，因而异同点更加显著。淮安的模式与浙江的模式相近，北京的模式与上海的模式相近。

1. 浙江、上海、苏州模式的比较

相同点分析：

浙、沪、苏同处长江三角洲经济区，地理位置和经济实力相近，政府的干预程度也有相似性。从现行农业保险制度看，在保险品种、保障范围等方面也有一定的相似性。具体分析如下：

第一，经济实力相近，都具有工业反哺农业的能力。2005年，长三角地区的GDP总量占到全国GDP总量的1/3左右，浙江省、上海市和江苏省的GDP总量均处于全国前列。上海市是我国经济最发达的城市，属于典型的大城市小农村状况。上海市的农业大都属于都市农业，农业占GDP的比重也较少，财政实力雄厚，当地政府对农业问题非常重视，1982年长期以来，一直实行农业保险等支农政策对农业进行反哺。苏州市的GDP在国内名列前茅，工业尤其发达，财政实力雄厚，农业占GDP的比例很小，具有反哺农业的实力。浙江省的经济持续快速发展，尤其是民营经济发达，财政收入增幅较大，同样具备向农业进行反哺的实力。当然，浙江省与上海市、苏州市的情况还不完全相同，由于浙江实行全省范围内的农业保险政策，因而农村的总体负担与作为都市的上海和苏州市有所不同。

第二，政府支持农业保险的力度都较强。浙沪苏三地实施的都是政策性农业保险，虽具体形式各异，但其实质相同：将农业保险作为支农工具的一种创新，通过农业保险用于处理当地农业生产风险（甚至还可能包括一些市场风险）。

其一，保费补贴。三地政府都对农民购买农业保险的保费给予补贴，尤其是对水稻保险的补贴。三地政府都给予了水稻保险较高比例的保费补贴，如苏州市、县两级政府对水稻保险的保费补贴比例高达60%。高比例的保费补贴有利于鼓励种粮农民积极参加农业保险，鼓励农民的种粮积极性。这对于维护国家粮食安全，保证粮食自给率发挥着重要的作用。

其二，保险责任的承担。三地政府都一定程度地承担了农业保险的赔款责任。由于农业保险高赔付率的特点，商业保险公司往往无力承担全部的赔偿责任。为了促进农业保险的发展和持续经营，各地政府都对农业保险的赔偿责任，尤其是超赔责任给予了分担。苏州市各级政府承担了农业保险超赔责任的90%（有时甚至会高于这个比率）。地方政府财政强有力的支持将极大地推进农业保险业务的发展。

其三，三地政府还专门成立了专门负责农业保险业务发展的管理和协调机构，从政策上给予引导和支持。如上海市1994年批转了生猪1号、5号病法定保险办法，同时实行以险养险政策，将农村建房险交给农业保险公司，并且组织协助农业保险公司进行展业、理赔等，这也是上海市农业保险长期良好运行的重要原因之一。浙江省对农业保险的建立和发展从资金、政策等方面给予了强有力的支持，而且将农业保险作为农户享受各类政策性扶持、保险支持的重要前提条件。

第三，保险品种较为相似。上海市、浙江省和苏州市的农业保险都对水稻、生猪等大宗农作物和养殖业给予高度的重视，完全符合国家进行政策性农业保险的政策导向和思路。同时，苏州市允许各地发展具有特色的农业保险品种，例如苗木、水产养殖等险种。上海市在保障对水稻、生猪、奶牛和家禽四个基本险种实行普惠制基本保险的基础上，动员农户参加更高程度的补充保险，以及开展各地适合的险种。浙江省则实行了 $1+X$ 的方法，水稻为必保险种，其他险种可以进行搭配进行承保。这三个地区的农业保险都反映了农业保险的政策性性质，同时采取了国家政策性农业保险险种和地方政策性农业保险险种相结合的方法。

由上述分析我们看到：（1）浙、沪、苏地理位置相邻，经济实力相当，均属经济发达地区，都具有工业反哺农业的可能性。（2）三地的农业保险制度模式均以保障粮食作物作为基础，并辅之以高额的政府补贴，而且都设置了符合当地实际情况的农业保险险种，并给予财政补贴。（3）三地政府高度重视农业保险，工作上的关注程度高，财政上的支持力度大，这为农业保的顺利开展提供了不可或缺的条件,是解决农业保险市场失灵的重要因素。

不同点分析:

浙江、上海和苏州三地的农业保险制度也有明显的不同之处,主要表现在以下几个方面。

第一,经营(经办)主体不同。浙江省的政策性农业保险经营主体是农业保险共保体,它由中国人民财产保险股份有限公司浙江省分公司、中华联合财产保险公司浙江分公司等10家商业性保险公司组成,根据浙江省政府授权,经营浙江省的政策性农业保险业务,按照规章约定的比例,分摊保费,承担风险,享受政策,共同提供服务。共保体承担浙江省政策性农业保险试点阶段的农业保险、以险养险和涉农险业务,按照商业保险公司的运行规则,对农业保险业务进行承保、理赔、结算、风险准备金提取等。同时,浙江省还鼓励农产品行业协会等机构开展互助合作型农业保险业务。

上海市的政策性农业保险经营主体是商业性保险公司。政府通过财政补贴鼓励商业性保险机构从事农业保险。同时,建立专业化的农业保险公司——上海安信农业保险股份有限公司(简称"安信保险"),提高政策性农业保险的经营与服务水平。该公司的前身是中国人民保险公司上海分公司农业保险部,注册资本2亿元,由上海市、区(县)11家国有资产经营公司募集发起。安信保险公司的业务范围,除了农村种植业和养殖业保险以外,还有涉农财产保险和责任保险、农村居民短期人身意外伤害保险和健康保险等。

苏州市的政策性农业保险主办者是市推进农业保险工作委员会,经办者是商业性保险公司。前者进行农业保险的管理工作,并委托后者代办农业保险业务。市推进农业保险工作委员会采取统一招标方式确定代办农业保险业务的商业保险公司,然后进行分层委托。

为什么三地农业保险经营(经办)主体不同?我们认为,可能与当地的农业生产风险程度和财政实力有关。

浙江省确定以共保体为经营主体,与本省农业风险的特点有关。浙江省的农业生产风险相对较大，台风等巨灾情况时有发生，如果仅仅靠一家保险公司进行承保，则经营风险过大。建立共保体，旨在集中各家保险公司的力量，增强应付巨灾风险的能力。相对于一家保险公司来讲，这种模式具有很强的优越性。

上海市对于农业保险采取政策性保险商业化运作的方法，与上海市自然风险较小有关。事实上，与浙江省相比，上海市的农业风险明显较低。上海市通过建立专业化农业保险公司运作，是有着历史原因的。中国人民保险公司上海市分公司自从20世纪80年代初开始实行农业保险，一直没有间断过，积累了丰富的经验。上海安信农业保险股份有限公司从中国人民保险公司上海分公司独立出来，因此具有一批经验丰富的农业保险技术人员。目前，安信保险公司尽管是股份制公司，但是其股东大部分都是各区（县）的农业风险基金委员会，因而官办色彩较浓。而且，政府在农业保险承保、理赔、保费补贴、防范巨灾风险等多方面给予支持，使得这一制度形式得以延续下去。安信保险公司目前正在筹备增资扩股计划，一旦增资扩股成功，将具有更强的分散风险的能力。

苏州实行政府主办、商业保险公司代办的模式，这是一种新型的农业保险制度，意味着政府对于农业保险经营风险承担全部的责任。这就要求政府对于农业保险实施较高的财政补贴。苏州市这样做，一方面与其财政实力相关，充分体现出工业对于农业的反哺。另一方面，与苏州农业风险较小有关。前已说明，就农业生产风险而言，苏州远远小于浙江。

第二，实施范围不同。浙、沪、苏三地农业保险试点的实施范围不同。浙江省选择有代表性的11个县（市、区）先行开展由共保体经营的农业保险试点，它们是：宁波慈溪市，温州瑞安市，嘉兴桐乡市、平湖市，湖州德清县，绍兴上虞市，台州温岭市，金华永康市，舟山定海区，衢州龙游县，丽水缙云县（2007年扩展到30个县市）。这11个县市的自然风险状况差异较大，共保体也初步实行了差别费率。由于这些试点县市分布在浙江省的各个地级市，从风险状况来看具有一定的典型意义，因而，相对来讲，保险标的之间的独立性较强，在一定程度上比较接近大数定律（保险经营的数理基础）的要求。

上海市和苏州市在全市范围内实行了农业保险制度。由于这两个城市本身地理面积较小，因而其保险标的之间的独立性相对较弱。苏州市和上海市政府充分意识到了这个问题，积极筹备风险基金，以备巨灾之年进行赔付。

第三，保险对象不同。浙江省共保体农业保险试点的保险对象主要是种养业大户、龙头企业、农业专业化合作组织，而对于小农户的农业保险问题，并不是试点阶段的重点，例如水稻保险，要20亩以上的大户才能参加。苏州市的保险对象范围较大，凡在苏州市内从事农业生产和农产品加工的农户、农业企业、农业专业合作组织等都在保险对象范围之内。而在江苏淮安，则强调保小户，不保大户。上海市与苏州市较为相仿，对所有符合基本条件的农民、农业合作社组织、农业企业等，实行自愿参保。

第四，参保方式不同。苏州和浙江省都采用自愿保险形式。但是，浙江省政府采取积极的引导措施，鼓励农户积极参保。如将农业保险作为农户享受各类政策性扶持、保险支持的重要前提条件。上海市的农业保险采取"统保"方式，即在一个县（区）或乡（镇）行政区域范围内，组织动员所有的同类单位都参加保险。如松江、金山区的几万头生猪、宝山区的几十万羽家禽、上千头奶牛等都实行全县（区）"统保"。"统保"方式借助于政府的行政力量，有力地扩大了农业保险的承保数量，增强了农业保险的风险分散能力。因此，从农业保险业务发展角度看，上海市政府相对比较深地介入了农业保险的业务开展。

第五，保障方式与保障程度不同。浙江省农业保险主要以物化成本保险为主，实行低保额的成本保险，以保障灾后农民及时恢复生产为目的。这与浙江省的风险状况、保障范围、财政实力、政策性农业保险的目的等因素有关。然而，尽管是成本保险，浙江省对农业保险的补贴仍然实行50%（水稻）、35%（其他险种）的保费补贴。相对国内其他地区，这属于较高的补贴。

苏州市农业保险对农业的保障程度较高，对水稻以保产量为主。由于苏州市只承保70%的水稻产量，低于上海市，加上苏州市自然灾害情况较小，因而，并不存在很大的财政压力。这也和当地居民收入有关系，如果保障的程度很低，而且风险很小，那么当地居民就会失去参加保险的动力。

上海市农业保险的保障程度也很高，对水稻实行80%的产量保险，这在国内农业保险历史上已经较为罕见，对其他险种大多实行物化成本保险。

需要指出的是，苏州市和上海市普遍实行了农业保险普惠制。苏州市对保险对象的60%保费补贴，不仅仅针对已经参保的农户，对未参保的农户同样给予60%的保费补贴，保障程度稍低一些。上海市对主要四个险种采取普惠制的农业保险模式，不论农户参加与否，都给以35%的保费补贴，按比例计算保障水平，动员农户参加补充保险。

从上述可以看出，三地农业保险的保障方式分别为：上海、苏州属于保产量，浙江属于保成本。三个地区对农作物的保障程度不同，但都是根据当地实际情况进行控制的。

第六，政府扶持力度和方式不同。从政府对农业保险的扶持力度看，三地政府对于农业保险扶持力度从弱到强的顺序依次为：上海、浙江、苏州。上海市政府对农民的保费补贴比例最低，对安信农业保险公司的经营管理费用没有给予任何补贴，并且仅承担巨灾风险责任。浙江省政府对于农业保险的扶持力度较上海为大，如保费补贴比例有所提高，对共保体的经营管理费用给予20%的补贴，同时还承担农业保险的一部分超赔责任。苏州市政府对于农业保险的支持力度是三种模式中最大的，其不仅给予很高的保费补贴，而且对于农业保险的赔偿责任几乎全部由政府承担。因此，对于苏州模式，农业保险的风险主要承担者是各级政府，这对当地财政是一个考验。

从政府对农业保险的扶持方式看，浙、沪、苏三地政府采取的扶持方式有所不同。浙江和上海各级政府主要通过保费补贴、承担部分保险责任、以险养险以及给予农业保险税收优惠的方式扶持农业保险的发展。尤其是以险养险的补贴方式对农业风险基金的积累起到了关键性的作用。如上海市从1992年开始，就试行将农村建房保险作为农业保险的支撑险种。从1991~2002年，建房险的赔付率仅为10.32%，为农业保险风险基金的积累奠定了稳定的基础。至今,共积累风险基金1.94亿元。苏州各级政府主要以政府承担农业保险风险的方式支持发展农业保险。

表5-3 浙江、上海、苏州政策性农业保险财政补贴政策的比较

扶持措施	上海市	浙江省	苏州市
保费补贴	30%	水稻50%,其他险种35%(省、市两级)	水稻60%(市、县二级)
经营费用补贴	无	20%	11.45%
保险赔款补贴	巨灾责任	政府承担保费收入3~5倍以内的部分超赔责任	政府承担农业保险基金限额以内的全部责任和90%的超额责任
以险养险	农村建房险、宅基地置换工程保险	县及县以下财政拨款单位的车辆险、财产综合险	无
税收优惠	免缴营业税	免缴营业税	免除各项税费
巨灾风险基金	每年补贴结余资金留为风险基金,逐年滚存	每年补贴资金结余部分	按各市(区)镇两级保费补贴额的20%~50%的比例建立

第七,经营(经办)者风险责任不同。浙江省的农业保险赔付以保费收入的5倍封顶。在5倍之内,按照一定的比例,共保体与政府进行分担;超过5倍,不承担赔付的责任。这样就对风险的最大赔付额度进行了封顶。共保体各成员之间按照章程约定,除按比例承担风险责任以外,享有对盈余部分的红利分配权;按照约定的承保份额拥有对政策性农业保险项目经营利益的终极所有权。

苏州农业保险实行超赔分担原则。当保险基金出现超赔时,

由保险公司按超赔额的10%负责理赔（且最高不超过合同期限内保险公司累计已提综合管理费总额），其余部分由各市区推进农业保险委员会负责筹集。因此，对于农业巨灾情况下的风险，绝大部分是由政府进行兜底承担。保险公司的费用率是11.45%（保险损失鉴定费、查勘费也包括在内）。保险公司在基金被巨灾击穿以后，要赔付的10%是每年一算，5年累计，如果一年击穿，有可能5年11.45%的费用率都难以拿到。因此，对于苏州农业保险来讲，风险责任大部分为政府承担。

上海由于实行的是股份制商业保险公司运作的模式，因此，在政府进行保费补贴之后，一般情况下，由商业保险公司自负盈亏。在遭遇大灾的时候，如果风险基金被击穿，政府起财政兜底作用。上海自1982年实施农业保险以来，还未有过一次台风的正面袭击，一旦袭击，安信2亿元的资本金根本不足以进行赔付。

2. 淮安模式与浙、沪、苏（苏州）模式的比较

在本质上，江苏淮安和浙江采取的是同一种模式，即均由地方政府与商业保险公司联合共保，实行"风险共担，利益共享，同舟共济"的经营方式。这种地方政府与商业保险公司（或共保体）共保的模式很早就有出现。早在20世纪80年代后期，人保根据直接经营农业保险业务反映出来的问题（主要是道德风险防范、成本控制、理赔难度等），开始探索将政府行为引入农业保险的经营。如当时广东省的一些县（市）支公司就是与县（市）政府采用"五五共保，四六赔付，风险共担，盈余留地方"的办法联合经营的（庹国柱，2003）。

在财政补贴方面，江苏淮安采取省县财政按固定比例分摊。这种方法简单易行，但忽视了不同地区经济发展水平的差异。往往是商品农产品基地或贫困地区的县市（区）不足，省市财政的支持力度应当大一些。而对发达地区，省市财政的补贴力度可以小一些。

3. 北京模式和上述模式的比较

北京和上海模式在本质上是比较类似的，即政府主导下的商业保险公司经营模式。政府主要承担财政补贴、监管等责任，农

业保险的微观经营主要由商业保险公司进行市场化运作，政府与市场各自的边界比较清晰，能够较好地避免政府与商业保险公司联保模式的上述制度性缺陷。

而且除了北京市，其他三个省市都没有建立农业巨灾风险准备金。缺乏巨灾风险准备金，分散风险的其他安排也不足，这样的农业保险试验经营就成了一着"险棋"，等于将风险都集中到了当地政府身上，这也是目前有的省政府试验政策性农业保险时最担心的事。因此，建立巨灾风险分散机制势在必行。在这方面，北京作为全国的先行者，其改革示范的意义重大，改革取向值得关注。

5.2 边远省份农业保险模式研究

边远省份农业保险模式的研究，我们主要着重于分析中华联合农业保险模式（新疆建设兵团模式）、黑龙江阳光农业保险模式、吉林安华模式。

5.2.1 中华联合农业保险模式（新疆建设兵团农业保险）

新疆建设兵团农业保险是自 1996 年农业保险滑坡以来，历史上仅存的两个农业保险试验基地之一。新疆兵团农业保险是由中华联合财产保险公司经营，[①] 其经营对象主要是新疆建设兵团内各团场种植的棉花、小麦等作物品种，实行的是成本保险。新疆生产建设兵团主要采用"统保"、"防赔结合"以及政府推动等形式进行农业保险。中华联合财产保险公司的前身新疆生产建设兵团农牧业公司是从属于新疆生产建设兵团的一个单位，该公司的初始资本金是由财政逐年拨付的，同时，农牧业保险部分是作为财税政策支持的部分，因此，在某种意义上，新疆农业保险是一种政策性保险（庹国柱和王国军，2002，P.57）。然而，随着农业保险公司的不断改制、上市，其对农业保险的经营逐渐演变成商业公司代理模式（李东方，2003），在这一演变过程中，也出现了很多问题。

[①] 曾使用新疆生产建设兵团农牧业公司、新疆建设兵团保险公司、新疆兵团财产保险公司名称。

表 5-4

地区	黑龙江阳光	吉林安华	新疆兵团模式
试点形式	相互制模式：风险共担，利益同享	综合性经营、专业化全国性农业保险公司	商业公司代理模式
试点范围	黑龙江农垦总局	全国	新疆建设兵团
保险对象	垦区种植职工	全国农民、农业企业	农工
实施方式	公司与保险社共保。保费收入在提取大灾准备金后，公司与保险社各留50%，赔付由公司和保险社按相同比例承担	探索"政府组织推动型"、"龙头企业带动型"和"合作经济组织发动型"等政策性农业保险的开办方法。部分地区，依靠政府，大宗农作物采取统保的方法	行政手段的"统保"，与部分险种的自愿投保结合
试点品种	以承保水稻、小麦、玉米、大豆等粮豆作物为主	玉米、水稻、烟叶、草莓、肉鸡、奶牛等十多个品种	棉花、小麦、番茄等
保障标准	保险金额按直接生产成本的60%~70%确定，一般在140~150元/亩，费率为10%	——	棉花：农业生产资料物化成本的60%进行承保（1986年标准，每亩地保额200元，保费20元），实行低保费、低保额、低保障的方法进行承保

续表

地 区	黑龙江阳光	吉林安华	新疆兵团模式
风险责任	保险责任包括旱、涝、风、雹、冻、病、虫七种自然灾害，相当于种植业保险的一切险	——	风、洪、冻、雹、旱
政府作用	黑龙江垦区内农户只承担65%，其余35%部分，目前申请国家财政补贴20%，暂由黑龙江省农垦总局补贴15%，以保险费的形式直接补贴给农户；黑龙江垦区外省政府补贴标准为省级财政承担保费的50%，县（市）级财政承担保费的20%，农户承担保费的30%	政府提供启动资金，进行保费补贴，两年内补贴占保费53.16%。龙头企业补贴占保费18.63%，农民实际承担28.21%	在一定程度上利用行政手段进行农业保险工作

1. 新疆建设兵团农业保险的制度特点与经验总结

新疆建设兵团农业保险在18年实施中，平均赔付率为74.35%，2000年以来，赔付率基本上稳定在70%至80%之间，①如果加上19%的业务费用，其平均赔付率为93.35%，基本上达到盈亏平衡。由于新疆建设兵团农业保险属于多重险

---

① 资料来源均来自中华联合保险公司统计资料。

(风、洪、冻、雹、旱) 范畴，在没有财政支持的情况下，能够做到盈亏平衡已实属不易。在赔付率基本保持稳定的情况下，其农业保险保费收入与承保面积或头数呈缓慢上升趋势。其种植业"统保"率近年来基本上维持在71%左右，养殖业近些年由于道德风险严重，其"统保"率则处于较低水平，在6%左右。

新疆建设兵团农业保险的制度特点及经验：

第一，新疆地理位置的特殊性。农业风险的一个显著特征就是其风险单位非常大。损失发生时，往往是几个县，甚至是几个省同时出现。因此，农业保险必须要在足够大的范围内进行，才能有效地进行不同地区之间的资金相互调剂，救助农业灾害造成的损失。而新疆具有160万平方公里的土地，其对风险可以有效地在广阔的空间进行分散，特别是南疆和北疆气候等因素有较大的差异，同时发生自然灾害的几率较小，因此，兵团保险公司在其内部进行风险基金的相互调剂时，从理论上可以有效地分散风险。

第二，利用行政手段干预农业保险。新疆兵团农业保险具有非常明显的计划经济色彩，其生产方式也决定了兵团农业保险更像是一种企业行为的保险。新疆农产品（棉花、番茄等）的商品化程度非常高，同时大规模机械化生产、精细农业的使用等因素，使新疆的农业生产具有企业化生产的一些特点。与兵团的密切关系，使中华联合财产保险公司可以在一定程度上利用行政手段进行农业保险工作。

行政手段的"统保"在一定程度上解决了新疆农业灾害发生的频率高、风险复杂、农业的风险单位大、风险在小范围难以分散的问题。因此，利用行政手段进行"统保"，可以在一定程度上解决没有农业保险法可依的尴尬局面。兵团最近几年连续对农业保险工作发文件，以政府红头文件的形式明示了农业保险工作的地位和性质。使各地政府和保险公司在组织推动农业保险时有了政策依据。

第三，实行低保费、低保额、低保障的成本保险方法。在具体的保险品种和模式上，中华联合财产保险公司采取对农业生产资料物化成本的60%进行承保（1986年标准，每亩地保额200

元,保费20元),实行低保费、低保额、低保障的方法进行承保。这主要是由于农业的高风险特性和兵团保险公司的经营模式所决定。农业自然风险造成的损失,即使在低保的情况下,其费率水平仍在6%至10%之间,远远高于其他财险品种,同时由于兵团保险公司资源有限,很难防范在较高保障水平下所出现的大规模理赔事件,同时难以处理随之而生的道德风险等问题。因此在没有相应政府补贴和足够的农业保险经验条件下,采用低保障、低保费可以降低道德风险产生的可能性。一方面由于保障水平比较低,自己负担损失的比例较多;另一方面,在定损理赔时采取二度定损及由团场生产科技术人员参与理赔,因此,较好的控制了道德风险。因此,这种模式为发展中国家在经济不发达情况下进行农业保险提供了一个较好的样本。

第四,采取代理制经营农业保险。中华联合财产保险公司在经营农业保险的具体制度安排上,采取代理制的形式。对农业保险单独立账,独立核算。新疆兵团的农业保险代理模式具有一定的典型意义,即保险公司为政府代理农业保险,并从保费中提取一定的费用(包括防灾费和代理费)以及管理风险基金。① 这种情况下,农业保险公司只是履行商业保险的职能。其主要内容包括:(1)种养两业实行"统保"的规定,依条款在保险公司办理投保手续。保险公司在当年保费收入中,按19%的比例开支业务费用(其中含2%的手续费,5%的防灾费)。(2)建立农业保险基金。当年经营如有节余,按3:7的比例建立师、团两级农业保险基金,由师、团保险公司代管,专项存储,逐年积累,以备大灾。(3)理赔办法。在农牧团场受灾时,用当年保费支付,如不足,由师、团两级的农业保险基金支付;仍不足由师(局)保险公司在当年开办其他险种的经营利润中拿出30%的资金予以补贴;再不足,其余由师、团各自按比例筹措资金赔付。(4)积累农业保险基金的使用。如果当年节余,留作保险基金;如果第二年仍有节余,可拿出当年节余的30%,连续节余2年

---

① 这一点可以和河南省农业保险20世纪90年代初在新郑试行的农村互助统筹保险模式进行比较,具有一定的相似性。

以上（不含2年），可控制在当年节余的40%以内用于改善农业生产条件、防灾和农业科学技术试验。

这种办法实际上建立了以师（局）为单位的经营亏损自补机制，增加了师（局）、团场及分、支公司的经营责任。这种办法的推行，由于较多和直观地考虑了师（局）和农牧团场的利益，提高了师（局），尤其是农牧团场组织统一投保的积极性，促进了农险业务的快速发展。这种办法还体现了农险与商业保险经营上的区别。理赔金额多少是量力而行，在资金能力上同时限定了分、支公司的最高理赔额，有利于农险经营的稳定性。

第五，民主化经营。在农业保险的透明和民主化方面，中华联合财产保险公司采取了"上墙"政策。在理赔过程中，结合一度定损和二度定损，按投保面积进行赔偿，即使是同一个连队，不同地块之间的风险损失经常也是不同的，农作物的减产幅度也是相异的。因此保险理赔费用发放到团场，根据连队情况不一样，赔付到连队，连队进行再分配。在行政会议上，在职工代表会上进行汇报，进行备案，上墙公布。"上墙"政策尽管是一件较为简单的事情，但是在这种保险模式下，对基层农户增进和提高对保险的了解和保险意识却有着极其重要的作用。

2. 新疆兵团农业保险模式存在的问题

随着市场经济的进一步发展，兵团内部的改革和中华联合保险公司股份制改造的进一步深化。新疆兵团农业保险业也面临很多问题。

第一，缺乏农业保险法，使农业保险在新疆兵团进行"统保"缺乏法律支持。很多农工对于农业风险抱有侥幸心理，认为出了风险可以由国家进行补偿。而强制性的"统保"又缺乏法律依据。

第二，计划体制的弱化、市场机制的强化使得农业保险更难开展。由于市场化进一步的渗透，使农工有了更多选择农业生产资料等的自由，一方面可以极大地调动农工的生产积极性，使生产的激励机制更加合理。但是保险费自理也使得保险公司收费更加困难。过去，保险公司往往是针对一个团场进行收费理赔，这样农业保险的运行成本较低，但是如果针对每个农工进行理赔工作,那么农业保险展业、理赔的成本就会急剧增加,同时很难保证"统保"工作的顺利进行。

第三,兵团内部各个师团之间风险基金的封闭运行以及保险费用的收缴困难,极大地削弱了农业保险应有的效率和作用。由于目前条件所限,还没有实行农业风险不同区划、不同费率。因而造成面临不同风险概率的师团,在目前统一保险费率条件下,不能实现概率上的公平。同时,由于个别师与师之间,各个团场之间对于农业保险的认识各不相同,因此,一方面对于保险费用,很多团场采用挂账的方法,到年底进行结算。甚至有些团场连续几年不断挂账,造成风险基金仅仅成为一个账面上的数字。同样由于认识问题,师与师之间的风险基金很难进行调用和调配,甚至于很多团场的风险基金也封闭运行。这样就造成一种情况,在真正遭受农业灾害的时候,由于有些风险基金只是一个数字,同时各师团的风险基金不能相互调剂,使农业保险对于农工恢复再生产的能力极大地削弱。也使基层农工和连队对农业保险产生了错误的认识,认为农业保险是小保险,作用非常有限。这时的保险公司,由于还继续收取保险手续费,造成一种"空壳"保险,不但没有真正起到保险作用,而且,还要支出所谓保险"成本",这也是保险公司和农工均感到困惑的问题。

5.2.2 黑龙江阳光农业相互保险公司①

1. 相互保险公司特点

黑龙江阳光农业相互保险公司采取的是相互制保险公司模式。相互保险公司是相互制与公司制相结合的一种特殊保险组织形式。它是投保人以投保取得公司业主或东家的资格,用投保人交纳的纯保险费形成保险基金,以投保人之间互助共济的方式实现被保险人的人身或财产风险损失补偿,并采用公司经营制度。参保人根据保险合同和公司章程缴纳保费,同时也成为公司会员。公司按照约定提供风险防范服务和经济补偿,公司盈余由全体投保人享有,公司亏损也由投保人承担。相互保险公司具有三

---

① 张艳花,《政策性农业保险发展:实践及启示》,《中国保险》,2007年第15期。

方面特征：一是参与的广泛性。全体投保人以会员身份参与公司管理和业务监督。二是费率的灵活性。投保人拥有公司所有权，产权归属关系代替了市场交易关系，为费率调整创造了条件。三是目标的一致性。相互保险公司不以营利为目的，所有财产和赢利都用于被保险人的福利和保障。

2. 阳光农业相互保险公司经营方式

一是公司与保险社共保。采取公司经营为主导、保险社互助经营为基础的统分结合的经营模式，先由保险社承保，再按照公司与保险社五五比例进行共保，实现风险共担、利益共享。二是垦区内业务与垦区外业务相结合。阳光公司在全力抓好垦区粮食作物保险、扩大养殖业保险规模的基础上，向全省农村和全国粮食主产区扩展。在各级政府提供保费补贴和经营费用补贴的前提下，选择粮食作物种植规模较大的地区先行试点，取得成功后逐步扩大推广。三是防灾与救灾相结合。坚持"以防为主、防救结合"，通过增加投入，健全防灾减灾体系。

3. 农业保险的具体做法

其一，以承保水稻、小麦、玉米、大豆等粮豆作物为主；保险金额按直接生产成本的60%～70%确定，一般在140～150元/亩，费率为10%。其二，保险责任包括旱、涝、风、雹、冻、病、虫七种自然灾害，相当于种植业保险的一切险。其三，保费"三方承担"，黑龙江垦区内农户只承担65%，其余35%部分，目前申请国家财政补贴20%，暂由黑龙江省农垦总局补贴15%，以保险费的形式直接补贴给农户；黑龙江垦区外省政府补贴标准为省级财政承担保费的50%，县（市）级财政承担保费的20%，农户承担保费的30%。其四，实行大灾准备金制度。按保费收入的10%提取大灾准备金，用于平抑大灾风险，其使用基准以保险社为单位，当综合赔付率超过140%时，其超过的部分动用大灾准备金弥补。其五，公司与保险社共保。保费收入在提取大灾准备金后，公司与保险社各留存50%，赔付由公司和保险社按相同比例承担。其六，业务管理实现"三到户"、"三公开"，即承保到户、定损到户、理赔到户，承保内容公开、损失测定公开、赔款兑现公开。其七，建立保险公估制度，实行"四方"核灾定损，即核灾定损员、保险分社、保险社与公司共同核灾定损，确保准确率达95%以上。

4. 风险控制措施

阳光农业相互保险公司立足于灾前预防，建立了以人工增雨防雹为主的防灾减灾网络，现已配备高炮278门，火箭发射器95部，气象雷达8部，气象卫星云图接收机36台，防控面积达2 700万亩，年均减损增效4亿元。公司实行大灾准备金制度，以防范大灾风险，同时，公司还与国际再保险公司签订了种植业超赔再保险合约，将巨灾风险转移分散，有效控制经营风险。

5. 以商补农

在业务发展上坚持以农险为主，2005年农险与商业险保费的结构比为96∶4，2006年为75∶25，2007年截至6月30日为70∶30，农业保险始终处于主导地位，保持着发展农业保险的方向。在商业保险的发展中，也是突出围绕"三农"来开展农村家庭财产、人身意外、农机、农用车辆等分散性业务，形成了具有自身特点的商业险业务结构。

5.2.3 吉林安华农业保险模式①

安华农业保险股份有限公司是保监会于2005年7月12日正式批准设立的东北地区首家农险公司。该公司是商业化运作、综合性经营、专业化管理的全国性农险公司，主要经营农村保险、涉农保险、城市保险，同时为政府代办政策性农业保险业务。该公司由5家省内企业共同发起设立、实收货币注册资本金2亿元。目前已在吉林省与农信社合作开展"银保合作"，进一步扩大了农业保险范围，与农民的实际需求更加贴近。

运作机制：在销售渠道和方法方面，安华公司将探索间接销售为主的渠道和模式，比如，将农险业务同农村信用社网络资源优势相结合。在农村，省农联社有网络、人员和社会优势，保险公司可以委托信用社代理业务，既减少保险公司运营成本，又增加信用社的经营收入。安华公司将选择两个县（市）进行合作

---

① 高伟：《政府补贴是我国发展农业保险的重要保障》，《广西经济管理干部学院学报》，2006年1月。

试点。

拓宽险种：安华公司还将探索农业保险同新型农村合作医疗相结合；农业保险同农业机械化工作相结合；农业保险同农业产业化项目相结合；农业保险与订单农业相结合的试点。

安华公司在经营运作过程中遇到的主要问题是：农民虽然对农业保险有需求，但投保能力弱是一个普遍性问题。许多贫困地区的农民连扩大再生产的基本资金都没有，大灾之年农民的生产、生活只能靠政府的救助，更别提保费的缴纳。农民承受能力低导致保险公司对保险标的测算和农民承受能力之差很大。如果政府补贴乏力，"安华"模式将很难长期运转下去。

5.3 中部地区农业保险模式研究

中部地区主要选取了三个典型案例，河南农村统筹保险互助会模式（1991~1998年）、湖南农业保险模式和法国安盟模式。河南省农村统筹保险互助会模式曾经在国内农业保险领域起到较大的影响，因而是一种非常典型的农业保险模式，尽管后来流于失败，但其中的经验教训值得借鉴。湖南省农业保险和法国安盟在四川的农业保险模式由于时间较短，还未形成典型的特点，这里只作一些简单的介绍。

5.3.1 河南农村统筹保险互助会模式（1991~1998年）

中国人民保险公司河南省分公司根据河南省的具体情况，在1991年设计出河南省农村统筹保险互助会，用以解决在实践中出现的问题。

1. 农村统筹保险互助会的设计思想

农村统筹保险互助会属于农民互助互济性质的保险组织，其思想主要体现在，使用农民自身的经济能力解决因遭受自然灾害和意外事故而造成的经济损失；不以赢利为目的，所筹集资金的结余及增值作为全体会员的风险准备金。其业务范围包括开办县以下的农村各种财产险、责任险、种养两业险等保险业务；在经济条件较好的地方，为富裕后的农民试办人身、计划生育等保险业务；结合防灾、科研开展农作物防雹、增雨、防治病虫害、植物保护、家畜家禽检疫、防疫，优良品种及农业新技术推广等项保险业务。

表 5-5

地 区	河南农村统筹保险互助会	湖南农业保险	法国安盟农业保险
试点形式	农村统筹保险互助会	政策性保险，商业性运作	农村保险（包括其他商业险种）
试点范围	河南省各地区	全省14个市（州）共选择56个县（市、区、管理区）进行试点	四川、吉林、江苏
保险对象	农户	农户	农村居民
实施方式	互助会设立县领导委员会，其中包括各职能部门及农民代表。互助会的具体办事机构设在中国人民保险公司各县支公司内部。中国人民保险公司在农村互助保险中既是设计者，同时也是农村互助保险的组织、推广和具体经办者。其与农村互助保险的关系主要是组织与代理的关系、业务指导和技术管理的关系，同时承担30%分保和后盾的关系	中国人保湖南省分公司和中华联合湖南省分公司承担试点工作的经营业务	一条线是销售网，一条线是技术支持网。安盟公司严格培训农村代办员，并要求代办员在销售产品的同时，还要做好本村的售后服务工作，以起到连接公司与农户的桥梁和纽带作用

续表

地 区	河南农村统筹保险互助会	湖南农业保险	法国安盟农业保险
试点品种	除牲畜保险外，还开办了生猪、奶牛、养鸡、养鱼、养貂、养兔、养鹿等各项保险业务；种植业除棉花、烟叶两个险种外，还开办了小麦收获保险及林木火灾、果木、花生、水稻、塑料大棚等险种	水稻和棉花种植保险	安盟三套产品包含31个险种，其中15个险种（含9个责任险条款，如农村和城市家庭保险中的个人责任险、农村旅游娱乐责任险、非房主居住房屋责任险等）为国内首创。另16个险种与国内相似，但保险责任范围比国内险种更广
保障标准	物化成本保险	全省统一确定物化成本为水稻每季每亩240元，棉花每亩300元	——
风险责任	水灾、旱灾、风灾、雹灾和病虫害等	政府补贴险种的保险责任为人力无法抗拒的自然灾害，包括暴雨、洪水（政府进行蓄洪除外）、内涝、风灾、雹灾、冻灾和旱灾	——
政府作用	政府引导、部门配合农业保险的展业、理赔等工作	政府引导、农户自愿、市场运作、共同负担、部门配合	无

　　互助会设立县领导委员会，其中包括各职能部门及农民代表。互助会的具体办事机构设在中国人民保险公司各县支公司内部。中国人民保险公司在农村互助保险中既是设计者，同时也是

农村互助保险的组织、推广和具体经办者。其与农村互助保险的关系主要是组织与代理的关系、业务指导和技术管理的关系，同时承担30%分保和后盾的关系。

这种思想在当时具有很强的创新色彩，其优越性主要体现在：

第一，农村互助保险彻底摆脱了当时中国人民保险公司单独经营、商业性的局面，把农村保险转变为农民群众之间互助互济的非赢利、非经营性的保险体制。

第二，由于其是互助基金，属于农民互助性质的组织，不具备赢利性。在遇到灾害时，互助会可以使用互助基金进行灾害补偿，不但可以动用互助会利息而且可以动用本金，这一点上，摆脱了原来风险基金会在使用上的种种限制。由于其非赢利性，也争取到了政府对于农村互助统筹保险免于纳税的优惠政策，为基金的积累创造了良好的条件。

第三，以县为单位核算，结余留存当地，归全体会员所有，真正建立起了"相互联系多层次的农村专项保险基金"。由于农村互助统筹保险范围已经超出了农业保险的范围，以农村为范围核算，以财产险的盈余补贴农业险的亏损，在区域范围内实现了"以工补农"、"以险补险"。

第四，在进行统保时，以乡（镇）为单位统一签单，由于存在同一个地区其个体的产量与总产量不一定完全正相关，必然会出现按全乡平均亩产量不该赔款，而个别村、户实际受灾严重时需要赔付的问题。统筹办法规定，凡保险期限内无赔款的乡（镇），保险期终止时，可按当年该乡（镇）实收保费的15%~20%作为无赔款优待返还到乡（镇），用以解决全乡（镇）范围内达到承保产量而部分村、组受灾达不到承保产量的实际问题（俗称"打补丁"），这种问题也与国外进行县级统保中出现的问题相类似，而农村统筹互助会则在一定程度上解决了这个问题。

同时国家对于分保、免税、补贴三种形式对互助会给予扶植和支持，河南省对农村互助保险免征全部税、费。同时各级政府在农业保险实现"统保"等问题上给予大力的支持是使农村互助统筹保险得以成功的关键因素。

2. 农村互助统筹保险失败的原因

尽管当时河南省农村互助统筹保险争取到了省里的支持，但是没有争取到中央政府的支持。同其他任何制度一样，农村互助统筹保险必须在一定的内外条件支持下才能够得以顺利运行。然而，当这些条件发生变化时，其存在的基础就会发生动摇。

从内部原因上分析，在 1996 年中国人民保险公司改制以后，其以企业效益最大化的赢利性企业的特点更加突出，而对于农业保险 30% 的分保其风险也是相当大，并且由中国人民财产保险公司河南省分公司分保部分并没有享受免税等优惠政策。因此，其从事风险复杂、赔付率较高的农业保险的积极性有所降低。不久河南省取消了农业保险处，从而使这一组织形式失去了依靠。

从外部原因分析，由于市场经济的力量不断增大，政府在生产等方面的作用不断弱化，同时其对于农业保险所需要的统保的支持力度大大降低。统保是在目前技术等条件下，尤其对于大宗农作物，解决农业保险实施过程中逆向选择以及解决农业风险巨大、承保面必须宽的必要条件之一。同时由于在 20 世纪 90 年代中后期，农民负担较重，加之将农业保险的收费和乱收费项目混为一谈，导致统筹无法进行，从而导致了这种保险形式的流产。而由于当地政府对于农业保险的性质认识不清，将农业保险业作为乱收费项目对待。这导致了农村互助统筹保险所依据的条件发生了动摇，既没有了政府大力的支持，进行统保更加困难，而实行按户进行承保，又使得保险的成本急剧增高，从而使这种以成本保险为依托的低保障形式不能够实现。

5.3.2 湖南农业保险模式：政策性农业保险，商业性运作

（1）基本原则：遵循政府引导、农户自愿、市场运作、共同负担、部门配合、稳步推进的原则。（2）试点险种：水稻和棉花种植保险。（3）保险责任：政府补贴险种的保险责任为人力无法抗拒的自然灾害，包括暴雨、洪水（政府进行蓄洪除外）、内涝、风灾、雹灾、冻灾和旱灾。（4）保障金额：原则上以国家统计部门公布的该农作物生长期内所发生的直接物化成本为依据，包括种子成本、化肥成本、农药成本、灌溉成本、机耕成本和地膜成本，不包括人力成本。全省统一确定物化成本为水稻每季每亩240元，棉花每亩300元。(5) 保费补贴：对纳入农业保险试点县（市、区）投保的水稻和棉花险种保费，中央和省财政补贴50%，市（州）、县（市、区）两级财政补贴不少于10%，其余由农户、龙头企业或合作经济组织承担。(6) 试点地区选择：综合洪涝、干旱等灾情多发区、粮棉主产区以及近三年播种面积和成灾情况，在全省14个市（州）共选择56个县（市、区、管理区）进行试点。其中，水稻种植保险试点县（市、区）51个、管理区5个，播种面积4 271万亩；棉花种植保险试点县（市、区）10个、管理区3个，种植面积193万亩。各试点地区水稻、棉花投保面积力争达到播种面积的40%以上。(7) 保险费率：水稻种植保险主要包括基本保险、旱灾保险和综合保险。基本保险承保暴雨、洪水、内涝、风灾、雹灾和冻灾6种自然灾害责任，保险费率为5%；旱灾保险费率为3%；综合保险承保上述基本保险和旱灾保险责任，保险费率为7%。棉花种植保险承保暴雨、洪水、内涝、风灾、雹灾、冻灾和旱灾7种自然灾害责任，保险费率为8%。(8) 理赔标准：一是分段计算，水稻种植保险分四个时期确定保额：苗期140元，分蘖拔节期160元，抽穗扬花期180元，成熟期240元；棉花种植保险分三个时期确定保额：苗期120元，蕾铃期240元，吐絮期300元。二是比例赔付，理赔起点为30%，即承保的自然灾害造成水稻、棉花损失率在30%~70%（含30%）时，按该作物生长阶段保额和损失率计算赔款；损失率在70%以上（含70%）时，按该作物生长阶段保额全额赔付。三是赔款封顶，即投保水稻、棉花如遇多次灾害，则每季每亩赔款累计不超过保险金额240元和300元。(9) 中国人保湖南省分公司和中华联合湖南省分公司承担试点工作的经营业务。(10) 保费补贴资金管理：各级财政将承担的农业保险保费补贴资金列入同级财政预算，设立专门科目，实行专项管理，分账核算；保费补贴实行国库集中支付，财政部门根据保险经营机构的申请，以及公司与投保对象签订的保险合同，审核保险公司保费收取情况，计算按比例应补贴的保费金额，通过国库集中支付到有关保险公司；定期对保费补贴资金使用情况进行监督和检查，确保专款专用。

5.3.3 四川、吉林、江苏的法国安盟模式①

法国安盟保险公司是首家进入我国农险市场的外资保险公司，其运作模式是依靠强大的网络、资金、丰富的农险经验和管理优势占领市场。安盟公司在四川、吉林、江苏三省开辟了农村保险市场。其特点是：

（1）险种全面：安盟三套产品包含 31 个险种，其中 15 个险种（含 9 个责任险条款，如农村和城市家庭保险中的个人责任险、农村旅游娱乐责任险、非房主居住房屋责任险等）为国内首创。另 16 个险种与国内相似，但保险责任范围比国内险种更广。每套产品均由一系列险种组成，涉及对被保险人"财产—责任—人身—健康"的综合保障。另外，安盟产品还对国内产品不予承保的风险以及不予承保的对象提供保障。

（2）价格低廉：牲畜死亡险是安盟成都分公司在第一阶段开办的农业险险种。与四川其他从事农业险的国内公司比较，安盟牲畜死亡险不仅针对各类养殖场，而且也针对分散、单个的农户；保险对象不仅包括猪、牛、羊等大牲畜，也包括家禽等小牲畜。

（3）"两条线"运行：一条线是销售网，一条线是技术支持网。安盟公司严格培训农村代办员，并要求代办员在销售产品的同时，还要做好本村的售后服务工作，以起到连接公司与农户的桥梁和纽带作用。

安盟公司做小额保险，只能向规模要效益。但四川农村对安盟保险产品的需求并不大。据四川省保险行业协会的统计数据显示，2005 年上半年，安盟保险成都公司全部保费收入为 68.18 万元，仅占四川省保险市场份额的万分之二。其主要原因是：在法国农业险赔付率低，政府补贴较高，但安盟进入中国，是按商业性的专业农险公司运营，政府不可能拿出钱来补贴一个外国的商业性农业保险公司。

---

① 高伟：《对我国农业保险试点模式的认识及建议》，《新疆财经》，2006 年第 3 期。

5.3.4 我国其他省份及国外农业保险的经验

我国亟须发展农业保险,这是中央和社会各界的共识。从2004年开始各地积极探索新的农业保险经营模式,并开展了一系列试点工作,目前主要形成以下五种模式。

1. "安信模式"

2004年9月,我国第一家专业性农业保险公司——上海安信农业保险公司开业。与传统的经营农业险的保险公司不同,上海安信农业保险公司走的是"政府财政补贴推动、商业化运作"的模式。资金来源采取"三家投"方式,即国家按WTO"绿箱政策"投一点,地方财政出一点,参保个人拿一点;农村风险保障基金按"以丰补歉"的原则,滚动发展使用。在补贴标准方面,安信将原补贴办法中按亩、头、只定额标准补贴,调整为按某一险种的保费比例进行补贴。同时从2007年起,安信首次在水稻、生猪、奶牛、家禽四个险种上实行普惠基本保险。对符合条件的农业生产者,市、区(县)政府将统一组织为其投保。

安信是目前运行最好的农险公司,主要原因是亏损少且没有历史包袱。从1992年开始,上海采取"以险养险"的方法,将农村建房险列入农业险范围,授权委托人保公司农险部负责独立经营,不仅弥补了原先农业险的连年亏损,还积累起1.94亿元风险基金。2003年,上海还将农业险补贴列入公共财政体系,市区两级财政每年补贴达1 000万元,约占上海农业险、农村建房险总保费的25%。安信"政府财政补贴,以险养险"的模式在上海可行,但其他地区却很难复制,主要是因为上海经济发达,财力雄厚,且农业占GDP的比重小,政府可以同时在资金和政策上给予扶持,这不是经济欠发达地区可以效仿的。

2. "安华模式"

安华农业保险股份有限公司是保监会于2005年7月12日正式批准设立的东北地区首家农险公司。该公司是商业化运作、综合性经营、专业化管理的全国性农险公司,主要经营农村保险、涉农保险、城市保险,同时为政府代办政策性农业保险业务。在销售渠道和方法方面,安华公司将探索间接销售为主的渠道和模式,比如,将农险业务同农村信用社网络资源优势相结合。在农村,省农联社有网络、人员和社会优势,保险公司可以委托信用社代理业务,既减少保险公司运营成本,又增加信用社的经营收入。安华公司还将探索农业保险同新型农村合作医疗相结合、农业保险同农业机械化工作相结合、农业保险同农业产业化项目相结合、农业保险与订单农业相结合的试点。

安华公司在经营运作过程中遇到的主要问题是：农民虽然对农业保险有需求,但投保能力弱是一个普遍性问题。许多贫困地区的农民连扩大再生产的基本资金都没有,大灾之年农民的生产、生活只能靠政府的救助,更别提保费的缴纳。农民承受能力低导致保险公司对保险标的测算和农民承受能力之差很大。如果政府补贴乏力,"安华模式"将很难长期运转下去。

3."互助制模式"

2005年1月11日,在黑龙江垦区投入运营的阳光农业相互保险公司是一家相互制保险公司。"互助共济,风险共担"是农业互助制保险的原则和宗旨。其运作机制是按照"先农险、后商险,先局部、后放大"的原则,阳光农业相互保险公司把临时救灾的政府行为变为保险补偿的经济契约行为,淡化了农户长期养成的受灾后等政府补贴救济的思想,增强了农户自我防范和分散风险的意识,减轻了各级管理机构救灾的压力。同时,通过运营实践转变了各界过去一直认同的开展农业保险"赔不起"的看法,从中看到了农业保险在解决"三农"问题中的积极作用。其保费由农户承担65%,财政承担其余35%,直接补贴给种地的农户。另外,为了控制经营风险,阳光农业相互保险公司以现代科技为支撑,建立了以人工增雨防雹为主的防灾减灾网络。同时,该保险公司还与国际再保险公司签订了种植业超赔再保险合约,将农业灾害风险转移分散。

相互制保险是与股份制保险公司并列的一种保险公司的组织形式。它是由一些对某种危险有同一保障要求的人组成的一个集团。集团成员均交纳保费形成基金,发生灾害损失时用这笔基金来弥补灾害损失。它最本质的特征在于将保险人和被保险人的身份合一,从而达到减少道德风险,降低运行成本的目的。但相互制保险公司没有资本金,也不能发行股票。风险基金来源于会员缴纳的保险费，营运资金由外部筹措。同时，相互制保险公司是不以赢利为目的的法人，在经营上对被保险人的利益较为重视，名义上公司不通过对外经营获得利润。因此。相互制保险公司的资金、规模等都是有一定的限制的。而农业保险具有高风险、高赔付的特点，一旦某一年有大灾发生，保险公司要赔付的资金往往非常之高，而且往往是参保的农民都要得到赔付。因此，只依靠农民之间筹措的这些资金，显然是难以承受赔付的需要。资金问题是制约农业相互制保险发展的最重要的因素。农业相互制保险的资金有限，直接导致了农业相互制保险的保障能力弱于其他类型的农业保险。

4. "共保体模式"

浙江省经过两年多的试点，决定成立"政策性农业保险共保体"，而不设立专门的农业保险公司。其主要特点是"市场运作，政府兜底"。该模式是全国首创，并确定在 11 个县率先进行试点，时间暂定 3 年，取得成功后将向全省推广。"共保体"模式是指两家及两家以上商业保险公司根据省政府授权，经营运作全省政策性农业保险项目，按照章程约定的比例，分摊保费、承担风险、享受政策，共同提供服务的保险组织形式。在"共保体"内，成员由"首席承保人"和"共保人"组成，以商业保险运作模式，实施对农业保险的承保、理赔、结算、风险准备金提存等，其中"首席承保人"具体负责经营。浙江目前已圈定了以承保份额最大的中国人保浙江分公司为"首席承保人"、11 家财产险公司组成的"共保体"。根据浙江保监局《浙江省政策性农业保险试点共保体试点实施方案》规定，"共保体"根据浙江巨灾风险状况和商业保险公司的承受能力，通过调整赔付方式实行有限责任赔付。当全省农业保险赔款不超过所收农业保险保费的 5 倍时，"共保体"按核定的赔款赔付；当保险赔款超过所收保费 5 倍时，则按比例赔付，由此实现最高承担农业保险保费 5 倍的赔付责任。赔款总额超过保费 2~3 倍的部分，"共保体"和政府将按 1:1 的比例承担赔偿责任；3 倍以上则以 1:2 比例分担。

"共保"方式是国内外保险界对损失概率不确定的重大项目

和罕见巨灾的一种理想的农业保险制度模式，可以降低独家承保的风险，提高对化解巨灾风险的承受能力。但现在的问题是"共保"试点的区域太小。因为农业保险的风险单位很大，对单个投保农户来说大部分农业灾害都具有较大的相关性，因此，要在空间上分散风险必须在较大范围内从事保险经营，否则大灾面前，区域小且财力弱的政府是难以兜底的。如果能在一个省（自治区）范围内实行"共保"，效果可能会更好。

5."安盟模式"

法国安盟保险公司是首家进入我国农险市场的外资保险公司。其运作模式属于依靠强大的网络、资金、丰富的农险经验和管理优势占领市场。安盟公司在四川、吉林、江苏三省开辟了农村保险市场，其特点是险种全面、价格低廉。安盟公司做小额保险，只能向规模要效益。但四川农村对安盟保险产品的需求并不大。其主要原因是：在法国农业险赔付率低，政府补贴较高，但安盟进入中国，是按商业性的专业农险公司运营，政府不可能拿出钱来补贴一个外国的商业性农业保险公司，安盟的困境可想而知。新一轮农业保险试点中存在的最主要问题是：在欠发达地区农业保险试点中，政府补贴明显不足，这是制约农业保险发展的关键。

学术界对我国农业保险发展模式的研究主要可以归纳为以下几个方面：

（1）"政府论"模式，即由政府出资设立政策性农业保险机构。该模式的运行机制是：建立事业性质的中国农业保险专业公司经营政策性农业保险和再保险。通过国家农业保险立法，建立农业保险专项基金，并实行法定保险的经营方针。国家给政策性农业保险和再保险以必要的优惠政策。设立中国农业保险专业公司，各省、地、县设立其分支机构。由该公司经营全国政策性农业保险和再保险，同时也允许农村合作组织经营某些政策性农业保险，但必须按一定比例向农险公司发保。

（2）"农业保险合作论"模式，即建立农业保险合作社。该模式主张建立合作保险为主体的保险组织，以合作保险组织为主体，以农业保险公司为主导，其他保险公司作为补充的多层次农业保险组织体系，以调动各方面的积极性。

(3)"商业论"模式,即以商业性保险为主、政策性保险为辅的多家办保险的模式。所谓"商业性保险为主",是指保险公司选择一定的农业险种,按照商业性原则进行经营。所谓"政策性保险为辅",是指除了商业性农业保险外,允许少数经济发达地区的人保公司在地方政府支持下开办政策性保险。

(4)"区域论"模式,即我国农业保险的发展应实行"区域化"发展战略。谢家智(2003)从我国区域经济发展的实际,结合农业风险区域化的特征,阐述了区域化是我国农业保险发展的内在要求,并进一步深入研究了我国农业保险的区域化发展对策。他认为,全国"一刀切"的集中统一发展模式是困扰农业保险发展的主要原因。因为"一刀切"的农业保险的发展方式存在扭曲保险发展的价格机制、弱化保险发展的激励机制,特别是抑制农业保险发展的创新机制等诸多弊端。经济发展的区域性、农业风险和灾害损失的区域性、农业生产布局的区域差异性决定了区域化的农业保险发展模式。区域化的发展战略的有效实施需要借助于一系列农业保险发展政策和措施。虽然经过较长时间的农业保险发展实践的探索,我国还从宏观上缺乏农业保险的整体发展战略与措施。应该强化实施区域化的发展战略,制定区域性农业保险政策、选择区域性保险组织形式,设计与开发区域性的农业保险产品,厘定区域性的保险费率,形成区域性的保险市场结构等。

(5)"阶段论"发展模式,即我国农业保险的发展应实施阶段性推进战略。王和、皮立波(2004)认为,我国农业保险应实施"三阶段性"的推进战略。他们认为,初期采用商业代理的方式。当前可以建立商业性的专业农业保险公司,或者在已有的财产保险公司中选择1~2家公司为代理,代理几种重要农产品如小麦、奶牛等的保险业务,农业保险业务单独建账,独立核算,自负盈亏,政府分险种和区域支付相当于经济管理费补贴的代理费,并立法强制保险,给予免税支持,还要对代理业务的地域、费率、险种、补贴以及巨灾再保险等作出明确规定。接着逐步过渡到国家政策扶持阶段。在农业保险业务逐步走向正轨、业务需求增加后,国家应出台更为市场化的政策,鼓励和扶持商业保险公司实现业务的良性发展，提高风险评估和承保水平，使其不仅能从业务代理中获取费用补贴，还要直接获取经营收益，可以在以前各项扶持政策的基础上采取如设立某种农产品专项风险基金与保险公司共同承担巨灾风险，给予政策允许农业保险基金投资优良证券品种，允许保险公司进行保险工具创新，开发与资本市场相关的保险新产品，如农业风险联结型证券等。这一阶段可以设立专业的政策性业务管理机构，以应对日益庞大的业务管理要求，最终实现我国农业保险发展的商业化经营。在现代农业格局初步形成、资本市场功能逐步健全、保险公司的资本运作技术与风险承受能力相适应的情况下，应促进农业保险走完全商业化的道路。这一阶段保险公司将主要通过在资本市场的运作来分散风险和增强筹资能力，通过发行巨灾债券、募集应急资本、采用互换、掉期等手段开发与气候有关的指数期货或与指数相关的农业保险新产品，实现经营的稳定性，保证经营的收益性，从而实现农业风险的有效分散和转移，使农业与保险相辅相成、共同发展。

从世界各国农业保险发展的历史、特点、操作方式以及法律制度上看，通常可将其制度模式归纳为以下五种形式：

(1) 美国、加拿大的农业保险体制

目前，除美、加外，采取这一模式的还有瑞典、智利等国家。其特点是：国家设立专门的农业保险机构，经营大部分政策性农业保险业务。各国均制定了重点为农作物产品的法律，由隶属农业部的国家农作物保险公司提供农作物（包括果树种植、水产品养殖等）一切险的原保险和再保险。政府出资拥有农作物保险公司相当数额的资本股份，国家农业保险公司的一切经营管理费用都由政府支持，国家农业保险公司享有免税待遇。此外，其他私营、联合股份保险公司、保险互助会也经营农业保险，开展农作物雹灾保险、饲养动物保险、农场建筑物等财产保险。这种体制的最大特点是：农民自愿投保，政府提供补贴。

(2) 日本的农业保险体制

日本政府不直接经营农业保险。经营农业保险的机构是不以营利为目的的民营保险相互会社——市、町、村农业共济组合与都、道、府、县农业共济保险组合是日本农业保险的基层组织，直接承办农业保险业务；县农业共济组合联合会接受市、町、村农业共济组合的分保业务；政府对农业共济组合联合会的保险责任进行再保险。日本政府的主要责任是对农业保险进行监督和指导。

（3）西欧的农业保险体制

德国、西班牙、荷兰等国家的农业保险体制可归于这一模式。其特点是：全国没有建立统一的农业保险体系，无论是一切险还是特定灾害保险，政府一般都不经营。经营农业保险的机构主要是私营公司、部分保险相互会社或保险合作社。它们开办的农业保险险种十分有限，一般只办理雹灾、火灾和其他特定灾害保险。农民自愿投保，保费全由自己支付。不过有的国家也给私营保险公司农业保险业务一定的保费补贴。

（4）前苏联、东欧的农业保险体制

这一模式的特点：一是农业保险全部由国家保险机构集中、统一和垄断性经营，不允许其他组织介入。如波兰由国家保险局经营，匈牙利等国由国家保险公司独家经营。二是强制性保险与自愿保险相结合。三是农业保险是政策性保险，不以营利为目的，政府为农业保险业务提供基金，并补贴大部分经营管理费用。四是由于农业保险赔付率很高，各国都对农业保险实行优惠。

（5）发展中国家的农业保险体制

泰国、印度、巴西、菲律宾等国家的农业保险体制都归于这一模式。其特点：一是在组织模式上一般采取国家直接经营、由农业保险合作社经营、私营保险公司经营及国家与私营保险公司成立股份公司经营等几种方式。二是农业保险严格限定承保标的和责任范围，如种植业承保的农作物为本国的主要粮食作物（如水稻、小麦、棉花等），养殖业为牛、马等。三是农业保险是非营利性业务，政府提供财政资助，共同分担农业风险。四是国家制定农业保险法规，从法律制度上确保农业保险的合法地位。五是实行强制保险与自愿保险相结合的措施，以强制性保险为主。

第6章 中国农业保险经营模式的构建

对中国理论界和保险界提出的几种主要的农业保险经营模式进行探讨和分析,提出适合于中国的农业保险经营模式是将政府主办模式与互助合作模式相结合,建立以合作保险组织为主体,以农业保险公司为主导,其他保险公司为补充的模式,并进一步从增强农民保险意识、加快立法、加大财政支持、加强防灾防损体系建设等方面提出了构建中国农业保险经营模式的政策保障。

6.1 中国理论界和保险界提出的四种主要模式

由于农业保险对中国农业发展有着非常重要的意义,理论界和保险界提出了多种中国农业保险发展的经营模式,其中最有代表性的主要有四种,下面将一一进行分析。

6.1.1 由政府出资设立政策性农业保险机构

这种模式的运行机制是:建立事业性质的中国农业保险专业公司经营政策性农业保险和再保险。通过国家农业保险立法,建立农业保险专项基金,并实行法定保险的经营方针。国家给政策性农业保险和再保险以必要的优惠政策。设立中国农业保险专业公司,各省、地、县设立其分支机构,由该公司经营全国政策性农业保险和再保险。同时也允许农村合作组织经营某些政策性农业保险,但必须按一定比例向农险公司发保。通过农业保险立法,建立农业政策保险专项基金。由中国农业保险专业公司负责筹集、分配和管理该专项基金。政府(或有关部门)提供该基金的一定份额。政策性农业保险和再保险独立核算、免征一切税负,经营节余全部留作总准备金积累,以备巨灾风险之用。确定政策性农业保险的险种,对有关国计民生的重要农林牧渔商品的生产全部实行法定保险,政府对法定保险项目给予保费补贴。法定保险由中国农业保险专业公司及其指定的农村合作组织垄断经营。除法定政策性农业保险外的商业性农险项目，全部实行自愿投保。政府出资设立政策性农业保险机构的运行机制如图6-1所示：

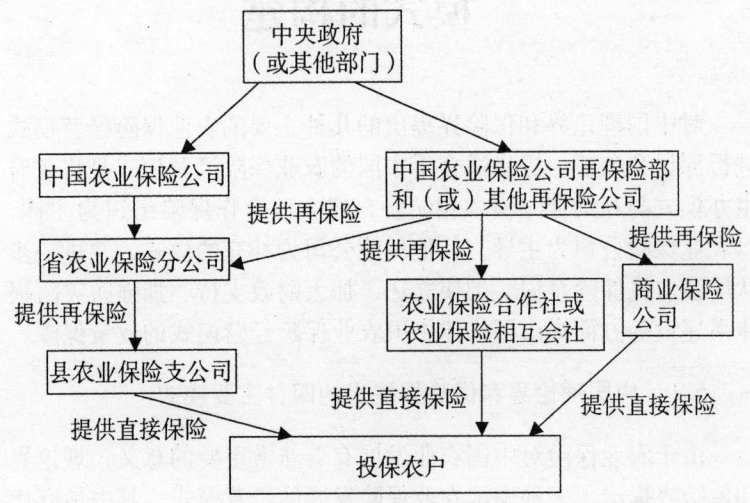

图6-1　政府出资设立政策性农业保险机构运行示意图

资料来源：庹国柱、王国军：《中国农业保险与农村社会保障制度研究》，首都经济贸易大学出版社，2002年版。

6.1.2　在政府主导下的商业保险公司经营模式

这种模式就是在中国政府统一制定的政策性经营的总体框架下，由各商业性保险公司自愿申请经营农业保险和再保险。首先，在中央设立"中国农业保险公司"或"中国农业保险管理公司"，该公司隶属于中央有关部门（财政部或农业部等）的事业性机构，不直接经营或少量经营农业保险业务，公司主要负责全国农业保险制度的设计和改进，接受和审查有意参与政策性农业保险业务经营的商业保险公司。其次，允许商业性保险公司（主要是财产保险公司）自愿申请经营由政府提供补贴的政策性农业保险项目，获准经营政策性农业保险业务的商业性保险公司自主经营，自负盈亏。再次，经营政策性农业保险的商业保险公司主要经营中国农业保险公司设计的基本险种,也可以自行开发自愿投保的农业保险险种,但自行开发自愿投保的农业保险险种,必须经过中国农业保险公司审查和批准后,才可以出售。最后,政府对商业保险公司所经营的政策性农业保险项目给予财政和保险方面的支持和优惠政策,同时中国农业保险公司会为经营农业保险的商业保险公司提供农业保险再保险。政府主导下的商业保险公司经营模式的运行机制如图6-2所示:

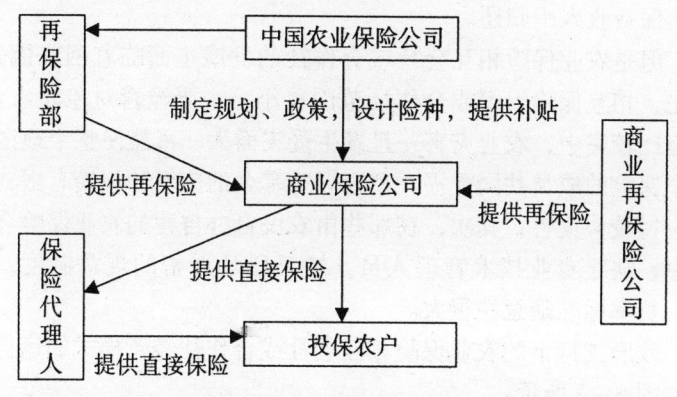

图6-2 政府主导下的商业保险公司经营模式运行示意图

资料来源:庹国柱、王国军:《中国农业保险与农村社会保障制度研究》,首都经济贸易大学出版社,2002年版。

6.1.3 政府支持下的农业保险相互会社或合作社

农业保险相互会社或合作社是欧洲一些国家,如德国、法国目前经营农业保险的主要组织形式。

这种性质的保险是面临同类风险的农民或企业自愿结成互助团体,以参加者交纳的费用补偿其损失的非赢利性保险。这种模式主张建立合作保险为主体的保险组织。以合作保险组织为主体,以农业保险公司为主导,其他保险公司作为补充的多层次农业保险组织体系,以调动各方面的积极性。农业保险合作社是农民按自愿、互助原则组织起来的群众性保险合作基金组织。它具有如下特点:①保险人与被保险人具有经济利益上的一致性,因此,被保险人容易站在保险人的立场上,实行以防范风险为主的管理，这样就减少了道德风险的发生。②国家会建立农业再保险机构，为农业保险合作社和农业保险相互会社提供再保险。③农业保险合作社或农业保险相互会社主要经营农作物和饲养动物保险业务。④实行法定保险和自愿保险相结合的方式，但是法定保险的险种和保险标的不宜太多，以避免太大的保险责任。⑤建立"巨灾风险准备基金"，当发生重大灾害损失，农业保险合作社或相互会社无力支付时，可以从基金中低息或无息保险，然后逐年从保费收入中归还。

但是农业保险相互会社或合作社的发展也面临着困难因素：首先，相互保险组织或合作社范围狭小，主要经营对象是农业，风险比较集中，农业灾害一旦发生受灾面大，可能使整个地区性合作保险的成员共同受损，积聚保险基金的速度和规模有限，难以应付较大灾害；其次，在那些由农民自办自营的农业保险合作社中，缺乏专业技术管理人员，缺乏科学严密的规章制度，条款、费率标准随意性很大。

政府支持下的农业保险相互会社或合作社经营模式的运行机制如图6-3所示：

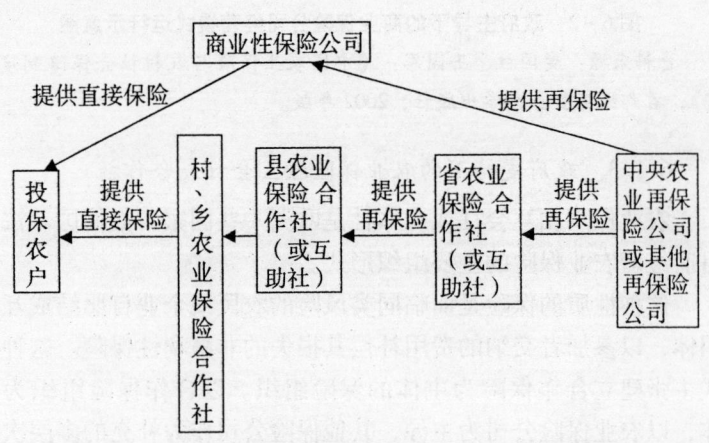

图6-3 政府支持下的农业保险相互会社或合作社经营模式运行示意图

资料来源：庹国柱、王国军：《中国农业保险与农村社会保障制度研究》，首都经济贸易大学出版社，2002年版。

6.2 中国农业保险经营模式的选择

在对中国农业保险的供求现状及其矛盾进行分析的基础上，结合中国农业保险经营模式的实践情况，借鉴国外农业保险经营模式成功的经验，笔者认为中国的农业保险经营模式应将政府主办模式与互助合作模式相结合，建立以合作保险组织为主体，以农业保险公司为主导，其他保险公司为补充的农业保险经营模式。互助合作保险可以作为农业保险微观层级的经营主体，适用于依托行业协会、农业专业合作组织和农业产业化等发展壮大的互助合作保险组织。互助合作保险具有以下几个方面的优势：

（1）合作保险可以在很大程度上降低道德风险。以保险合作社为例，合作保险机构由同一地区（一个或数个乡镇）的农户自愿组成。农户之间彼此熟悉，并且对于农业生产过程以及所面临的风险因素都比较清楚，能够大大降低道德风险。同时，农民既是投保人，又是合作社的股东，保险合作社的利益就是农户自己的利益，合作社超赔亏损便直接影响社员的利益，合作社结余赢利可以给股东分红，投保人骗取保费的主观动力大为削弱。由于合作社为投保农户所共有，各农户之间利益相关，存在相互监督的愿望，投保人骗赔也困难得多。典型的中国农村聚族而居，长久以来形成了独特的文化和道德传统，投保农户的败德行为会在相当长时间内影响个人乃至整个家族的信誉和声望。通过合作社员的自律和相互监督，能够有效地降低道德风险带来的损失。

（2）合作社可以促进防灾减损工作。投保人利益与合作社利益的同一性使投保农户能够主动采取必要的风险预防措施，合作社也可以很方便地进行指导。当危险事故发生时，投保农户能够积极投入到救灾减损工作中。农业保险合作社还可以发动社员改善排涝灌溉措施，以减少灾害发生的概率。

（3）合作制度组织和管理成本较低。合作机构不需设置庞大的营业机构，具体开展业务工作委托社员代表进行，可以大大减少经营费用。社员都是从事农业生产的行家里手，对于农产品价值及受损状况都比较熟悉，具备查勘定损涉及的农业生产专门知识。同时，社员代表对于所在村镇的经济状况、农业生产和灾害状况等都比较了解，便于定损理赔。此外，中国农村具有深厚的互助合作传统，农民淳朴的扶贫济困思想观念有助于农村合作保险制度的建立和发展。

由于互助合作保险存在一个发展过程，所以当前在农业保险组织体系的中级层面上应以政府主导的商业性保险公司为主体。其业务范围为办理省（自治区、直辖市）内基层互助合作组织的分保业务，另一方面也可在特殊政策辅助下（如农业产业化等）开展实现组织增信基础上的原保险业务。可以将目前已成立的专业性农业保险公司纳入这一层次，并逐步完善、落实各级政府的扶持政策。立足现有商业保险公司资源，发挥商业性保险公司经营农业保险的重要作用，这不仅是国外的经验，更是市场化运作的客观需要。这样可以充分利用商业保险公司的高效运行机制和网络体系，实现节约管理成本、完善市场化体制的目标。农业保险组织高层级经营主体应在中央设立国有独资的中国农业保险公司，负责全国农业保险政策和规则的制定、履行稽核和监督等职能，并协调再保险机构提供再保险。目前可由中国再保险集团公司独立开展由政府给予扶持的政策性农险业务。

政府主办模式与互助合作模式相结合，以合作保险组织为主体，以农业保险公司为主导，其他保险公司为补充的农业保险经营模式构建的具体方法如下：

6.2.1 组建中国农业保险公司

借鉴国外农业保险发展的经验，针对中国农业保险发展的现状，把目前的农业保险业务从中国人民保险公司独立出来，成立专业性公司——中国农业保险公司。中国农业保险公司隶属于某一中央有关部门（如财政部、农业部、民政部等）或者几个部门共同组建，具有法人资格。有条件的省市，主要依靠地方政府参与，组建同样具有法人资格的地方农业保险公司。中国农业保险公司不直接经营农业保险业务，其主要职能是研究制定农业保险事业的发展计划和方针政策，协调与农业保险相关的部门、地区以及各级保险的相互关系；加强农业保险的宏观管理，监督农业保险有关法规政策的贯彻执行，确保农业保险基金的安全、保值和增值,并为地方农业保险公司提供再保险服务。地方农业保险公司可以直接经营农业保险业务,但主要为基层农业保险组织提供再保险服务,并提供技术指导。不同地区的农业保险公司之间也要建立再保险机制,实现农业风险在空间上的分散。

中国农业保险公司和地方农业保险公司均为政策性保险机构,其经营管理费用分别由中央财政和地方财政支付。中国农业保险公司保险基金的来源主要由财政拨付资本金和再保险费构成;地方农业保险公司保险基金的来源主要由地方政府拨付的资本金和再保险费构成。

6.2.2 建立农业保险合作社或农业保险互助组织

在乡、村级成立农业保险合作社或农业保险互助组织,作为中国农业保险体系的最基层机构,直接经营农业保险业务。在有条件的县市可以建立联合会或联社,并建立系统内的再保险机制。农业保险合作社或农业保险互助组织的保险业务要按一定比例向农业保险公司分保,分散农业风险。以农业保险合作社或农业保险互助组织作为中国农业保险体系的基层组织是由中国的农业发展水平和农业生产特点决定的。目前,中国农村经济市场化程度不高,地区间还存在着较大的差异,农民的保险意识不强,发展农业保险仅仅依靠国家保险公司是不行的。尤其是中国农业生产实行分散化的家庭经营使得保险标的分散化,国家保险公司机构难以下延,从而使农业保险出现了承保难、收费难、防灾难、定损难、理赔难等一系列困难。因此,农业保险的发展还要依靠社会力量,把农民群众自己的力量组织起来,互助共济,成立各种形式的农业保险合作社或互助组织,本着"取之于民,用之于民"的原则,进行灾后补偿服务。同时,采取互助合作的形式,使保险人与被保险人具有利益上的一致性,减少了道德风险和逆选择。保险条件、保险费率和保障水平也可以根据当地经济发展水平来决定,具有灵活性。

6.2.3 建立农业风险补偿基金

农业保险就其实质来说,是一种农业风险补偿制度。任何形式的风险补偿制度都离不开与风险相适应的补偿基金,农业保险也不例外。从中国现阶段实际情况出发,农业保险补偿基金的筹集应采取国家、地方、集体和农户等多种渠道。第一,国家和地方政府提供一定的财政支持。第二,要多部门筹集资金。民政部可把一部分救灾资金用于发展农业保险事业;各类农产品商品基地建设可与农业保险相结合,在资金上进行适当的融通;国家可以把农产品价格补贴的一部分资金用于农业灾害保险。第三,农民自筹资金。对农业保险免征营业税和所得税,通过农业保险机构实施损失共担,节余归保险机构所有,积累基金用于大灾赔付。第四,设立农业保险附加税。课征税款由税务部门汇入当地省级农业风险补偿机制,从而使补偿基金得到源源不断的财税保证。第五,通过农业风险补偿基金自身的增值来积累。农业风险补偿基金必须由专门机构集中管理,有效运用(包括投资和保险等),以实现逐年增值。

6.2.4 实行强制保险与自愿保险相结合的农业保险形式

国家通过立法形式对小麦、水稻、玉米等主要农作物和棉花、油料、甜菜等主要经济作物实行强制性保险,可称为基本农作物强制保险,费率按不同作物品种和不同地区的风险等级来确定。一般来说,基本农作物保险费率相对较低,国家可提供一定的补贴,这个补贴应能使每个农业生产经营者都有足够的经济承受能力。对于基本农作物保险以外的其他农作物实行自愿保险。

6.3 构建中国农业保险经营模式的政策保障

再完美的经营模式也必须要有完善的政策保障才能顺利运行,因此,探讨中国农业保险的经营模式必须对其所需的政策保障进行分析。

6.3.1 加大宣传力度,增强农民的保险意识

农业保险是建立在大数法则基础之上的,需要在范围较大以及风险主体持续投保的情况下才能将风险在时间和空间上得以分散,所以提高农户对农业保险的认识水平对于扩大农业保险承保面具有十分重要的意义。

农民保险意识直接决定着农业保险需求,是农业保险发展基

础的重要组成部分。农业保险在中国总的来说还是一项新的事业，许多农民，尤其是文化程度较低的农民对农业保险的方法、作用等了解不多，农民保险意识普遍比较淡薄，没有真正理解保险救助灾害、扶贫济危的本质含义。过去的实践证明，农民保险之所以失败，往往与农民保险意识差分不开。他们有的认为参加农业保险是白交钱，看不到可能的风险，侥幸心理严重，只有轮到自己受灾，才自认倒霉。有的认为参加保险就得从保险公司那里赚来钱，不然就吃亏。

发展农业保险，农民是主体，为了改善农民保险意识薄弱的现状，当前应采取多种形式加大宣传力度，如海报、讲座、电视、广播等。在宣传中要让农民对农业风险危害性、投保的利弊等有清楚的认识，同时把农业保险与乱摊派区别开来。

6.3.2 加快农业保险立法工作

市场经济是法制经济，随着经济体制改革的深入，农业保险受到来自市场经济越来越大的压力，急需国家的法律支持。

农业保险同单纯的商业保险不同，1995年10月1日开始实施的《中华人民共和国保险法》规定："国家支持发展为农业生产服务的保险事业，农业保险由法律、行政法规另行规定。"对农业保险立法是当今实行市场经济的许多国家的共同做法，而中国至今没有对农业保险单独立法。中国目前没有专门的农业保险法律，中国的农业保险开始于1949年，但从1958年至1978年则处于停滞状态。党的十一届三中全会以后，中国国内保险业恢复，中国人民保险公司以国有保险企业的体制，从支援农业的角度出发，于1982年重新开始了农业保险的尝试，然而由于诸多原因的限制，中国的农业保险事业发展缓慢，据资料显示，在全国农业保险费收入最高的1993年保费达到8.29亿元，仅占当年财产保险费收入的3.46%。中国1995年颁布的《保险法》第149条规定："国家支持为农业生产服务的保险事业，农业保险由法律，行政法规另行规定。"《农业法》第31条也规定："国家鼓励和扶持对农业保险事业的发展。"这些法律的明文规定为我们尽快制定专门的农业保险法律提供了法律依据。2003年新修订实施的《保险法》（第115条）中明确规定："国家支持发展为农业生产服务的保险事业,农业保险由法律、行政法规另行规定。"这一方面表明农业保险的发展可以不受《保险法》规定的自愿原则的限制,可以采取强制方式;另一方面也意味着在《农业保险法》没有出台前农业保险缺乏法律约束及法律保障。2003年3月1日实施的修改后的《农业法》第46条也仅指出"国家逐步建立和完善政策性农业保险制度。鼓励和扶持农民和农业生产经营组织建立为农业生产经营活动服务的互助合作保险组织,鼓励商业性保险公司开展农业保险业务"。

没有专门的法律法规的保障,农业保险的发展就不可避免地会落入尴尬的境地。农业保险中,国家和保险人之间的关系,保险活动当事人之间的关系等需要有专门的法律法规来规范和调整;农业保险的经营目标、经营原则、组织形式、政府支持方式、实行法定或自愿的保险确定等,也需要专门的法律法规来规范。同时,由于农业保险的特殊性,客观上也需要专门的保险立法。由于农业保险的发展对农业再生产的进行有着重要和深远的意义,建立和健全中国的农业保险立法已成为当务之急。因此,中国应加快《农业保险法》的立法进程,完善与农业保险相关的法律法规体系,为农业保险的发展提供配套的法律保障。

6.3.3 加大财政支持力度

财政支持包括财政补贴和税收减免等政策。财政补贴可分为对农民的保费补贴和对经营主体的补贴两个层次。目前,在开展农业保险试点的地区,地方财政都给农民直接的保费补贴。今后应继续保持保费补贴政策不变,从而在扩大承保面的基础上获得农业保险持续经营经验。政府应对符合资质的商业保险公司进行审核、服务、监督、管理,并提供相应的管理费用补贴。

针对外资农业保险公司扶持问题,地方政府可以对种、养两业保险在特定承保率、承保成数的条件下给予农户保费补贴和经营主体管理费用支持。保险公司应对农业保险业务进行单独立账、单独核算。国家可对农业保险业务在免去营业税的同时,减免所得税,鼓励保险公司开拓农险业务。并规定所减免的税收转入专项农业保险基金,用作应对农业大灾补偿的积累。

6.3.4 加强防灾防损体系建设

农业保险在于"防赔结合，预防在先"。农业生产风险预防体系中农业保险经营主体受承保能力限制只能提供很少的一部分，可以说预防体系的构建需要包括农户、社会化服务组织、农业保险经营主体、各级政府的共同努力。

首先，建立健全农业社会化服务体系。应该重点建立几大体系：农业信息体系、农产品市场体系、国家农业标准和质量监测体系、技术创新和推广体系。单一农户面临的经营规模小，技术缺乏，市场信息分散，难以全面而准确地把握市场供求信息的问题。这些问题如果不能一起得以解决，农业生产风险就始终处于风险敞口之中，从而导致农业生产的不可控制性更深，最终没有任何风险化解机制能够得以实行。所以应提供面向农民完善的社会化服务体系，进一步培育农业专业合作组织，从购销联合、技术互助出发，培养农户群体的认同感，待逐渐发展完善之后可以从外部加以引导开展小范围的互助保险。当前龙头企业普遍采用以低价或无偿的方式为农户提供种子（种畜）、种植技术、防疫防病等内容的服务，承担或者替代了专门的服务，有的企业还为农民保险提供担保，其目的无非是为了保证原料品质、数量，稳定种植养殖规模，无形中提升了农户农业生产的基本条件，使得农户农业生产的风险敞口得以初步控制。

其次，利用农业产业化经营把分散的农户组织起来，共同参加农业保险。农业产业化经营所建立起的农业生产者之间的合作机制，提高了在一个产业化组织内部的信息透明度，成员之间形成了多种形式的相互约束和监督机制，有效降低了农业保险中的道德风险。农业产业化的多种实现形式可以有选择地成为农业保险的组织载体，例如，"龙头企业+农户"的产业化组织可以成为农业保险的一个投保组合，从而有效降低保险成本。

最后，各级政府可以通过加大农业基础设施建设、加强农业科研和推广等措施，来提高农业的生产能力和竞争能力：

(1) 启动"绿箱"政策措施，如病虫害控制、卫生检疫措施、保障粮食及食品安全、提高市场信息服务等；资助农民进行农业结构调整，对农产品环境项目进行补贴等。

（2）实施气象灾害监测预警与应急工程。利用信息平台提供包括农业气象、农业快讯、农情预防等多种农业信息栏目增强预警信息发布能力，提高全社会预防及应对重大气象灾害及其衍生自然灾害、事故灾难、公共卫生乃至社会安全事件的能力和水平。

6.3.5 农业保险与保险支持相互配合

有关保险机构对于参加保险的农户可优先给予保险支持。在降低保险机构保险风险的同时促进农村社区保险机构增加农户保险的比重。借鉴上海安信农业保险经验，对经营农业保险的公司出现流动性资金不足的融资需求，允许申请一定额度的无息或低息保险，增强保险人的赔付能力，还款资金以以后年度的保费收入加以担保。借鉴吉林安华农业保险公司经验，利用现有的农村保险机构销售标准化的农业保险产品，从而实现经营费用节省。

第7章 云南农业保险与农业产业发展结合的现状与问题

7.1 云南农业基本状况

7.1.1 云南农业资源禀赋

1. 云南概况

云南省位于中国西南,全省东西横跨846.9公里,南北纵越990公里,全省面积约38.32万平方公里,自然条件独特多样,垂直差异显著,自然资源丰富,自然灾害种类多。全省地貌以山地高原为主,坝子星罗棋布,垂直高低悬殊。全省94%的面积为山地高原,其间有1平方公里以上的坝子1 440多个,面积占6%。地势北高南低,呈阶梯状下降。最高点位于西北部滇藏交界处的太子雪山主峰卡瓦格博,海拔6 740米,最低点为东南部河口县元江及其支流南溪河交汇处,海拔76.4米,两者高差达6 664米。

云南省自然条件复杂,属低纬度高海拔山区省份,西部为横断山脉峡谷区,东部为云贵高原,南部为中低山宽谷盆地区。全省以山地为主,山地、高原占全省总面积94%。地势西北高,东南低,全省平均海拔2 000米左右。山地高原间分布着众多的山间盆地和河谷地,全省盆地面积约2.4万平方公里,占土地总面积的6%。云南土地类型多,地域组合复杂,垂直差异明显,高纬度与高海拔、低纬度与低海拔相组合,使南北之间,不同海拔地区之间农业自然条件差异明显,农业自然条件显示多样性和复杂性。

2. 人 口

云南省人口4 041万。具有人口增长速度快、农业人口比重大、分布不均匀、少数民族多的特点。农业人口占总人口的

85.28%。全省平均人口密度每平方公里 106 人，分布极不均匀，中部、东部人口较密，密度多在 200 人以上，滇西北及南部边缘地区人口稀少，如迪庆州每平方公里不足 12 人，德钦县仅 7 人；同一地区人口又主要集中在坝区及河谷地区，山区居民稀少。如昆明市人口平均密度约 211 人，但城区人口密度却高达 2.5 万人。

3. 耕　地

全省农业用地 3 010.09 万公顷，占全省土地总面积的 78.55%。至 2002 年，全省累计建成了 2 511 万亩不同层次的高产稳产农田，有效灌溉面积达到 2 105 万亩，旱涝保收面积 1 255 万亩。全省土地以山地坡地为主，坡度小于 8 度的土地有 3.4 万平方公里，占全省土地 8.87%，8～15 度的土地有 5.26 万平方公里，占 13.71%，15～25 度的土地有 14.34 万平方公里，占 37.41%，25～35 度的土地有 11.02 万平方公里，占 24%，全省坡度大于 25 度的土地有 15.05 万平方公里，占土地总面积的 39.27%。全省处于可用耕地资源不足、宜农荒地日趋减少的困境中。

4. 气　候

云南地处南亚热带季风、东亚季风及青藏高寒气候的结合部位，但大部分地区属亚热带高原型季风气候，"四季如春，一雨成冬（或秋）"。最热月均温 19℃～22℃，最冷月 5℃～7℃，年温差仅 10℃～14℃，日温差较大，冬半年可达 12℃～20℃。由于纬度和海拔增高相一致，致使省内 8 个纬度内呈现寒温热三带，具有相当于中国南部的海南岛到东北的长春的气候差异，且气候带交错分布，北部的气候带沿山脊南伸，南部的气候带逆河谷北上；高纬度高海拔地区长冬无夏，低热河谷长夏无冬。此外，干湿季分明，年均降水量约 1 100 毫米，5～10 月为雨季，降水丰沛，几乎集中了全年降水的 85%～90%；11 月～翌年 4 月为干季，降水少，晴天多，日照充足。由于降水季节分配不均，干旱、洪涝和低温、霜冻、冰雹、风灾等自然灾害几乎每年都有发生。用 1950～1999 年气象灾害资料分析云南气象灾害的主要特征，具有种类多、频率高、重叠交错；分布广、季节性、区域性突出；成灾面积小、累积损失大的特征。地理环境、气候、人类活动是形成云南气象灾害的主要原因。特殊的低纬高原、邻近热带海洋、地形地貌复杂、山高坡陡、植被少、降雨集中、地质构造复杂、断裂活动强烈是形成云南气象灾害的地理环境因素。季风强弱与冬夏大气环流差异是决定云南气象灾害的主要气候背景。人口剧增，垦殖过度，滥伐森林，水土流失严重是加剧云南气象灾害频繁发生和损失严重的主要人为因素。

据省气象局资料，1960年至1980年的20年间，全省太阳年总辐射量在3 620.32～6 681.71兆焦耳/米，大部分地区5 024.16～5 861.52兆焦耳/米；全年日照时数多数地区2 100～2 300小时，全省大部分地区光能充足，有利于作物生长，但在季节和地区之间很不平衡，总辐射量以春季、夏季较多，秋、冬季较少。小气候特点十分明显，地区差异十分突出，对大面积推广良种和先进农技措施不利，对农业产业形成规模不利。云南独特的半年干旱、半年下雨的气候，造就了冬季农作物属灌溉型农业，夏秋作物属补充灌溉型农业，它是造成果树、旱粮、茶叶、甘蔗等作物大面积低产，牛羊等草食牲畜出栏率低的原因。

5. 水文

境内河流具季风性山区河流特点，水位季节变化大，水流湍急，水力资源丰富。受山脉走向控制，滇西北地区怒江、澜沧江、金沙江顺地势自北向南平行流动，其间最近处相隔仅76公里，向南渐疏展。金沙江流至丽江石鼓附近突然折向东流，怒江和澜沧江流至北纬25°附近呈辐射状散开，以形似扫帚而称"帚形"水系。本省河流分属伊洛瓦底江、怒江、澜沧江、金沙江、元江和南盘江6大水系，分别注入印度洋和太平洋。受巨大断裂影响，省境呈南北向条状分布的断层湖多达40余个，如滇池、洱海、抚仙湖、程海、泸沽湖等。全省土地面积6%的坝区，集中了2/3的人口和1/3的耕地，但水资源量只有全省的5%，平均每公顷耕地占有水资源量仅为全省的16.7%。云南还是极受水资源制约的贫水省。

6. 动植物与土壤

云南处于泛北极植物区系和古热带植物区系交汇地带，植物组成成分从南到北依次有热带雨林、季雨林、热带稀树草原旱生植被；亚热带常绿阔叶林、混交林和针叶林；温带、寒温带针叶林等。动物基本属中国西南区系和华南区系，大部分地区与中国东南部季风区耐温动物群种相同，滇西北则与青藏高原耐寒动物群相似，南部边缘则多栖息中南半岛的动物群种。

7. 自然地理区划

自然地理区在中国综合自然区划中，云南省境分属3个自然地理区：

藏东川西切割山地针叶林、高山草甸区：省境西北属此区，范围不大，属青藏高原的东南边缘，地形高低悬殊，植被、土壤均呈明显垂直分布。

中亚热带云南高原常绿阔叶林区：省境主体属此区，以高原湖盆为主，地貌类型多样，属高原型季风气候，植被类型丰富。可分为3个亚区：小江断裂以东为滇东喀斯特高原亚区，干旱为主要不利自然因素；横断山平行岭谷亚区，点苍山、哀牢山以西，高山深谷平行排列，气候、土壤、植被均呈明显垂直变化；两者之间为滇中、川西南高原湖盆亚区，高原面完整，起伏和缓，气候四季如春，农业基础较好。

滇南热带季雨林区：为中国热带的向西延伸，土地利用需强调防止水土流失的各种措施。可分为滇南低热河谷、滇西南高原宽谷及滇东南喀斯特高原等3亚区。

8. 垂直气候变化

云南全境为"九分山和原，一分坝和水"，农业生产深受自然条件的制约和影响，水热条件随海拔不同而异，具有突出的"立体农业"特点，地区差异显著。农业中以种植业占主要地位，兼有农区和林牧区畜牧业特色。

全省大部分地区山川相间，垂直高差大，一般约1 000～1 500米以上，金沙江虎跳峡谷底海拔1 800米，峡谷两侧的玉龙雪山和哈巴雪山与之高差竟达3 000米以上。每一区域从山麓到山顶均可划出几个不同的气候类型，通常以"山高一丈，大不一样"、"一山有四季，十里不同天"来形容。气候的垂直变化又导致土壤、植被的垂直分布。如哀牢山从东坡海拔500余米的元江谷地到海拔 3 165.9 米的主峰,相对高差 2 600 余米,垂直带谱为:①海拔 500~1 000 米为南亚热带半干旱气候型,元江河谷灌丛草坡下分布有燥红土。②1 000~1 600 米为南亚热带半湿润气候型,中山下部思茅松、常绿阔叶林及针阔叶混交林下为赤红壤带。③1 600~1 900 米为中亚热带半湿润气候型,中山灌丛草坡分布有红壤。④1 600~2 400 米为中亚热带半湿润气候型和北亚热带湿润气候型,中山中下部云南松及针阔叶混交林下分布有黄红壤。⑤2 000~2 700 米为北亚热带及暖温带湿润气候型,中山中上部常绿阔叶林及中山湿性常绿阔叶林下分布有黄棕壤。⑥2 700~3 000 米为暖温带湿润气候,中山上部铁杉林、针阔叶混交林下分布有棕壤。⑦3 000 米以上为暖温带湿润气候,亚高山灌丛草甸植被下为棕毡土。但云南西部地区存在植被倒置现象,如西双版纳景洪勐龙坝低盆地边缘分布有热带季节性雨林,中间 700~1 300 米坡面则分布有南亚热带常绿栎类混交林带;但至南糯山或勐养 1 300 多米又重复出现热带雨林树种。这一现象与西部地区常有逆温存在有关,对于向海拔较高地区发展西双版纳热带雨林中的大榕树热带作物非常有利。

7.1.2 云南农业结构现状

1. 概　况

云南是一个以农业为主的省份,全省 77% 的人口在农村,75% 的国民收入、70% 的财政收入、60% 的创汇收入和 80% 的轻工业原料都直接或间接地来自农业。改革开放以来,云南坚持以经济建设为中心,不断深化改革,扩大开放,始终把解决"三农"问题作为全省工作的重中之重,全面落实党在农村的各项方针政策,千方百计增加农业投入,按照"围绕增收调结构,突出特色闯市场,依靠科技增效益"的思路,采取切实有效措施,实现了农业和农村经济的较快发展。特别是"十五"以来,云南农业和农村工作取得了显著成效,产业区域布局逐步趋于合理,初步形成了以滇中、滇东北为主的粮食、油料、烤烟、花卉种植区;以滇南、滇西南为主的甘蔗、茶叶、橡胶、咖啡、南药主产区;以滇西、滇西北为主的畜牧业生产区;建立了一批区域性支柱产业。烟、糖、茶产量分别居全国第一、第二、第三位。

2. 产业结构调整状况

"十五"末,全省农业结构进一步优化,粮经比例调整为 70.3∶29.7,优质专用粮食面积突破 2 000 万亩,烤烟、马铃薯和蔬菜(含瓜果)等特色农业面积分别达到 572.6 万亩、746.7 万亩和 761.3 万亩,冬季农业开发面积达 1 442 万亩,稻田养鱼面积达 153.5 万亩,名优水产养殖面积达 11.4 万亩。全省各类农业龙头企业发展到 2 561 家,固定资产总值达到 208 亿元,销售收入 226 亿元,全省经国家和省认定的重点龙头企业有 96 家;农民专业合作经济组织发展到 2 576 个,全省已初步形成了龙头企业、合作组织与农户的利益连接机制。农业标准化生产全面推进,农产品质量综合质检体系逐步完善,无公害农产品生产面积达到 1 500 万公顷,全省"三品"认证数累计达到 586 个。累计转移农村富余劳动力 492 万人,劳务收入突破 100 亿元,达 108 亿元。农村户用沼气池累计建设 150 万口,农村改灶累计 600 万户。农产品出口大幅增加,全省农产品出口达 4.8 亿美元,农产品出口已占到全省外贸出口总额的 18.2%。农业增加值增幅高于全国平均水平 1.1 个百分点,农民人均纯收入增幅高于全国平均水平 0.3 个百分点。

全省农业总产值由"九五"末的 680.86 亿元增加到"十五"末的 1 068.58 亿元,增长 56.9%,年均增长 9.4%,比"九五"高出 1.88 个百分点;农业增加值由 436.26 亿元增加到 656.18 亿元,增长 50.41%,年均增长 8.5%,比"九五"高出 1.03 个百分点;粮食总产量由 1 467.8 万吨增加到 1 514.9 万吨,增长 3.2%,年均增长 0.6%;肉类总产量由 205.17 万吨增加到 300.04 万吨,增长 46.24%,年均增长 7.9%;畜牧业总产值由 201.49 亿元增加到 339.68 亿元,增长 68.6%,年均增长 11%,比"九五"高出 1.37 个百分点,畜牧业产值占农业总产值的比重由 29.6% 上升至 31.8%,增加 2.2 个百分点;农民人均纯收入由 1 478.6 元增加到 2 042 元,增长 38.1%,年均增长 6.6%;农村贫困人口由 1 022 万人减少到 732 万人,贫困发生率由 29.63% 下降到 21%。呈现出了农业总产值突破 1 000 亿元、肉类总产量突破 300 万吨、肉类总产值突破 300 亿元、农民人均纯收入突破 2 000 元，粮食总产量突破 1 510 万吨等显著特点。

3. 各主要农业部门状况

全省耕地仅 277 万多公顷，占土地总面积的 7%，但种植业产值却占农业总产值一半以上。林地和荒山荒地虽占土地总面积的 70% 左右，但林、牧业产值却仅占农业总产值的 1/3 左右。耕地利用不尽充分，平均复种指数仅为 145%。在耕地总面积中，水田约占 35.6%，旱地占 64.4%。其中，1/3 耕地集中于平坦的坝区，以水田为主；2/3 散布于起伏的山区，以旱地居多，且多为坡耕地。

(1) 种植业以水稻、玉米、小麦和豆类、薯类等粮食作物为主，播种面积约占作物总播种面积的 4/5 以上。其中水稻最多，集中于中、南部热带和亚热带坝区。大致海拔 1 750 米以下及南部低纬地区以籼稻为主，1 750～2 000 米为籼粳交错区，2 000 米以上则为粳稻区。玉米全省各县、市均有种植，主要集中分布于 1 000～2 000 米山区，坝区较少，其垂直分布上限达 2 900 米左右。其中，以滇东北种植较多，滇东南、滇西北次之，滇西南较少。小麦垂直分布范围广，300～3 000 米地区均能种植，但以 1 000～2 500 米地区为集中。除滇西北高寒的中甸、维西有少量春小麦外，基本均为冬小麦区。

(2) 经济作物主要有甘蔗、烤烟、茶叶等，此外，还有紫胶和橡胶。甘蔗主要产于南盘江、元江、怒江、金沙江、龙川江、大盈江及澜沧江等河谷地带，甘蔗和蔗糖产量在全国均名列前茅。烤烟主要集中于滇中高原的曲靖、玉溪、昭通等地区和楚雄州，种植面积和产量仅次于河南，居中国第二位，是中国"云烟"重要产区。茶叶产量居中国第六位，以大叶茶为云南特有品种。紫胶产量占全国 80% 以上，大部分出口。此外盛产三七、天麻、当归、虫草、杜仲、砂仁、萝芙木、美登木等多种名贵药材。省内盛产多种水果，以宝珠梨、雪梨、"象牙芒果"、石榴等著名。

(3) 云南牲畜有黄牛、水牛、马、驴、骡、猪、绵羊、山羊、兔，高寒山区有牦牛和犏牛。农区畜牧业以生猪饲养为大宗，其次为黄牛、水牛、绵羊、山羊及鸡、鸭、鹅等家禽。其中，坝区以厩养为主，山区则以小群放牧居多。林牧区分布海拔较高，其畜牧业比重高于农区，以定居放牧为其经营特点。牲畜以绵羊、马、山羊、黄牛比重较大，水牛与猪比重较小。牦牛和犏牛则为滇西北高寒山区所特有。

（4）林业为云南一大优势，但产值仍较低。云南有林地面积953万多公顷，约占全国森林面积的8%，占全省土地面积的24.9%。森林总蓄积量约9.88亿立方米，仅次于黑、藏、川，居全国第四位。但产值仅占农业总产值的9.28%。其中，用材林约占有林地面积的4/5和森林总蓄积量的3/4。用材林资源分布以滇西北最为集中，是云南省目前重点开发的林区，也是中国重要林业基地之一。以经济价值高、材质优良的冷、云杉为主，铁杉、落叶松、高山松、桦木、高山栎等树种混生其间，省境南部出产多种珍贵热带林木。林副产品主要有松香、栲胶、紫胶、栓皮、木耳、香菌等。经济林分布以滇东南、滇东北和滇西较多，而林副产品则集中于滇中和滇西南。

（5）渔业是农业中的薄弱环节。全省现有水域28万公顷，养殖水面5.17万公顷，占可养水面的30%，年总产量仅3万余吨，主要产于湖泊。

4. 农业经济区划

首先，云南农业区农业生产垂直差异较大，以滇西横断山区为例：①海拔750米以下为热带作物带。②750～1300米为双季稻加冬作一年三熟带。③1300～1750米为籼稻冬作两年五熟带。④1750～2000米为籼粳交错加冬作一年两熟带。⑤2000～2400米为粳稻加冬作一年两熟带。⑥2400～2800米为两年三熟带。⑦再向上是耐寒作物一年一熟带。⑧3600米为农作物种植上限。⑨4000米为森林分布上限。⑩4500米以上为永久积雪的高山冰漠带。

其次，云南农业生产地域性特征突出，地区差异大。南部河谷地区作物一年三熟，以水稻、旱谷为主，适宜橡胶、可可、咖啡等热带作物及南药的生长，为中国橡胶基地和适宜发展热带林木地区。往北海拔稍高地区，粮食作物两年五熟，为甘蔗、茶叶、紫胶产地。甘蔗产量以德宏、保山、红河三地、州最多，占全省58%；茶叶以临沧地区、保山、思茅、西双版纳为主，四地、州总产量占全省80%；紫胶主要产于思茅、临沧，产量约占全省80%以上。滇中高原地区坝子多，耕地集中，水利条件好，复种指数约可达160%，为全省粮食、烤烟和油菜主要产区，如曲靖、玉溪两地区的烤烟产量约占全省总产量的46%，油菜子占34%。滇东北的昭通、东川等地（市）是玉米、马铃薯、烤烟、油菜产区；生漆、乌桕、油桐发展潜力很大；苹果、柑橘产量居全省前列。柑橘主要产于金沙江河谷地区，可发展为外贸水果基地。

滇西北高海拔地区，作物一年一熟，粮食以青稞、薯类为主，是省内唯一以云杉、冷杉林为主的大面积高山针叶林区，也是绵羊、丽江马、牦牛产区和省境重要药材产地。

根据以上特点，本省可分为以下七个农业区：
① 滇中粮、油、烟、经济林区；
② 滇西粮、蔗、林、牧区；
③ 滇东南蔗、粮、林、牧区；
④ 滇西南茶、紫胶、蔗、林、牧区；
⑤ 南部边缘热作、热林、蔗、茶区；
⑥ 滇东北经济林、旱粮、油、烟区；
⑦ 滇西北林、牧、药材区。

7.1.3 云南主要农业自然灾害

云南是一个以农业为主的省份，农业在全省国民经济中，处于十分重要的战略基础地位。但由于云南属边疆地区、民族地区、山区的基本省情，使农业生产方式相对东部地区落后，农业生产受自然条件约束更为明显，对农业自然灾害的承受力相对较弱。据统计，全省1950年至1990年的四十年间，各类自然灾害造成直接经济损失220多亿元，造成人员死亡1400多人，其中因气象灾害造成直接农作物受灾2233万公顷，直接经济损失150多亿元；因水土流失等地质灾害造成直接经济损失60亿元；因生物病虫害造成农作物受灾面积888万公顷，直接经济损失10亿元。

云南自然灾害中对农业生产有重大的影响的主要有干旱、洪涝、霜冻、风灾、水土流失（包括滑坡、泥石流、崩塌等地质灾害）、病虫害。

1. 旱　灾

旱灾是云南的自然灾害中最为严重的灾害，出现次数最多，持续时间最长，影响范围最大，严重影响云南省农业生产。

云南旱灾的基本情况：根据统计，1979年以前平均每3年有一次大旱年，从1979年以后，几乎每年都属于大旱年。1950~1979年的30年间，大旱年比小旱年多，平均不到3年就有一次大旱年。① 1950~1997年全省农经作物受旱面积高达1 479.41万公顷，占气象灾害总面积的43%，平均每年有50%左右的县（市）受到不同程度的干旱影响，每年受旱面积约31万公顷。②

云南省旱情具有明显的季节性分布，一般分为春旱、夏旱、秋旱和冬旱。春旱一般发生在3~5月，发生频率最高，总体发生地区分布为，多雨地区大旱年少、小旱年多，少雨地区大旱年多、小旱年少。夏旱一般发生在6~8月，夏旱持续时间较短，多出现于初夏时节。夏旱多属局部性发生，成灾年份少；秋旱一般发生在9~11月，分为初秋旱和晚秋旱。后者影响较前者严重。冬旱一般发生在头年12月至次年2月，冬旱由于出现年份少，灾情仅限局部地区。云南干旱灾害的地域分布特征明显，从滇西北的梅里雪山起，沿着苍山到哀牢山一带的东部和东北部的迪庆、丽江、大理、楚雄、昆明、玉溪、红河、文山、曲靖、昭通等地是常年易出现旱灾的地区，其中尤以金沙江、澜沧江、怒江、元江及南盘江流域等干热河谷地区和常年少雨地区（如建水、开远、蒙自、陆良、祥云、宾川、元谋、巧家、永胜等）旱象最为突出。③

---

① 谢应齐、杨子生：《云南省农业自然灾害区划》，北京：中国农业出版社，1995年版。

② 解明恩、程建刚、范菠：《云南气象灾害的时空分布规律》，《自然灾害学报》，2004年10月。

③ 解明恩、程建刚、范菠：《云南气象灾害的时空分布规律》，《自然灾害学报》，2004年10月。

表7-1 不同年代云南农作物受旱面积及成灾面积统计①

年份	受旱面积/万公顷		成灾面积/万公顷	
	合计	年平均	合计	年平均
1950~1959	137.33	13.73	51.28	5.13
1960~1969	199.06	19.91	92.42	9.24
1970~1979	187.16	18.72	83.38	8.34
1980~1989	453.29	45.33	201.34	20.13
1990~2002	901.91	69.38	474.73	36.52
1950~2002	1878.75	35.45	903.15	17.04

表7-2 不同年代云南年均因旱损失粮食统计②

年份	粮食播种面积/万公顷	粮食总产量/万吨	因旱损失粮食/万吨	因旱损失粮食占总产%	单位播种面积因旱损失粮食/(kg·hm^{-2})
1950~1959	275.63	—	13.96	—	—
1960~1969	310.19	—	13.38	—	—
1970~1979	350.88	753.1	21.43	2.85	61.08
1980~1989	344.80	936.2	45.97	4.91	133.32
1990~1999	368.47	1187.7	60.00	5.05	162.84
1970~1999	354.72	959.0	42.47	4.43	119.73

2. 洪涝

洪涝可分为洪灾和涝灾，前者是指短时间内强度较大的降水造成山洪暴发或河水陡涨，后者是指较长时间（一般在7天以

---

① 白树明、黄中艳：《云南旱灾特点和未来10年干旱趋势预测》，《人民珠江》，2003年第6期。

② 白树明、黄中艳：《云南旱灾特点和未来10年干旱趋势预测》，《人民珠江》，2003年第6期。

上)的连续性降水或兼有中到暴雨而造成的水涝灾。洪灾多发生于山区或坡地,涝灾多发生于河谷盆地(云南称坝子)。

云南由于地处低纬度高海拔地区,受季风影响,降水多集中于夏季,极易发生洪涝灾害。云南洪涝灾害除1月份外,各月均有出现,但由于全年降水量80%集中在6~11月,其中又以7、8两月为主,据统计在这段时间全省出现的洪涝灾害占全年的53%。

云南洪涝灾害具有普遍性、季节性、区域性、插花性、交替性的特点。多数洪涝出现在夏季6~8月,其次是秋季9~10月。云南主要洪灾区分布在滇东北、滇东南、滇南和滇西南地区,即昭通、曲靖、文山、红河南部、思茅、临沧南部、保山西部、德宏等地。云南洪涝分布面广,成灾面小,在一个地区甚至一个县、一个乡多呈插花性分布。云南旱涝交替现象尤为突出,先旱后涝或先涝后旱现象经常发生。境内主要的洪泛河段有龙川江楚雄段、小江新村段、昭鲁大河昭通段、牛栏江塘子以下、南盘江沾益、曲靖、陆良、宜良段、华溪河曲江段、泸江开远段、甸溪河竹园段、盘龙河文山段、元江元江段、川河景东段、弥苴河邓川段、澜沧江景洪段、南垒河孟连段、姑老河孟定段、大盈江下拉线段、瑞丽江瑞丽段等,经常受到洪水威胁的县以上城镇有:昆明、楚雄、绥江、文山、河口、元江、景洪、富宁等。

据统计,1950~1997年云南平均每年有50余个县(市)发生洪涝,全省受洪涝灾害影响的农作物面积为748.5万公顷,平均每年受灾面积达15.6万公顷,占气象灾害影响面积的23%左右。

3. 低温霜冻

低温霜冻对云南的农业造成影响的主要有3类,即:霜冻、倒春寒、8月低温冷害。低温冷害指农作物生长期内,因温度偏低,影响正常生长或者使农作物生殖生长过程发生障碍而导致减产的灾害。霜冻灾害指冬作物和果树、林木等在越冬期间遇到0℃以下或剧烈变温天气引起植株体冰冻或丧失一切生理活力,造成植株死亡或部分死亡的现象。冷灾是云南仅次于旱灾的主要气象灾害。云南冷灾主要指冬季的强寒潮、重霜冻,春季的倒春寒及夏季8月低温等与冷空气活动有关的寒冷天气造成的灾害。1950~1995年全省农作物受冷灾面积为439.23万公顷，占气象灾害面积的15%，成灾面积254.74万公顷，成灾率高达58%，居全省各类气象灾害成灾率之首。一般年份冷灾的影响在0.67万公顷以上，严重时遍及全省大部地区，受灾超过6.67万公顷，而8月低温引发的稻瘟病等灾害链对水稻更是致命的打击。

云南低温冻害的地区分布特征。以近40年的统计资料分析，全省各地均出现过低温冻害，但以滇东北的昭通地区、东川市和曲靖地区，滇西北的迪庆、丽江和大理州北部受灾最为频繁；其他地区受灾程度相对较轻，如昆明市、玉溪地区、保山地区北部、丽江地区东部、怒江地区东部、大理地区南部；较少出现低温冻害的地区有德宏州、保山地区南部、临沧地区、思茅地区、红河州南部和文山州南部、西双版纳州。

云南低温冻害的时间分布上各月均有出现，一般每年11月至次年4月较频繁。12月至次年1月全省均有可能出现低温冻害，以后受灾地区逐渐向北移动，1月以后出现在北纬24度以北，4月以后多出现在滇东北和滇西北，6~8月主要出现在滇东北、滇东和滇中的高海拔山区。

4. 风雹灾害

风雹灾害包括风灾和冰雹两种。

风灾是大风对农业生产造成的危害，主要使土壤风蚀、沙化，对农作物和树木产生机械损害，影响农事活动，破坏农业设施，传播植物病虫害和输送污染物质。风的机械损害表现为树木和作物的倒伏、折枝、折干、落粒、落果等。风灾是云南常见气象灾害中影响较小的一种，大多在局部地区出现，对农林、房屋、建筑、输电、通讯线路等造成损害。一次风灾对农作物的影响一般只限于数十到数百公顷，数千公顷的出现机会极少。大风对农业生产造成的损失仅占自然灾害的1%。云南全年均可出现大小不等的风灾，其中以春季最为严重。云南风灾平均每年约20县次，最多年份可达35县次，受灾面积达9.20万公顷。云南风灾有明显的季节和日变化特征。春季是云南的风季，2~4月风速较大，午后易出现偏西大风，尤其是南支槽天气过境时，风力更大。3~4月是云南风灾高频期，年均有6~8县次受灾，其次是盛夏7~8月，尽管月平均风速小，但因多强对流天气，小范围的局部地区强风仍有出现，年均4~6县次。云南风灾出现次数最多，灾情最严重的地区是滇东北的昭通市，历史上几次严重的大风灾害都发生在这一区域。云南重风灾区主要分布于昭通市北部的大关河、白水河一带的永善、盐津、大关、镇雄；滇东南的屏边；滇南西双版纳州的景洪、勐海、勐腊以及滇北的华坪一带，平均2~3年出现一次。中等风灾区主要集中于滇东北的昭阳、东川、宣威、罗平；滇东南的广南、马关、河口；滇南的思茅市、临沧地区的耿马，滇西的大理和贡山，滇西南的德宏州，平均每5年出现一次，以春季出现机会最多。云南有时在夏季因受局部地形和下垫面热力作用影响，在有利的天气系统影响下会出现风力极强、破坏性极大的龙卷风灾害，但机会较少，影响范围极小。

雹灾是指降雹给农业生产造成的灾害，其主要表现是使农作物、蔬菜和果树遭受机械损伤和冻伤，同时冰雹对牲畜和农业设施也会带来危害。雹灾是一种局地性强、季节明显、来势急、持续时间短，以机械性砸伤为主的气象灾害，对农业的危害最大，常造成局地粮食作物减产甚至绝收。冰雹、大风和雷暴这3种气象灾害一般有相伴群发和突发的特征，有时也可同暴雨同时出现。云南因特殊的山地气候而成为我国的重雹灾区之一。全省每年约有60个县次遭受不同程度的雹灾，受灾农作物约9.1万公顷。据统计，1950~1995年风雹对农作物的危害面积达568.87万公顷，占气象灾害损失的19%。20世纪80年代以来，冰雹灾害频繁，对烤烟、花卉、蔬菜、水果等经济作物所造成的损失增大，1990~1995年全省风雹危害面积168.79万公顷，年均受灾面积28.13万公顷，是20世纪50~80年代的3倍。云南较严重的冰雹灾害约3~4年出现一次。云南各月均有雹灾出现，其中以春季3~5月雹灾最多，夏季6~8月次之，秋季9~11月和冬季12月至2月最少。云南重雹灾区主要分布于昭通市的镇雄、昭阳、鲁甸、大关、彝良等县（区），曲靖市，文山州中部和南部，红河州南部，思茅市南部，临沧地区中西部，保山市，丽江市、迪庆州中北部以及玉溪市的江川、通海、峨山，大理州的鹤庆，西双版纳州的景洪等地，平均每年有雹日 2～4 天以上，最多年在 7 天以上，其中昭通市是云南雹灾最频发的地区，也是重灾区。

7.1.4 云南农业的成就与存在的问题

1. 云南农业与农村经济发展取得的成就

（1）农业生产水平和供给能力不断提高。2004 年，云南农业总产值达到 967 亿元，实际增长 6.7%，农业增加值实际增长 5.6%，为近几年来最高水平。2004 年全省粮食播种面积 415.84 万公顷，总产量达到 1 590.5 万吨，粮食生产保持了 11 年增产，增长 2.6%；肉类总产量突破 275 万吨，奶类产量 28 万吨，禽蛋产量 15 万吨，畜牧业产值达 265 亿元，增长 9.3%。农民人均收入达 1 864 元，增长 9.84%，是近 7 年来增幅最大的一年。烤烟、蔗糖、茶叶产量分别达到 129 万吨、195 万吨、22.34 万吨，分别位居全国第一、第二、第三位；蔬菜、橡胶、花卉、咖啡基地都是全国重要的生产基地和出口创汇基地。

（2）农业综合开发能力不断增强，农业生产条件明显改善。近年来，云南省抓住西部大开发等历史性机遇，加强了农业基础设施建设，加大了山、水、田、林、路、电的综合治理力度，始终坚持抓高产稳产农田建设，提高水利化程度，稳步实施退耕还林还草工程、农村节水工程、人畜饮水工程、乡村道路工程、农村沼气工程、农村水电工程等，搞好特困农户安居工程和配套设施建设，改善了农村基础设施和农业生态环境，抗御自然灾害的能力和农业综合生产能力有所增强。

（3）农村经济结构进一步得到优化，经营水平不断提高。农、林、牧、副、渔业结构进一步优化，种植业中的以粮为主的粮经二元结构逐步向粮经饲三元结构转变，粮、经、饲种植结构由 1980 年前的 80:12:8 调到了 2003 年的 70:20:10，优化了种植业内部结构；烟草业、畜牧业、林产业、蔬菜等优势、特色农产品区域布局和商品基地建设加快，有力地促进了云南省农业特色产业发展和农民增收；农村二、三产业进一步发展，乡镇企业、个体、私营经济的发展加快，形成了国有、集体、股份、个体私营多种所有制经济共同发展的格局。农业产业化经营和一体化经营水平不断提高,龙头企业发展加快,极大地推动了云南省农业增长方式的转变。

(4) 农民收入总量呈上升趋势,来源日益多样。多年来,全省各地实施农业和农村经济结构战略性调整,积极推进农业产业化经营,努力实现农产品规模化、标准化、优质化生产,千方百计解决农民增产增收、努力减轻农民负担和提高农民生活水平,使农民收入、投资和消费保持了连续增长的好势头。农民人均纯收入从1978年的130.6元增为2004年的1864元。农民收入由主要来自农业转向农业和非农产业并举,70%农业收入由主要来自种植业转向种植业与养殖业并举和增加产量、提高价格等提高效益获得,约30%的收入靠扩大就业和非农业收入所得。

2. 云南农业农村经济发展存在的问题

云南农业经济发展情况与先进省份发展水平相比,云南农业仍面临着很多突出问题。

(1) 云南农业农村发展面临的挑战

从发展的趋势与当前面临的困难看,云南省"十一五"期间农业农村工作主要在以下七个方面存在比较突出的压力和挑战,应该引起高度重视。

一是人口和以粮食为主的食物消费需求增长的压力与日俱增。据预计到2010年,全省总人口将突破4600万,再加上流动人口,总数将超过5000万。按目前的粮食消费结构、需求总量和全国人均占有粮食水平及畜牧产业发展等方面测算,到2010年,云南粮食年产量至少要达到1750万吨左右才能基本满足消费需求增长需要,而云南历史最高值的粮食产量也才为1510万吨。要想在今后使全省粮食生产能力再增加250万吨,满足随着人口增长和畜牧业发展而激增的食物消费需求,就云南现有的农田水利基础设施条件和粮食综合生产能力来看,历史上没有过,短期内实现的可能性也不太大。

二是土地、水资源等农业战略性资源约束日益加剧。从土地来看,全省坝区面积仅为总面积的6%,人均耕地仅1亩,不到全国的平均水平;随着全省城镇化、工业化进程的加快,现有高稳产农田面积基本没有增加，少数地方还呈现不断减少趋势，人多地少的矛盾将日益加剧。全省水资源开发利用率仅为6%，不到全国平均水平的1/3；占全省土地面积6%的坝区，集中了2/3的人口和1/3耕地，但水资源量只占全省总量的5%，平均每公顷耕地水资源量仅为全省平均水平的16.17%；昆明、玉溪、曲靖、大理、红河等州市，人均水资源量都低于1 700立方米的国际用水紧张警戒线，个别地区甚至低于人均500立方米的严重缺水标准线；全省人均库塘蓄水只有222立方米，仅相当于全国平均水平438立方米的一半左右；全省农田的有效灌溉面积为2 500万亩左右，仅占耕地总面积的36%，还有近2/3耕地只能靠天吃饭、等雨栽插。据预测，全省2010年的水量缺口将由2005年的42亿立方米上升为95亿立方米，即使"十一五"期间再增加10亿立方米的蓄水，缺口仍将高达80亿立方米左右，这对几千万人的饮水安全和工农业生产的影响程度是不可低估的。

三是农民增收困难，城乡差距将进一步扩大。云南农民增收渠道单一，农业劳动生产率和农业效益低下，第一产业就业劳动力比重占80%，就业结构与产业结构极不协调；农民收入增幅远远低于城镇居民收入的增幅，城乡居民收入差距由2000年的4.13∶1扩大到2004年的4.17∶1，若将城市居民的一些隐性福利和政策优惠如交通、住房、教育、卫生等折算成现金收入，云南省城乡居民收入差距将有可能扩大到7∶1左右。"十五"前4年，农民人均纯收入年均增长5.19%，与同期8.18%的城镇居民人均可支配收入平均增幅相比，低2.19个百分点；同期农民人均绝对值增加386元，只相当于城镇居民人均增加额2 546元的15%；城乡居民收入绝对差额由4 846元扩大到7 007元。有关资料表明，云南同期城镇居民恩格尔系数为0.42，而农民的恩格尔系数为0.53；按联合国有关组织制定的标准划分，城市居民已经实现了小康，而相当部分的农民还在温饱线上挣扎，城乡居民收入差距之大仅次于西藏位居全国第二。全省农民人均纯收入与全国平均水平的差距由1978年的3元扩大到2004年的1 072元。在增速趋缓的同时，农民收入增长还存在着巨大的不平衡。①城乡居民收入差距再度扩大，2003年达3.2:1；②不同区域农民收入差距拉大，以2003年统计为准，从州、市级看，农民人均纯收入最高的是玉溪市，为2 588元，最低的怒江州为948元；从县、区级看，农民人均纯收入最高的是官渡区，为4 811元，最低的西盟县为669元；③不同经营类型农户收入差距拉大；④不同收入水平组农民收入差距拉大。

四是云南农村全面小康的实现程度与经济发达省份和全国平均水平相差甚远。近些年来，随着全省经济社会的持续、快速与健康发展，农村经济与农村面貌发生了显著变化，广大农民进一步享受到了改革开放和经济发展带给他们的实惠与好处。但由于历史与现实等诸多原因，云南农村全面小康实现程度可以说才开始起步。据中央政策研究室农村局和国家统计局农调总队共同制定的18项评价指标分析和年度监测资料表明，从农村经济发展、农村社会发展、农村民主法制建设、农村人口素质、农民生活质量、农村资源环境六大类指标综合评价，到2004年底，全国农村全面小康实现程度已达21.16%，其中上海87.18%、北京81.17%、天津67.18%，浙江、广东等省份已在40%以上，湖南、内蒙、重庆等中西部省份在10%～20%间，而云南省仅为3.5%。

五是贫困群体庞大，城市与农村的面貌反差强烈。全省国家重点扶持县和贫困人口分别占全国的12%和10%，是全国扶贫攻坚的主战场。全省73个国家重点扶持县的农民人均纯收入仅为全省平均水平的77%，全省至今仍有777.17万人处于贫困状态。人口不足10万人的7个少数民族半数以上还处于绝对贫困状态。据不完全统计，全省农民年人均纯收入低于全省平均水平1 864元的还有2 000万人左右，其中低于1 000元的还有1 000万人左右。虽然近几年来云南省农村经济得到较快发展、城乡关系有所改善，但农业和农村在资源和国民收入分配方面仍处于不利地位，农村居民和城镇居民在发展机会和社会地位方面仍然不平等，农村长期缺乏农民分享改革发展成果的固定通道。广大农村基础设施薄弱、人畜饮水困难、村间道路泥泞、垃圾遍地，脏、乱、差等现象仍然存在，这对农村发展、农民增收和生活质量改善的制约越来越明显。

六是农业国际竞争力短期内难以提高。"十一五"时期,是我国"入世"的过渡结束期,云南省农业生产和农业企业将更加直接地面对国外竞争者,面临生存和发展的双重压力。具体表现在国外对进口农产品质量和卫生标准的要求越来越严,而云南部分农产品质量卫生安全水平不高的问题仍较为突出,不合理使用化肥、农药以及畜禽粪便、污水产生的农业污染问题在部分地方不同程度存在;优质、安全、营养的农产品供不应求,缺乏标准与品牌的农产品供大于求;农产品国际竞争主体的规模越来越大、实力越来越强,云南省农业市场主体小、低、弱、散的问题十分突出;农业劳动力和农村人口数量相对过多,农业劳动生产率低下。

七是影响云南农业和农村发展的结构性和体制性矛盾进一步凸现。从结构性矛盾看,云南城乡之间影响农村劳动力转移的体制性障碍仍然存在,农民就业增收渠道难以拓宽。从需求情况看,虽然云南目前人均GDP仅为8 961元人民币,约为1 100美元,但已经出现了农产品需求制约,最基本的原因就是城镇农产品消费群体比重太小。从增长方式看,目前云南资源产业仍占主导地位,经济发展主要依靠投资扩张,粗放型经济增长特征明显,投资型增长方式短期内难以改变。从发展质量看,云南人均GDP在800美元左右,这个阶段正处于环境污染与生态破坏随GDP成正比例增长的历史时期,发达国家和我国东部地区的实践证明,这是环境污染和生态破坏最难以控制的阶段。从体制性矛盾看,工农产品不能平等交易,城乡之间要素不能自由流动,农村就业严重不足,农村剩余劳动力转移困难。"十一五"期间如何弥补城乡之间的巨大鸿沟,对于云南省来说还是不容回避的客观现实和一项艰巨的任务。

(2) 当前云南农业和农村经济发展中存在的主要问题

①农业基础设施薄弱、生态环境恶化和抵御自然灾害的能力较低

长期以来,许多山区农业发展走的是一条低水平的面积扩张和以追求数量增长为主的发展道路,忽视对土地的保护和合理利

用,造成了水土流失严重、农业环境污染和生态环境恶化。农业基本建设速度缓慢,大多数山地受水的制约而难以提高生产能力,水源与农田之间配套设施不全,而许多农业水利工程设施功能老化,众多水库急需维修,河道淤积,防洪排涝能力减弱,农业保障功能大大下降,自然灾害频繁。

②产业化程度低

农业生产结构性矛盾突出主要表现在:产业结构不合理,适应市场多元化、多样化需求的优质农产品少,产业区域分工程度低和产品雷同问题突出。在农产品总量出现阶段性过剩的同时,结构性矛盾十分突出,表现在农业生产结构与市场需求结构不相适应,现行农业生产结构不能很好地满足新阶段城乡居民对农产品多样化、优质化、专用化的消费需求。云南省的农产品主要表现为大路产品多、低档产品多、原料型产品多,许多农产品质量低、层次低,规格化、标准化水平低,品牌意识差,农产品价格持续走低,农民增收困难,与省外比较特色农业发展的差距较大。尤其食用农产品质量安全问题突出,影响出口外销,是目前云南省农产品生产和供给中的主要问题。农产品加工程度低,产业链短,深加工、精加工农产品少,并且技术含量很低,如目前全省天然药材资源开发利用率10%,农产品加工率近20%,高级香精产品加工不足10%。

③农业科技进步缓慢、劳动力素质低

全省农业科技总体水平低,科技储备和创新能力不足,农业科研、教育、推广机构与农业生产脱节,体制性障碍明显,农业科技成果转化率低,目前仅为46.5%。农业科技人才总量不足,分布不合理,科技推广人才不足,管理人才和经营人才缺乏。农村劳动力素质不高,职业教育和成人教育薄弱,全省农村劳动力文盲半文盲占1/3以上,青壮年文盲率达17%,少数民族成年人文盲半文盲率达40%以上,苗、瑶、哈尼、傈僳、拉祜、布朗、德昂等少数民族成年人文盲率占70%以上。农村科技推广不力成为农业技术进步缓慢的重要原因,表现在基层科技推广队伍不稳定,推广机制不活,推广手段落后,推广的后续服务不到位,尤其是技术推广和产品销售服务脱节,这都已经无法适应农村市场的要求。

④市场机制不完善

农产品流通与市场信息体系不健全主要表现在：农产品市场体系发育不完善，农产品综合和专业化市场数量少，布局不合理，规模参差不齐，管理混乱。市场主体发育程度较低，农民的组织化程度低，农村经济合作组织数量少，并且管理运行上缺乏科学、民主决策等问题。市场信息体系不完善、运转不灵，信息化硬件建设落后，信息资源不能共享，农民的信息服务不到位，缺乏时效，农民获取信息成本较高。

⑤农业支持和保护体系不健全

对农业支持和保护的政策体系有待进一步健全，目前表现出政策目标不清晰，支持和保护力度低等。农业投入不足，尽管当前云南省农业投入的总量有绝对增加，但是这种增加仍然不能满足云南省农业转型期的调整和加快发展的需要，与其他产业的投入相比显得严重不足。许多地方，尤其是县级财政赤字，资金投入或配套不足，甚至挪用，严重影响农业和农村改革的深化。

7.2 云南农业结构变迁与支农政策绩效分析

7.2.1 云南农业结构变化分析

1. 农林牧渔业的增长及其结构变化

农、牧业是云南农林牧渔业的主体。1991~2006年农、牧业总产值在农林牧渔业总产值中所占的平均比重为89.1%。1991年和2006年农、牧业总产值占总产值的比重分别为84.4%和85.5%，林、渔业占总产值的比重不到16%。16年内，云南农、牧业总产值都有较快的增长，牧业的增长快于农业。农业总产值在农林牧渔业总产值中所占比重呈下降趋势，而牧业总产值所占比重呈上升趋势。然而，农业总产值所占比重始终超过牧业总产值所占比重。"八五"期间，农、牧业总产值在农林牧渔业总产值中所占的比重都呈上升趋势。"九五"和"十五"期间，农业总产值在农林牧渔业总产值中所占比重呈下降趋势，而牧业总产值所占比重呈上升趋势（见表7-3）。

表 7-3　1991~2006 年农林牧渔业总产值及其构成

年份	农林牧渔业总产值			农业总产值				林业总产值				牧业总产值				渔业总产值			
	绝对数(亿元)	比上年增长%		绝对数(亿元)	比上年增长%	占农林牧渔%		绝对数(亿元)	比上年增长%	占农林牧渔%		绝对数(亿元)	比上年增长%	占农林牧渔%		绝对数(亿元)	比上年增长%	占农林牧渔%	
1991	234.25	4.1		141.97	6.8	60.6		18.69	2.3	8.0		55.70	3.1	23.8		1.37	-1.4	0.6	
1992	262.51	12.1		158.84	11.9	60.5		22.84	22.2	8.7		61.56	10.5	23.5		2.02	47.4	0.8	
1993	281.21	7.1		179.39	12.9	63.8		25.39	11.2	9.0		72.89	18.4	25.9		3.54	75.2	1.3	
1994	356.78	26.9		228.99	27.6	64.2		30.41	19.8	8.5		92.13	26.4	25.8		5.25	48.3	1.5	
1995	474.46	33.0		299.48	30.8	63.1		40.53	33.3	8.5		127.19	38.1	26.8		7.26	38.3	1.5	
"八五"年均速增%		16.6			18.0				17.7				19.3				41.6		
1996	567.51	19.6		369.36	23.3	65.1		43.21	6.6	7.6		146.03	14.8	25.7		8.91	22.7	1.6	
1997	612.01	7.8		397.09	7.5	64.9		40.40	-6.5	6.6		163.93	12.3	26.8		10.59	18.9	1.7	
1998	620.02	1.3		381.26	-4.0	61.5		41.77	3.4	6.7		184.83	12.7	29.8		12.16	14.8	2.0	
1999	642.48	3.6		394.96	3.6	61.5		45.60	9.2	7.1		188.82	2.2	29.4		13.10	7.7	2.0	
2000	680.86	6.0		416.36	5.4	61.2		49.75	9.1	7.3		201.49	6.7	29.6		13.26	1.2	1.9	
"九五"年均速增%		7.7			7.2				4.4				9.7				13.1		
2001	703.53	3.3		431.31	3.6	61.3		47.21	-5.1	6.7		210.63	4.5	29.9		14.38	8.4	2.0	

续表

年份	农林牧渔业总产值 绝对数(亿元)	比上年增长%	农业总产值 绝对数(亿元)	比上年增长%	占农林牧渔%	林业总产值 绝对数(亿元)	比上年增长%	占农林牧渔%	牧业总产值 绝对数(亿元)	比上年增长%	占农林牧渔%	渔业总产值 绝对数(亿元)	比上年增长%	占农林牧渔%
2002	737.55	4.8	445.35	3.3	60.4	53.52	13.4	7.3	223.49	6.1	30.3	15.19	5.6	2.1
2003	766.17	3.9	433.91	-2.6	56.6	73.17	36.7	9.6	242.53	8.5	31.7	16.56	9.0	2.2
2004	927.88	21.1	516.92	19.1	55.7	86.40	18.1	9.3	305.42	25.9	32.9	19.14	15.6	2.1
2005	1027.50	10.7	559.32	8.2	54.4	105.53	22.1	10.3	339.68	11.2	33.1	22.97	20.0	2.2
"十一五"年均递增%		8.8		6.3			17.0			11.3			11.7	
2006	1161.98	13.1	630.19	12.7	54.2	142.59	35.1	12.3	362.89	6.8	31.2	26.30	14.5	2.3
1991~2006年年均递增%		11.1		10.6			14.2			13.1			21.7	

注：(1) 数据来源：《云南统计年鉴》(1991~2007) 整理计算。(2) 表中数据已经过口径调整。

2. 农、牧产品的增长与结构变化

(1) 主要农作物种植结构的变化

云南的农作物主要有粮食、油菜子、甘蔗、烤烟和蔬菜。1991~2006年，这5种主要作物在农作物总播种面积所占比重的平均值分别为73%、2.1%、4.4%、6.9%和6.1%。与1991年相比，2006年云南的主要农作物总播种面积由460.1万公顷增加为614.5万公顷，增加了154.4万公顷，年均增长2.0%；粮食作物播种面积增加了65.1万公顷，年均增长1.1%；油菜子播种面积增加了7.6万公顷，年均增长5.4%；甘蔗播种面积增加了14.6万公顷，年均增长6.6%；烤烟播种面积增加了9.1万公顷，年均增长12.7%；蔬菜播种面积增加了31.5万公顷，年均增长7.5%。1991~2006年云南的农作物种植结构变化情况如下：粮食作物播种面积在农作物总播种面积中所占比重呈下降趋势；油菜子比重呈上升趋势；甘蔗比重呈上升趋势；烤烟比重呈下降趋势；蔬菜比重呈上升趋势。"八五"期间，粮食、油菜子和蔬菜播种面积所占比重呈下降趋势，而甘蔗和烤烟播种面积所占比重呈上升趋势；"九五"期间，油菜子、甘蔗和蔬菜播种面积所占比重呈上升趋势，而粮食、烤烟播种面积所占比重呈下降趋势；"十五"期间，油菜子、烤烟和蔬菜播种面积所占比重呈上升趋势，而粮食、甘蔗播种面积所占比重呈下降趋势（见表7-4）。

(2) 畜牧产品结构的变化

1991~2006年，云南肉类总产量逐年增加，从85.50万吨增加到322.05万吨，增加了236.55万吨，翻了近三番，年均递增9.2%；猪肉产量年均增长9.2%；牛肉产量年均增长8.5%；羊肉产量年均增长15.4%。猪、牛、羊肉产量在肉类总产量中所占比重的平均值分别为84.8%、5.7%和2.7%。16年内，猪肉产量在肉类总产量中所占比重呈下降趋势，由89.9%下降到80.9%，下降了9个百分点，但其比重依然超过80%；牛肉产量所占比重呈上升趋势，由3.3%上升为7.5%，上升了4.2个百分点；羊肉产量所占比重呈上升趋势，由1.9%上升到3.5%，上升了1.6个百分点（见表7-5）。

表7-4　1991~2006年主要农作物播种面积构成

单位:%

年份	总播种面积（万公顷）	粮食播种面积	油菜子播种面积	甘蔗播种面积	烤烟播种面积	蔬菜播种面积
1991	460.1	78.7	2.0	3.1	6.1	5.4
1992	470.8	76.1	2.0	3.3	7.9	3.8
1993	477.0	73.9	1.5	3.2	9.9	4.0
1994	484.8	75.7	1.6	4.3	3.1	7.9
1995	495.9	73.5	1.9	3.5	9.0	4.5
1996	510.5	72.4	1.9	4.0	9.7	4.5
1997	522.5	71.2	1.7	4.8	10.7	4.5
1998	522.6	74.4	1.7	5.4	6.0	4.7
1999	548.4	73.7	1.8	5.2	5.8	5.6
2000	554.0	72.1	2.3	4.7	6.0	6.7
2001	593.0	73.2	2.1	4.5	5.5	6.9
2002	581.3	71.6	2.1	5.1	6.0	7.2
2003	575.6	70.7	2.3	5.1	5.8	7.9
2004	589.0	70.6	2.5	4.8	6.0	7.8
2005	605.4	70.3	2.8	4.2	6.3	8.1
2006	614.5	69.5	2.8	4.7	6.0	8.5

数据来源：《中国统计年鉴》（1992、1999）和《云南统计年鉴》（1991~2007）整理计算。

7.2.2　云南产业结构变迁中工农、城乡的差异研究

1. 工业与农业发展的差异

1991年以来，工业和农业总产值都呈高速增长，但增长速度不同，工业的增长速度明显快于农业。"八五"期间，工业总产值年递增率为29.4%，农业总产值年递增率为18.0%，工业比农业高11.4个百分点；"九五"期间，工业总产值年递增率

为 5.3%,农业总产值年递增率为 7.7%,农业比工业高 2.4 个百分点;"十五"期间,工业总产值年递增率为 15.7%,农业总产值年递增率为 9.6%,工业比农业高 6.1 个百分点。由于工业增长速度快,使得工农业总产值的比值由 1991 年的 1.77:1 上升为 2006 年的 3.40:1。农轻重的比值由 1991 年的 1:0.91:0.85 变为 2006 年的 1:1.05:2.35(见表 7-6)。

表 7-5 1991~2006 年猪、牛、羊肉产量占肉类总产量比重(%)

年 份	肉类总产量(万吨)	猪 肉	牛 肉	羊 肉	年 份	肉类总产量(万吨)	猪 肉	牛 肉	羊 肉
1991	85.50	89.9	3.3	1.9	1999	192.14	84.4	6.6	2.9
1992	92.40	89.0	3.6	1.9	2000	215.17	80.4	5.9	2.7
1993	102.30	87.8	4.3	2.0	2001	219.54	83.7	6.3	2.9
1994	114.40	87.5	4.7	1.9	2002	235.83	83.1	6.6	3.1
1995	128.20	87.1	4.9	2.0	2003	253.69	82.3	6.9	3.2
1996	141.72	86.5	5.2	2.4	2004	277.80	82.2	7.1	3.2
1997	158.44	85.5	5.5	2.6	2005	300.04	81.6	7.3	3.5
1998	176.96	85.0	6.0	2.8	2006	322.05	80.9	7.5	3.5

数据来源:《云南统计年鉴》(1997~2002、2004~2007)整理计算。

2. 城乡居民人均收支的差异分析

(1) 城镇与农村居民人均收入、消费的对比分析

自 1991 年以来,云南城镇居民人均可支配收入和农村居民人均纯收入都有较快的增长,从总体上来说,后者的增速快于前者。"八五"期间,城镇居民人均可支配收入增长速度是农村居民人均纯收入增长速度的 1.4 倍,高出 6.2 个百分点;"九五"期间,城镇居民人均可支配收入增长速度是农村居民人均纯收入增长速度的 1.2 倍,高出 1.3 个百分点;"十五"期间,城镇居民人均可支配收入增长速度是农村居民人均纯收入增长速度的 1.2 倍,高出 1.3 个百分点;2006 年,农村居民纯收入增长率为城镇居民可支配收入增长率的 1.17 倍,高出 1.5 个百分点。城

乡居民的收入差距逐渐增大。城乡收入比从 1991 年的 3.0∶1 增大到 2006 年的 4.5∶1。与城乡居民收入差距的变动趋势相似，城乡居民消费水平的差距也是越来越大。

表 7-6 1991~2006 年工农业产值及农轻重产值比

年 份	工农业产值比	农轻重产值比
1991	1.77∶1	1∶0.91∶0.85
1992	1.91∶1	1∶0.96∶0.94
1993	2.45∶1	1∶1.19∶1.27
1994	2.66∶1	1∶1.44∶1.22
1995	2.59∶1	1∶1.38∶1.21
1996	2.28∶1	1∶1.23∶1.05
1997	2.35∶1	1∶1.23∶1.13
1998	2.42∶1	1∶1.25∶1.17
1999	2.43∶1	1∶1.24∶1.19
2000	2.33∶1	1∶1.18∶1.16
2001	2.38∶1	1∶1.23∶1.15
2002	2.51∶1	1∶1.29∶1.22
2003	2.72∶1	1∶1.27∶1.45
2004	2.57∶1	1∶0.95∶1.62
2005	3.04∶1	1∶1.05∶1.99
2006	3.40∶1	1∶1.05∶2.35

资料来源：《云南统计年鉴》(2007) 整理计算。

城镇居民消费的恩格尔系数由 1991 年的 0.53 下降为 2006 年的 0.42。城镇居民的生活水平在"八五"期间还处于温饱水平，从"九五"期间开始就进入了小康水平，而今离富裕水平已经不远了；而农村居民消费的恩格尔系数由 1991 年的 0.63 下降为 2006 年的 0.49。农村居民的生活在"九五"末期脱离贫困进入温饱，并在"十一五"初期，进入小康水平（见表 7-7）。

表7-7 1991～2006年城乡居民家庭人均收入和消费水平对比

年份	城镇居民人均可支配收入（元）	城镇居民人均消费（元）	农村居民人均纯收入（元）	农村居民人均消费（元）	城乡收入比	城乡消费比	城镇恩格尔系数	农村恩格尔系数
1991	1 703.16	1 428.28	572.58	501.36	3.0	2.8	0.53	0.63
1992	2 061.74	1 704.15	617.98	536.06	3.3	3.2	0.51	0.61
1993	2 639.07	2 186.29	674.79	625.19	3.9	3.5	0.49	0.61
1994	3 433.97	2 843.69	802.95	764.91	4.3	3.7	0.51	0.60
1995	4 064.93	3 448.27	1 010.97	981.10	4.0	3.5	0.52	0.61
"八五"年均递增%	22.0	22.2	15.8	17.0				
1996	4 977.95	4 007.48	1 229.28	1 209.16	4.0	3.3	0.49	0.61
1997	5 558.29	4 537.08	1 375.50	1 318.07	4.0	3.4	0.46	0.62
1998	6 042.78	5 032.67	1 387.25	1 312.31	4.4	3.8	0.44	0.61
1999	6 178.68	4 941.26	1 437.63	1 269.33	4.3	3.9	0.44	0.64
2000	6 324.64	5 185.31	1 478.60	1 270.83	4.3	4.1	0.40	0.59
"九五"年均递增%	9.5	8.7	8.2	5.7				

续表

年份	城镇居民人均可支配收入（元）	城镇居民人均消费（元）	农村居民人均纯收入（元）	农村居民人均消费（元）	城乡收入比	城乡消费比	城镇恩格尔系数	农村恩格尔系数
2001	6 797.71	5 252.60	1 533.76	1 422.85	4.4	3.7	0.40	0.57
2002	7 240.62	5 828.06	1 608.77	1 381.54	4.5	4.2	0.42	0.56
2003	7 643.57	6 023.56	1 697.12	1 405.70	4.5	4.3	0.42	0.53
2004	8 870.88	6 837.01	1 864.19	1 569.98	4.8	4.4	0.42	0.54
2005	9 265.90	6 996.90	2 041.79	1 789.00	4.5	3.9	0.43	0.55
"十五"年均递增%	8.0	6.3	6.7	7.3				
2006	10 069.89	7 379.81	2 250.46	2 195.64	4.5	3.4	0.42	0.49
2006年增长%	8.7	5.5	10.2	22.7				
1991~2006年年均递增%	12.0	10.7	10.2	13.2				

资料来源：《云南统计年鉴》（2001、2007）整理计算。

(2) 城镇与农村居民人均收入、消费的实证分析

根据《云南统计年鉴》中 1995~2006 年云南城镇居民收支情况的样本数据,包括人均可支配收入 X_1 和人均消费支出 Y_1;农村居民的人均纯收入 X_2、人均消费支出 Y_2、人均从事农业经营的收入 X_3 和人均其他收入 X_4,我们对云南城乡居民收支情况进行实证分析,实证结果如表 7-8 所示。

由模型一可知,云南城镇居民人均可支配收入增长 1% 会引起人均消费支出增长 0.860%;由模型二可知,云南农村居民人均纯收入增长 1% 引起人均消费支出平均增长 0.885%。通过模型一和模型二的对比分析,我们可以看出云南农村居民的消费增长弹性高于城镇居民的消费增长弹性。由模型三可知,农村居民其他收入的增长对农村居民人均消费支出的增长没有显著的影响。由模型四可知,农村居民从事农业经营的收入增长 1%,将引起其人均消费支出增长 0.924%。比较模型三和模型四,我们发现带动农村居民人均消费增长主要是他们从事农业经营的收入的增长。

3. 农业劳动力的非农转移

自 1991 年以来,农业和非农业的从业人员逐年增加,非农业从业人员增长速度快于农业。1991~2005 年,农业从业人员由 1 588.8 万人增加到 1 709.2 万人,净增 120.4 万人,年递增 0.7%;非农业从业人员由 400.7 万人增加到 752.1 万人,净增 351.4 万人,年递增 4.7%。由于在农业中就业的劳动力向非农业转移,其在总就业人数中所占比重呈下降趋势,由 1991 年的 79.9% 下降为 2005 年的 69.4%,下降了 10.5 个百分点;非农产业劳动力所占比重呈上升趋势,上升了 10.5 个百分点,其中第二产业从业人员比重上升了 0.4 个百分点,第三产业就业人员比重上升了 10.1 个百分点。

1991~2005 年,三次产业劳动生产率都有较快的增长,但三次产业之间差别较大。首先,从绝对劳动生产率(人均 GDP)看,第二、三产业的劳动生产率明显大于第一产业。三次产业的劳动生产率都在增长,第二产业劳动生产率增长最快,第三产业次之,第一产业最慢。"八五"期间,第二产业劳动生产率增长最快,第三产业次之,第一产业最慢;"九五"期间,第二产业

表7-8 云南城镇和农村居民的人均收支情况的实证结果

解释变量 \ 被解释变量	模型一 $\ln Y_1$	模型二	模型三 $\ln Y_2$	模型四
$\ln X_1$	0.860 (0.024) ***			
$\ln X_2$		0.885 (0.083) ***		
$\ln X_3$			0.756 (0.150) ***	0.924 (0.064) ***
$\ln X_4$			0.218 (0.178)	
常数	1.003 (0.213) ***	0.747 (0.608)	0.182 (0.483)	0.336 (0.479)
$\bar{R}^2$	0.991	0.911	0.952	

注：(1) 括号中的数值为标准差；(2) ***、**和*表示对应1%、5%和10%的显著性水平。

劳动生产率增长最快，第一产业次之，第三产业最慢；"十五"期间，第一产业劳动生产率增长最快，第二产业次之，第三产业最慢。三次产业的劳动生产率之比由1991年的1:8.8:7.6变为2005年的1:14.9:6.9。其次，从相对劳动生产率（产值比重与从业人员比重之比）看，第二、三产业的劳动生产率仍然明显大于第一产业。第一、三产业的相对劳动生产率都呈下降趋势，第二产业的相对劳动生产率呈上升趋势。"八五"期间，第一、三产业的相对劳动生产率都呈下降趋势，第二产业的相对劳动生产率呈上升趋势。"九五"期间,第一产业的相对劳动生产率都呈下降趋势,第二、三产业的相对劳动生产率都呈上升趋势。"十五"期间,第一、二、三产业的相对劳动生产率都呈下降趋势。可见,无论从绝对劳动生产率还是相对劳动生产率来看,非农产业的劳动生产率都高于农业,农业劳动力向非农产业转移的趋势可能还会强化(见表7-9)。

4. 农业的投资份额及城乡的投资结构

(1) 农业投资份额

在全社会固定资产投资中,农业的投资份额太低。2004~2006年,国有经济固定资产投资中,投向农业的比例分别为6.1%、5.5%、5.0%,呈下降趋势。2004和2005年,在基本建设投资中,投向农业的比例分别为5.7%和4.4%;在更新改造投资中,投向农业的比例更低,分别为0.7%和1.5%(见表7-10)。

表7-10　2004~2006年各类固定资产投资中农业投资的情况

(单位:亿元)

年份	国有经济固定资产投资			基本建设投资			更新改造投资		
	总额	其中:农业	农业占%	总额	其中:农业	农业占%	总额	其中:农业	农业占%
2004	617.3	37.7	6.1	652.5	37.0	5.7	199.5	1.5	0.7
2005	815.3	44.9	5.5	981.8	43.3	4.4	282.3	4.2	1.5
2006	1 067.5	53.5	5.0	—	—	—	—	—	—

资料来源:《云南统计年鉴》(2005、2006、2007)整理计算。

(2) 城乡投资结构

2004~2006年,云南全社会固定资产投资额分别为1 291.5亿元、1 777.6亿元和2 208.6亿元,其中农村固定资产投资额分别为178.6亿元、185.3亿元和206.8亿元,占全社会固定资产投资额的比重分别为13.8%、10.4%和9.4%。城镇固定资产投资额占全社会固定资产投资额的比重分别为86.2%、89.6%和90.6%(见表7-11)。

表7-9 1991~2005年三次产业的劳动生产率变化

年 份	三次产业的人均GDP			劳动生产率之比	产值比重与就业人数比重之比		
	第一产业（元/人）	第二产业（元/人）	第三产业（元/人）		第一产业	第二产业	第三产业
1991	1 066.7	9 366.7	8 056.0	1:8.8:7.6	0.410	3.602	3.098
1992	1 158.2	11 062.1	9 601.3	1:9.6:8.3	0.380	3.634	3.154
1993	1 173.9	15 990.7	11 234.2	1:13.6:9.6	0.310	4.229	2.971
1994	1 438.7	19 864.7	12 713.3	1:13.8:8.8	0.308	4.258	2.725
1995	1 827.7	24 689.8	13 922.5	1:13.5:7.6	0.321	4.341	2.448
"八五"年均递增%	11.4	24.2	17.4				.
1996	2 257.4	27 567.4	14 084.0	1:12.2:6.2	0.325	3.971	2.029
1997	2 341.0	31 517.8	16 312.6	1:13.5:7.0	0.311	4.181	2.164
1998	2 390.7	35 269.8	18 991.9	1:14.8:7.9	0.292	4.315	2.324
1999	2 365.0	41 108.9	20 884.7	1:17.4:8.8	0.279	4.856	2.467
2000	2 546.1	39 603.1	19 171.1	1:15.6:7.5	0.291	4.520	2.188
"九五"年均递增%	7.2	10.2	7.0				

续表

年份	三次产业的人均GDP			劳动生产率之比	产值比重与就业人数比比重之比		
	第一产业（元/人）	第二产业（元/人）	第三产业（元/人）		第一产业	第二产业	第三产业
2001	2 598.3	41 753.7	20 431.2	1:16.1:7.9	0.282	4.535	2.219
2002	2 701.0	45 272.6	21 825.8	1:16.8:8.1	0.273	4.583	2.209
2003	2 893.6	49 912.3	23 353.1	1:17.2:8.1	0.266	4.595	2.150
2004	3 467.4	58 682.7	25 614.3	1:16.9:7.4	0.270	4.573	1.996
2005	3 918.9	58 456.1	27 028.0	1:14.9:6.9	0.278	4.143	1.916
"十五"年均递增%	9.2	8.3	7.1				
1991～2005年年均递增%	9.3	14.2	10.5				

资料来源：《云南统计年鉴》(2007) 整理计算。

表 7-11　2004~2006 年城乡固定资产投资额

(单位：亿元)

年份	全社会固定资产投资	农村固定资产投资	城镇固定资产投资
2004	1 291.5	178.6	1 113.0
2005	1 777.6	185.3	1 592.3
2006	2 208.6	206.8	2 001.8

资料来源：《中国统计年鉴》(2005~2007)。

5. 财政支出中农业支出份额变化情况

由于中央对云南的财政补助政策有所调整，1994 年以前财政补助的绝对额较小（不足 18 亿元），财政补助在财政总支出中所占的比重也较低（不到 19%）；1994~2006 年财政补助的绝对额逐年上升，由 140.33 亿元上升到 513.16 亿元，而财政总支出中财政补助的比重则趋于下降，由 68.9% 下降到 57.4%，下降了 11.5 个百分点。1991~2006 年，云南每年财政支出从 110.82 亿元增加到 893.58 亿元，财政支出的年增长率为 16%。云南财政主要用于以下五项：基本建设，支援农业支出，行政管理费，文教、科学、卫生事业费和其他，16 年内这五项支出占财政总支出的平均比重为 86%。云南财政用于基本建设支出的比重略有下降，由 9.8% 降低到 9.6%，降低了 0.2 个百分点；用于企业挖潜改造的比重由 7.3% 下降到 1.3%，下降了 6 个百分点；用于城市维护的比重由 3.7% 下降到 3.1%，下降了 0.6 个百分点；用于工、交、商部门事业的比重由 2.5% 下降到 1.8%，下降了 0.7 个百分点；用于抚恤和社会救济的比重由 3.7% 下降到 2.8%，下降了 0.9 个百分点；用于行政管理开支和文教、科学、卫生事业的比重有所提高，分别上升了 1.2 个百分点和 4.7 个百分点；用于其他支出的比重由 26.9% 提高到 34.1%，提高了 7.2 个百分点；用于科技三项费用和城市维护的比重基本稳定。云南财政用于支援农业生产的绝对额有所增加，由 1991 年的 15.9 亿元增加到 2006 年的 83.9 亿元，年递增 12.8%。尽管财政支出用于农业生产的绝对额在上升，但其相应比重却在下降，由 1991 年的 14.4% 下降为 2006 年的 9.4%，下降了 5 个百分点（见表 7 - 12）。

6. 保险资金的投入结构及其变化

表中数据显示：1991～2006 年，除了固定资产保险在总保险中所占的比重不断上升以外，其余各项在总保险中所占的比重都在下降。20 世纪 90 年代，云南保险资金投放的重点是工商业，其占总保险额的平均比重接近 60%；2000 年以后固定资产保险逐渐成为大头，它在总保险额中所占比重已经上升到 2006 年的 57%。乡企保险占总保险额的比重由 1991 年的 4.1% 下降到 2006 年的 2.7%，下降了 1.4 个百分点。保险资金流向农村的比重很低，而且呈下降趋势，由 1991 年的 10.2% 下降到 2006 年的 6.5%（见表 7 - 13）。

7. 研究结论及政策建议

云南属于经济欠发达地区，其产业结构发展水平不高，城乡发展协调程度很低。综合上述分析可以得出云南产业结构变迁中工农、城乡间差异的具体特点是：

(1) 从工农发展的角度来看，工业和农业总产值都呈高速增长，工业的增长速度明显快于农业。

(2) 在农业中就业的劳动力在总就业人数中所占比重呈下降趋势；非农产业就业人员所占比重呈上升趋势。

(3) 在全社会固定资产投资中，农业的投资份额太低。

(4) 财政支出用于农业生产的绝对额在上升，但其相应比重较低且呈下降趋势。

(5) 从城乡发展的视角来看，农村固定资产投资份额远小于城镇。

(6) 保险资金流向农村的比重很低，且呈下降趋势。

(7) 云南城镇居民人均可支配收入和农村居民人均纯收入都有较快的增长，后者的增速快于前者。

(8) 虽然城乡居民的生活水平都在不断提高，总体上都处于小康水平，但城乡居民的收入差距和消费差距都在不断扩大。

(9) 农村居民的消费增长弹性高于城镇居民，农村居民人均消费支出的增长主要来自其从事农业经营的收入的增长。

表7-12 1991~2006年财政支出结构

(单位:%)

年份	国家补助收入占财政总支出的比重	基本建设拨款	企业潜改造资金	城市维护费	工、交、商部门事业费	支援农业支出	文教、科学、卫生事业费	抚恤和社会救济费	行政管理费	科技三项费用	其他
1991	14.5	9.8	7.3	3.7	2.5	14.4	21.7	3.7	9.5	0.5	26.9
1992	14.0	10.8	5.8	3.8	4.4	15.2	23.6	3.0	11.4	0.4	21.4
1993	7.5	14.4	17.5	3.3	3.2	11.9	18.6	1.7	8.3	0.3	20.8
1994	68.9	15.0	8.2	4.3	2.7	12.3	24.0	1.8	10.5	0.3	20.9
1995	59.1	14.1	7.3	4.4	2.7	12.0	23.0	2.5	10.4	0.3	23.2
1996	53.0	13.1	5.6	3.6	2.5	12.0	25.5	3.4	11.2	0.5	22.5
1997	47.6	14.1	4.6	3.5	2.2	10.8	23.9	3.0	9.8	0.6	27.5
1998	50.6	12.9	4.1	3.9	1.6	10.6	24.5	2.6	9.8	0.7	29.3
1999	51.3	16.8	3.3	4.2	1.9	9.7	23.8	2.0	8.9	0.7	28.8
2000	56.0	14.6	3.8	3.5	2.2	9.5	23.8	2.1	9.0	0.8	30.6
2001	58.9	16.7	2.5	3.2	1.6	9.1	23.5	2.1	9.0	0.8	31.4
2002	58.9	16.2	1.9	2.8	1.6	8.8	25.1	2.3	9.4	0.8	31.1
2003	58.9	12.0	3.0	3.1	1.4	8.3	24.5	2.9	9.4	0.8	34.5
2004	60.8	9.8	2.4	2.9	1.5	10.8	25.7	2.8	10.2	0.6	33.2
2005	56.9	11.5	1.8	3.5	1.6	9.6	25.1	2.6	10.2	0.8	33.4
2006	57.4	9.6	1.3	3.1	1.8	9.4	26.4	2.8	10.7	0.7	34.1
1991~2006平均比重	48.4	13.2	5.0	3.6	2.2	10.9	23.9	2.6	9.9	0.6	28.1

资料来源:《云南省地方财政总决算》(1991~2006)、《云南统计年鉴》(2002、2004、2006、2007)整理计算。

表7-13 1991~2006年保险投放结构

(单位:%)

年 份	工业保险占总保险比重	商业保险占总保险比重	农业保险占总保险比重	乡企保险占总保险比重	固定资产保险占总保险比重
1991	29.2	35.4	10.2	4.1	15.6
1992	27.5	34.1	10.2	4.2	16.9
1993	27.1	34.4	9.5	5.1	16.7
1994	26.3	34.5	5.3	4.9	19.2
1995	25.0	35.0	5.0	4.7	17.6
1996	26.8	34.5	5.1	5.3	16.8
1997	24.7	33.6	5.1	4.9	18.2
1998	21.9	30.4	5.9	4.3	20.3
1999	19.6	26.6	5.8	4.3	18.7
2000	17.1	21.8	6.0	4.1	27.6
2001	18.2	17.1	6.5	3.6	34.1
2002	15.3	13.6	7.1	3.2	35.9
2003	13.5	10.2	6.9	2.7	41.0
2004	12.5	8.0	7.0	2.7	46.2
2005	11.2	6.2	7.0	2.9	55.9
2006	12.5	4.5	6.5	2.7	57.0

资料来源:《云南统计年鉴》(1996、1997、2000、2006、2007)整理计算。

基于上述结论,针对缩小云南省产业结构变迁中工农、城乡之间的差异,提出如下建议:

第一,大力扶持和发展特色优势产业,逐渐带动其他产业发展。云南地处我国西南边疆,交通不发达,基础设施落后,经济基础薄弱,人口素质不高,这些特点决定了云南在选择重点发展产业时,必须发展其特色优势产业,比如茶叶、甘蔗、蔬菜、花卉、橡胶、核桃、板栗、园林水果等为主的特色农业行业;烟草制品业、电力、热力的生产和供应业、有色金属冶炼及压延加工业、有色金属矿采选业、非金属矿物制品业、农副食品加工业等为主的资源优势工业行业。以优势产业的发展逐渐带动其他产业发展,促进云南整体经济更好更快发展。

第二,增加农业投入和推进农业产业化发展进程。加大林、牧、农业的发展,推进甘蔗、蔬菜等主要农作物产业的发展。我们可以从增加农业的基础性投入、优化农业的产业结构、加快农业保险体系建设、走循环经济道路等方面入手,重点发展"龙头企业+农户"、"农业投资公司+农户"的农业产业化发展模式,推进农业产业化发展步伐,促进云南农业更好更快地发展。

第三,加强农业基础设施建设,并不断提高农业产业化发展水平。必须加大对农业的投入,特别是基础设施投入,改善农业生产条件,促进农业科技进步,增强农业综合生产能力。多渠道引导资金进入农业产业;加强农业保险体系建设,建立健全农村市场和农业服务体系,为农业产业发展提供便利和保障机制。

第四,不断提高农业劳动生产率的同时,加大非农产业的发展力度。农业劳动生产率的提高和第二、三产业的发展,能够促进农业劳动力向外转移,进而优化云南的就业结构。加大第二、三产业的发展力度,还可以起到优化产值结构的作用,推动云南产业结构向工业化、服务型转变。

第五,加大城市化发展力度,推进工业化发展进程。城市化进程能够形成自发的市场力量,促使劳动力、资本等要素不断流入城市,进而带动劳动生产率相对较高的第二、三产业蓬勃发展(张景华,2007)。加快城市化发展进程,对工业化发展有很大的促进作用。工业化是云南现代化建设的一个关键因素。云南要坚持走符合云南实际的新型工业化道路,推进信息化与工业化融合。加强重点产业培育,强化企业重组和股份制改造,推进行业和资源整合,促进工业结构优化升级。在工业内部,云南基本上以能源、原材料等初级产品和粗加工工业为主,这造成了高消耗、高排放、低效率。云南要加大高加工度的重化工业的发展,逐步形成低投入、低消耗、低排放、高效率的重化工业,经济较快增长的同时将承受较小的资源和环境压力(徐佳宾,2007)。

7.2.3 云南省财政支农支出及绩效

1. 云南财政支农支出统计数据概览

云南财政支农支出主要由农林水气象等部门事业费、农业基本建设支出和农业科技三项费用等三部分组成。从总量上看,除个别年份财政支农支出有所下降,云南财政支农支出总量基本呈逐年上升趋势。该项支出由1978年的36 181万元上升到2006年的1 000 762万元,年均递增13.6%。与总量大幅增加的趋势不同,云南财政支农支出占财政支出的比重呈现一定程度的下降趋势。该比重由改革开放初期的20%左右跌落到1986年的12.1%,之后连续四年出现反弹,还没回升到1984的水平又开始滑落,1992年以后一直在10%到15%之间波动(见图7-1)。

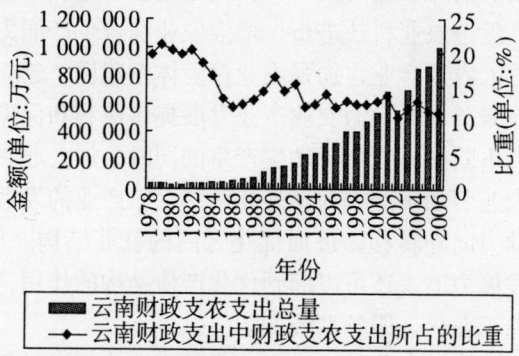

图7-1 云南财政支农情况(1978~2006)

从云南财政支农支出的结构来看,包括支援农村生产支出在内的农、林、水、气象等部门事业费所占的比重最大,平均占总支出的82.3%;其次是农业基本建设支出,它在总支出中所占的比重平均为16.7%;农业科技三项费用所占的比重较小,平均仅占总支出的1%。农、林、水、气象等部门事业费所占比重与农业基本建设支出所占比重之间呈现出此消彼长的变动趋势,从图7-2中可以看出,两者大抵对称分布于50%的水平线的两侧。如果我们对两者进行相关性分析,就会发现它们之间趋于完全负相关（Spearman 和 Kendall 相关系数分别为 -0.98 和 -0.998）。① 与农林水气象等部门事业费所占比重的变动趋势相反，农业基本建设支出所占比重在开始阶段不断下降，1986 年以后逐渐上升，近几年又有所下调。

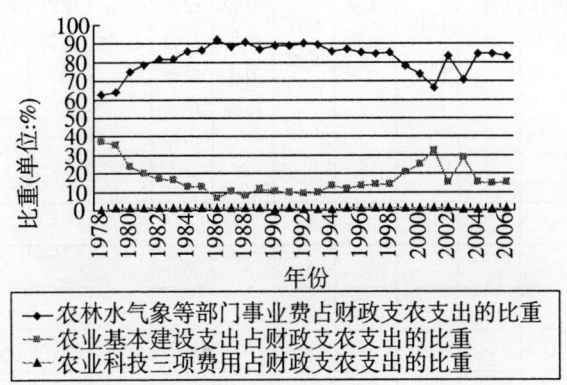

图 7-2　云南财政支农支出结构（1978~2006）

资料来源：《云南统计年鉴》（1997、1998、2000~2002、2004、2007）和《云南 50 年财政统计》整理计算。

因此，云南财政支农支出的历史状况和发展趋势可以概括为：总体规模大幅上涨，但占财政支出的比重逐年降低；对农林水气象等部门事业费的支出和农业基本建设支出是财政支农的重点，而农业科技三项费用的比重则相对较小。

这种农业政策与国际上的支农政策差别较大。世界上主要发达国家普遍采取税收优惠和价格补贴等手段间接支农，采用生产性投资来支农的就较少。这些国家对农业科研和技术推广、农产品流通体系建设和社会服务化组织建设和农业环境保护也十分重视（见表 7-14）。

---

① 该结果根据 SPSS13.0 的相关分析得到。

表7-14 几个发达国家的主要农业财政政策

国家	税收政策	补贴	生产性投资	基础设施	农业科研和技术推广	动植物防疫和食品卫生检疫	农产品流通体系建设和社会服务化组织建设	农业保险	保险支持	环境保护	社会福利
新西兰	√				√	√				√	
阿根廷	√				√	√					
韩国			√	√	√						
以色列	√	√	√	√	√						
德国	√										√
美国		√							√		
意大利	√				√						
希腊		√			√				√		
澳大利亚	√	√				√			√	√	
英国		√									
荷兰									√		
奥地利		√			√		√				
挪威		√			√				√		

注：(1) √表示该国主要采取的农业财政政策；(2) 资料来源：转引自沈坤荣等（2007）根据财政部国际局（2003）的相关资料总结得出。

这些国家的支出政策及其演变为云南的政策选择提供了一个较好的参照系。云南财政支农支出的结构与许多发达国家还存在显著差异。存在的这些差异使我们不得不对云南财政支农支出体系的合理性和发展方向进行反思。

2. 研究设计和资料来源

为了更深入地探讨云南财政支农支出与农村经济发展和农民增收的关系，分析云南财政支农支出结构是否符合本地农村经济发展、农民增收和缩小城乡收入差距的需要，本书将运用1978~2006年的相关数据，进行多元回归分析和Granger因果检验，采用的计量分析工具为EViews5.0和SPSS13.0。

（1）回归分析方案设计

巴罗和萨拉马丁（2000）将政府公共支出纳入到C-D生产函数的框架中，他们假定对于生产者 i 而言：$Y_i = AK_i^\alpha L_i^{1-\alpha} G^{1-\alpha}$（$0 < \alpha < 1$）。其中，$A$ 表示技术，K_i 表示生产者 i 的资本投入，L_i 表示生产者 i 的劳动投入，G 表示政府支出的总量。

根据农业生产的具体情况和研究的需要，我们拟选以下各个变量进行计量分析（见表7-15）。

表7-15 多元回归分析拟选变量

变量	变量解释（1978~2006）	计量单位备注
AGGDP	第一产业增加值/第一产业就业人员数	元/人
INCOME	农村居民家庭从事农业生产人均收入	元
SA	农作物总播种面积/第一产业就业人员数	公顷/万人
IA	有效灌溉面积/第一产业就业人员数	公顷/万人
HF	农用化肥施用量/第一产业增加值	千克/万元
MACH	农业机械总动力/第一产业增加值	千瓦/万元
ELEC	农村用电量/第一产业增加值	千瓦时/万元
CF	财政支农支出/第一产业增加值	元/万元
APPI	农产品生产价格指数	上年=100

注：农产品生产价格指数在2002年以前为农副产品收购价格总指数。

表7-15的变量中，人均有效灌溉面积和人均农作物总播种面积反映了农业生产的土地投入。农用化肥施用量、农业机械总动力和农村用电量在一定程度上反映了农业生产的投入水平。将它们与第一产业增加值之比纳入解释变量的选择范围，以反映农

业生产的单位产出所需的资本投入量。其中，农村用电量指标还在一定程度上反映了农业和农村现代化的程度。财政支农支出与第一产业增加值之比反映了财政支农的规模和力度。农产品生产价格指数则反映了价格、通货膨胀等因素对农业生产的影响。我们将对拟选变量进行对数化处理，在此之前我们对上述拟选变量均进行了计量单位调整，以保证对数化处理以后的数值保持原来的意义。经过对数化处理以后的变量分别记为：Laggdp、Lincome、Lsa、Lia、Lhf、Lmach、Lelec、Lcf、Lappi。

为了选择合适的变量进行回归分析，本书采用 SPSS 软件提供的 Stepwise（逐步回归法）。该方法的原理为：首先设定判别标准，选择符合判别标准且对因变量贡献最大的自变量进入回归方程，接着根据向后剔除法，将模型中 F 值最小且根据判别依据认定应该剔除的变量剔除出模型，重复以上操作直到回归方程中的自变量均符合进行模型的判别标准，模型外的变量都不符合模型的判别标准为止。

经过逐步回归所得到的回归方程是否合理呢？这就需要我们进一步对被解释变量和解释变量之间是否存在协整关系进行检验。我们运用 EViews 软件提供的 ADF 检验来判断估计残差序列是否平稳，以此来确定回归方程的变量之间是否存在协整关系，同时也可以依此判断模型设定是否合理。在进行协整检验之前，我们将对所选用的一切变量进行单位根检验，以确定所选变量是否为平稳序列。

选取的数据来自《云南统计年鉴》、《新中国 55 年统计汇编 1949~2004》和《中国农村统计年鉴》。

（2）Granger 因果检验方案设计

为了进一步分析云南财政支农支出的规模、结构和农民增收以及城乡差距之间的关系，本书在进行多元回归之后，将选择相关指标进行 Granger 因果检验。

由于 CFS 的数据在 1978 年出现异常，为了提高检验效果，我们将对变量 GAP 和 CFS 的取值期间定为 1979~2006 年，其他变量的取值期间为 1978~2006 年。所有数据都来自《云南统计年鉴》。

表 7-16　Granger 因果分析中所选变量

变量	变量解释
GAP	农村居民家庭人均纯收入/城镇居民家庭人均可支配收入
INCOME	农村居民家庭从事农业生产人均收入（单位：元）
CF	财政支农支出/第一产业增加值（单位：元/元）
CFP	财政支农支出占财政支出的比重
CFS	（农林水气象等部门事业费+农业基本建设支出）/农业科技三项费用

3. 回归分析及其结果

（1）单位根检验

采用 ADF 和 PP 检验对拟选择变量进行单位根检验，ADF 单位根检验的结果表明，变量 Lappi 是 I（0）时间序列，即平稳序列；变量 Laggdp、Lincome、Lsa、Lia、Lhf、Lmach、Lelec、Lcf 经过一阶差分以后，都变成平稳序列，因而这几个变量都为 I（1）时间序列，即一阶单整序列。我们同时运用 PP 检验法进行单位根检验，检验结果与 ADF 检验结果一致，在此从略。

（2）逐步回归

尽管所选变量的水平值基本上都是非平稳序列，但它们的线性组合却可能是平稳序列。

经过逐步回归，我们确定了被解释变量 Laggdp 对应的解释变量为 Lsa、Lia、Lhf、Lmach 和 Lcf，它们的回归系数如表 7-17 的 Model5 所示；因变量 Lincome 相应的自变量为 Lsa、Lia 和 Lmach，它们的回归系数如表 7-18 的 Model3 所示。经检验，两个模型都不存在自相关和异方差现象。

表7-17 逐步回归的结果（被解释变量 Laggdp）

Model		Unstandardized Coefficients		Standardized Coefficients	t	Sig.
		B	Std. Error	Beta		
1	(Constant)	4.507	0.026		176.400	0.000
	Lsa	-1.006	0.017	-0.996	-60.049	0.000
2	(Constant)	1.629	0.197		8.265	0.000
	Lsa	-0.961	0.006	-0.952	-152.216	0.000
	Lia	0.977	0.067	0.091	14.617	0.000
3	(Constant)	1.521	0.171		8.893	0.000
	Lsa	-0.941	0.008	-0.932	-114.911	0.000
	Lia	0.903	0.061	0.085	14.745	0.000
	Lcf	0.098	0.030	0.028	3.243	0.003
4	(Constant)	1.488	0.156		9.572	0.000
	Lsa	-0.861	0.033	-0.853	-26.152	0.000
	Lia	0.885	0.056	0.083	15.826	0.000
	Lcf	0.120	0.029	0.035	4.171	0.000
	Lmach	-0.155	0.62	-0.076	-2.493	0.020
5	(Constant)	1.170	0.186		6.285	0.000
	Lsa	-0.871	0.030	-0.862	-29.276	0.000
	Lia	0.967	0.059	0.091	16.311	0.000
	Lcf	0.131	0.026	0.038	5.017	0.000
	Lmach	-0.203	0.059	-0.100	-3.464	0.002
	Lhf	0.033	0.013	0.041	2.576	0.017

a. Dependent Variable：Laggdp.

由于我们所选用的变量均为时间序列变量，任何一个回归方程的因变量与自变量之间是否存在协整关系，这是我们判断所选用的模型和方法以及由此得出的拟合方程稳定与否的标准之一。

由于检验回归方程的残差序列是否是一个平稳序列,我们将使用该方法对所得方程(表7-17的Model 5和表7-18的Model 3)的拟合残差进行平稳性检验。ADF检验结果显示,在1%的置信水平下,上述两个方程的残差序列都不存在单位根,即残差序列是平稳的,因而这两个回归方程都不是伪回归(见表7-19)。两个方程各自的被解释变量和解释变量之间存在稳定的均衡关系。我们同时运用PP检验法进行单位根检验,得到的结果与ADF检验一致,在此从略。

表7-18 逐步回归的结果(被解释变量Lincome)

Model		Unstandardized Coefficients		Standardized Coefficients	t	Sig.
		B	Std. Error	Beta		
1	(Constant)	4.043	0.041		98.678	0.000
	Lsa	-0.945	0.027	-0.990	-35.158	0.000
2	(Constant)	0.263	0.617		0.427	0.673
	Lsa	-0.886	0.020	-0.928	-44.787	0.000
	Lia	1.283	0.209	0.127	6.129	0.000
3	(Constant)	0.292	0.552		0.529	0.601
	Lsa	-1.168	0.106	-1.224	-11.001	0.000
	Lia	1.286	0.187	0.127	6.872	0.000
	Lmach	0.577	0.214	0.299	2.693	0.013

a. Dependent Variable:Lincome.

(3)回归结果分析

对表7-17和表7-18的逐步回归结果的分析如下所示:

①有效灌溉面积和人均农作物总播种面积

云南人均有效灌溉面积对人均农业GDP和农民从事农业生产所得收入都产生了正效应,而人均农作物总播种面积却对它们产生了负效应。

表7-19 估计残差的单位根检验结果

变量	检验类型 （C，T，L）	ADF检验统计量	结论
表7-17的Model 5的估计残差	(0, 0, 0)	-3.955401***	平稳
表7-18的Model 3的估计残差	(0, 0, 0)	-3.885327***	平稳

注：(1)（C，T，L）表示检验模型含有截距项，趋势项，滞后阶数为L；(2)***、**和*表示对应1%、5%和10%的显著性水平。

人均有效灌溉面积增长1%，引起人均农业GDP、农民从事农业生产所得收入分别增长0.967%和1.168%。产生这种正向影响的可能原因如下：云南农业自然灾害频繁且伤害较大，在广大农村地区流传着"水灾一条线，旱灾一大片"的说法。这从一个侧面反映了干旱给云南农业生产带来了极大的损害。灌溉面积的增大，有助于降低干旱带来的损失，提高了农业生产的收益。

人均农作物总播种面积增长1%，致使人均农业GDP、农民从事农业生产所得收入分别下降0.871%和1.168%。这一方面可能是由于增加播种面积的同时，对土地的资金等要素投入也要相应增加，然而，增加播种面积所带来的农业生产的边际收益低于其边际成本；另一方面可能是由于土地边际报酬递减规律在起作用，在同一块土地不断追加某种要素的投入带来了边际报酬的下降。

②农用化肥施用量、农业机械总动力

除了单位产出的农村用电量对人均农业GDP和农民增收的影响都不显著，其他资本要素对它们有着截然不同的影响。单位产出的农用化肥施用量对人均农业GDP有影响，而对农民从事农业生产所得收入的影响却不显著；单位产出的农业机械总动力对农业经济增长的影响是负方向的，而对农民收入却有正方向的影响。

从表7-17的回归结果可以看出，单位产出农用化肥施用量增长1%将引起云南人均农业GDP增长0.33%，产生这种正效应的可能原因是农用化肥的投放，提高了土地肥力，提高了云南农业产出水平。然而，由于化肥等农业生产资料价格的上涨提高了农业生产成本，使得农民没能从农业增产中获得明显收益。因此，对于农民来说，农用化肥的投入是缺乏效率的。

单位产出农业机械总动力增长1%，会引起人均农业GDP下降0.203%，却引起农民收入增长0.577%。对于农民来说，单位产出农业机械总动力的投入是有效率的，但对于人均农业GDP却产生了负效应，究其原因可能是：一是农业机械的投入对农业劳动力产生了一定的替代效应，这些被替代的劳动力却没能有效地转移出去，致使有限的耕地吸纳了过多的劳动力，最终导致人均农业GDP下降；二是在我国农地制度是平均分配、条块分割，这就使得土地流转受到限制，规模经营形成较难且规模化经营成本太高，使得农业机械动力投入的边际成本高于边际收益，从而降低了人均农业GDP的水平。

③财政支农支出

单位产出的财政支农支出（财政支农支出规模）对人均农业GDP产生了促进作用，而对农民从事农业生产所得收入的影响却不显著。财政支农支出规模增大1%，引起人均农业GDP增长0.131%。其中的原因可能是财政支农支出投入的增加带来了云南农业收益的提高，但是农民却没能从中受益。还有一个可能的原因：云南财政支农支出虽然在总量上逐年增大，但是相对份额（财政支农支出占财政支出的比重）却呈下降趋势，且财政支农支出主要是用于农林水气象等部门事业费的支出和农业基本建设支出，这些方面的投入可能并没能直接引起农民收入的增加。

4. Granger 因果检验

由于Granger因果检验要求进行检验的两个变量必须是平稳的，因而我们有必要先对所选变量进行单位根检验。

(1) 单位根检验

ADF单位根检验的结果显示，除了变量CFS为平稳序列，其他变量都是一阶差分平稳的，为一阶单整序列（见表7-20）。我们同时运用PP检验法进行单位根检验，得到与ADF检验一致的结果，在此从略。

表7-20 变量的单位根检验结果

变量	检验类型（C, T, L）	ADF检验统计量	结论
GAP	(C, 0, 0)	-0.567 612	非平稳
△GAP	(0, 0, 0)	-3.019 148***	平稳
INCOME	(C, T, 1)	-1.307 832	非平稳
△INCOME	(0, 0, 0)	-2.649 922*	平稳
CF	(C, 0, 0)	-1.657 363	非平稳
△CF	(0, 0, 0)	-6.882 553***	平稳
CFP	(C, 0, 0)	-1.668 485	非平稳
△CFP	(0, 0, 0)	-5.591 007***	平稳
CFS	(C, 0, 0)	-3.574 162**	平稳
△CFS	(0, 0, 0)	-7.843 376***	平稳

注：(1) △GAP表示GAP的一阶差分，其他类同；(2) (C, T, L) 表示检验模型含有截距项，趋势项，滞后阶数为L；(3) ***、**和*表示对应1%、5%和10%的显著性水平。

(2) Granger因果检验

经过单位根检验，我们将进一步考察变量之间的Granger因果关系。检验结果如表7-21所示。

Granger因果检验结果显示：(1) 反映农民从事农业生产所得收入的Income指标与反映财政支农支出规模的CF指标不存在因果关系；(2) 反映财政支农支出结构的CFS指标是反映农民从事农业生产所得收入的Income指标的Granger原因，反之不成立；(3) 反映城乡差距的GAP指标与反映农村支出结构的CFP指标不存在因果关系（见表7-21）。我们认为，云南财政支农支出政策存在一定的偏差。

表7-21 Granger因果检验结果

原假设	滞后期	F统计量	P值	结论
△INCOME does not Granger Cause △CF	6	2.564 94	0.098 74	接受原假设
△CF does not Granger Cause △INCOME		3.096 80	0.062 49	
△INCOME does not Granger Cause △CFS	7	1.284 97	0.404 72	接受原假设
△CFS does not Granger Cause △INCOME		8.936 36	0.014 14	拒绝原假设
△GAP does not Granger Cause △CFP	8	2.698 58	0.298 40	接受原假设
△CFP does not Granger Cause △GAP		1.423 57	0.476 47	

注：(1)滞后期的选择依据AIC准则；(2)拒绝原假设的显著性水平为5%。

首先，从支出规模上看，财政支农支出规模不是农民从事农业生产所得收入的原因，说明云南财政支农支出的运用效率不高，其规模逐渐增大对农民增收的促进作用却不明显，这反映出云南财政支农支出的经济福利功能不强。

其次，就支出结构而言，财政支农支出结构是提高农民从事农业生产所得收入的原因，反之则不成立。增加与农业生产直接相关的财政投入，有助于提高农民的收入。出现这一情况的原因可能是云南农村和农业基础设施薄弱，严重制约了农村和农业经济的发展，公共财政资金的投入发挥很重要的作用。基础设施建设固然重要，但要更大程度地促进云南农民增收，有必要增加农业科技投入，以提高农业生产效率和发展速度。

最后，财政支出的城乡配置没能引起城乡差距的缩小，说明云南对财政支农支出的社会福利不够重视。云南拥有大量的农业从业人员，虽然从事农业生产的人口在云南就业总人数中所占比重逐年下降，但直到2006年该比重还接近70%。农村地区（特别是少数民族地区）大多比较落后，农民生活水平普遍不高，尽管收入水平不断提高，但相比于城镇居民的收入水平，农民的收入水平是在不断下降的，这说明云南城乡差距不断在扩大。为了实现云南的和谐发展，有必要改变公共财政支出的"二元结构"，重新调整财政支出的城乡配置。

5. 研究结论及政策建议

基于上述分析，本书得到以下结论：

首先，从支出总量看，云南财政支农支出的总量呈现增大趋势，其对当地农业经济增长起到促进作用，但是对农民增收的促进作用不显著。

其次，从支出结构看，云南财政支出投向农业的比重较小且呈下降趋势，城乡财政资源配置不公平；云南农、林、水、气象等部门事业费和农业基本建设支出在财政支农支出中所占的比重过高，而农业科技三项费用占比太低；财政资金的城乡配置没能实现城乡差距缩小的目标，其社会福利职能体现不足；财政支农支出结构促进农民增收，说明与财政支农支出投入到与农民进行农业生产直接相关的方面，产生了一定的经济福利。

基于以上结论，政府应该重视财政支农支出的经济和社会福利，提高财政资金的运用效率，多渠道引导资金进入农村，并不断优化财政支农支出结构。为了提高财政支农支出绩效，可以考虑以下几方面的建议：

（1）重视公共财政支出的社会福利。云南财政支出的城乡配置需要考虑到其是否有助于城乡差距的缩小，这对于云南经济社会的和谐发展是一个重要的课题。云南有必要不断提高财政资金的运用效率，将有限的财政资金进行有效调配，争取更多的公共财政资金进入农村，不断推动农村经济增长和农民增收。

（2）引导保险和财政资金共同支农。农村经济发展需要的资金只靠农民自有资金的投入和财政支农支出的支持是远远不够的，云南要积极引导私人资金和保险机构等的保险资金进入农村和农业，以填补农村资金需求的缺口。作为支农政策的两大工具，保险支农与财政支农要有机地结合起来，增强对农村和农业经济增长的促进力度。然而，由于逆向选择和道德风险存在的可能性，加上信用机制建设不完善，这些潜在的风险使得保险机构等进入农村的步伐放缓了。

（3）优化财政支农支出结构。云南在继续增加农民农业生产直接相关的农、林、水、气象等部门事业费和农业基本建设支出的同时，有必要提高农业科技三项费用在财政支农支出中所占的比重，这对于云南农村和农业经济的长期发展有着重要的意义。

（4）借鉴国际经验，调整财政支农政策。根据农产品生产价格指数和销售价格指数的变动，有针对性地对相关生产资料和农产品进行价格补贴。为了拓宽农产品的销售渠道，云南要加快农产品流通体系等方面的建设。

（5）注重农村和农业经济的可持续发展。农用化肥施用量的增加在促进农村经济增长的同时，也将带来相应的环境污染和食品安全问题。鉴于此，有必要加大对循环型农业和绿色农业的财政支持力度，并加大对相应的农业技术研发的资金支持。

7.3 云南农业风险管理概述

7.3.1 云南现行农业风险管理体制

农业风险管理体制是指在农业生产经营过程中，通过对各种农业风险的分析、识别、预测，运用适当的方法对各种农业风险源进行有效控制，以减少农业生产波动，保障农业安全和农民利益的一系列的经济管理活动。

农业风险事前管理：事前管理在农业风险管理体制中是一种积极主动的管理方式，从国外农业成功国家的实践来看，政府对农业产业自然风险这一方面主要采取的都是以事前管理为主的风险管理模式。而通行的事前风险管理手段主要包括以农业保险为主的有偿风险保障。另一种事前管理措施则是基于政府投入为主的农业基础设施的建设和完善，以提高农业物质技术水平和改善农业生态环境来提高农业自身的自然风险承受力。

农业风险事中管理：事中管理对于农业生产经营的主要方面在于对农业灾害信息的发布、农业生产技术服务、农业生产资料供应等。

农业风险事后管理主要是对农业风险造成的损失进行灾害补偿和救济。

建立系统的风险管理体制是对农业稳定发展的重要保障，但由于云南目前还没有具备和形成适应现代农业保险发展所需要的制度条件、经济条件、产业条件等，因此目前云南农业风险管理体制中的事前管理主要以云南省政府每年在农业基础设施建设、农业技术推广、农业抗病新品种研发上的投资为主，但总体投入资金有限，对风险的防范和分散作用不大；事中风险管理主要以农技推广为主，缺少相应风险信息监测发布机制；事后风险管理则为单一的政府救济。

7.3.2 云南现行的农业风险管理体制存在的问题

（1）政策性农业保险尚未建立，商业性农业保险仅覆盖少数地区少数农产品（如烤烟），在云南还未形成以农业保险为主的农业风险补偿机制。由于农业保险本身的性质所决定其弱质性，是造成农业保险目前困境的主要原因。关于我国农业保险的内在矛盾，已有许多学者进行过理论研究，主要包括：农业发展水平低下以及保险费率高昂与农民收入低下的矛盾（丁少群、庹国柱，1994；刘宽，1999）、农业保险的二重性（刘京生，2000）、农业保险的外部性以及道德风险和逆向选择问题（冯文丽，2003）。上述原因同样存在于云南的农业保险中，灾害救济仍为当前云南省农业风险处理方式中最为普遍的形式。

（2）农业经营主体只重视生产经营，轻视风险防范。各级政府在抓农业经济时，一般以农业产值和产量来作为衡量标准，很少以经济效益、生产投入、成本等技术指标来衡量农业发展。包括各级农业主管部门在内的农业部门主体，在实际生产、管理活动中对风险管理考虑或重视程度不够，没有有效风险管理活动。政府部门没有专业机构从事农业风险管理的研究，也没有必要的法律法规对农业风险管理的责任进行明确。各生产管理主体多重视正向的生产经营投入，忽视逆向的风险损失。

（3）以灾后救济为主的风险管理体制，属于事后的被动风险管理，不能起到有组织的风险防范效用，同时由于政府的财力有限，对于系统性的农业风险，灾后救济的力度相当有限，农民将不得不承担几乎全部的风险；另一方面，灾后救济主要针对自然灾害，而对于来自市场的价格风险，则没有相应的风险补偿机制对农民进行补偿。

（4）政府无偿救济无助于农民风险意识的形成，所谓"救急救不了穷"，助长农民侥幸心理。对抗御自然风险的需求随着农业商品化规模的扩大而增加，在商品化程度低下、小农生产为主的地区其抗风险的需求强度很低，加上侥幸心理的存在，使农民对抗灾设施建设失去关心，这同时也使云南农业商品化进程减慢，使市场机制在农业中的作用效果降低，对市场经济体制建设不利。另一方面，政府的救济常由于行政系统效率低的制约，使得农业救济不能很好地体现公正和效率，具体的表现有款项挪用、截留等。

（5）尚未建成真正意义上的农业技术风险管理机制，制约了农业技术的推广。随着农业产业化的发展，对新的农业技术的采用需要不断地追加投入，而新技术的应用效果与农业产品的市场表现并无直接联系，因而增加了新技术应用的风险。在目前农业技术推广体系中，农业生产者是农业新技术风险的最终承担者，这种状况进一步影响了新农业科技的应用，不利于农业弱势地位的改变。

（6）农产品市场体系不完善，农民面临更大的风险。云南近年虽已建立了一些专业的农产品市场，但由于市场体系和运行机制不健全，并不能有效分散市场和价格风险。一些有效的风险分散机制，如：期货交易、紧急保险、农业风险信息服务等尚未得到有效的应用。

总体上，云南普遍存在着农业高风险与农业风险管理低效率的困境，这一困境随着云南农业产业化向纵深的发展，而将凸显出来。

7.3.3 云南农业保险的历史回顾[①]

农业保险（种植业、养殖业保险）从新中国成立不久，就

---

① 王力宾：《云南农业保险业的现状、问题与对策研究》，《学术探索》，2001年7月。

由中国人民保险公司云南省分公司（以下简称"人保公司"）在全省范围内办理，1959年随国内保险业务的停办而停办。党的十一届三中全会以后，国内保险业再度兴起。人保公司以国有保险企业的体制，从支援农业的角度出发，于1982年开始进行了农险的尝试，到2000年已历经18年。在这18年中，经过起步试点、艰难曲折的探索过程，由于坚持了积极稳妥的试办方针，业务从无到有，种植业和养殖业保险已粗具规模。统计资料显示，1999年全省农险保费收入达到5 639万元人民币，占当年财产险保费收入的3.09%，全省农业保险金额达到10亿元，占当年财产险保险金额的0.312%；农业险已决案赔款金额为4 633万元，占当年财产险已决案赔款金额的4.87%。其余年份的各项指标如表7-22所示。从表7-22中的统计数字也可以看出，云南的农业保险虽具规模，但进展比较缓慢。从1995年至1999年的5年间，农业险的保险金额一直在10亿元附近波动，其金额占财产险保险金额的比重从未超过1%，且呈逐年下降的趋势；从保费收入看，1995年至1999年，农业险的保费收入也在5 000万元范围附近波动，其金额仅占财产险保费收入的4%左右，随时间的变动，农业险保费收入占财产险保费收入的比重也呈萎缩态势。

从保险险种看，目前试办的农业保险险种不少，但覆盖面很小。除个别险种（如水稻保险、烤烟保险）外，几乎没有成气候的险种。对全省经济和社会发展具有重要意义的主要农作物（如油菜、小麦、棉花等）和主要饲养动物（如生猪、奶牛、鸡、耕畜等）在生产过程中的风险，基本上没有或很少提供保险保障。有的边远县区和山区几乎没有涉足农业保险。从市场供给主体看，除人保公司外，其他商业性保险公司不愿意涉足农业保险领域，这主要是经营农险的风险大，农业保险业务赔付率高，商业保险公司难以从农险业务中获得利润。统计资料显示，1995年至1999年云南省农业保险的平均赔付率达到76.9%，各年份的赔付率如表7-23所示。

表7-22 云南省1995~1999年农业保险主要统计指标一览表

指标名称	年份	1995	1996	1997	1998	1999
保费金额	财产险（亿元）	1 309	1 415	2 766	3 722	3 198
	农业险（亿元）	9	8	13	12	10
	比重（%）	0.69	0.57	0.47	0.32	0.31
保费收入	财产险（亿元）	82 580	107 608	150 277	181 259	182 283
	农业险（亿元）	4 298	5 005	6 237	5 443	5 639
	比重（%）	5.21	4.65	4.15	3.00	3.09
已决案赔款金额	财产险（亿元）	41 256	69 896	74 137	91 084	95 095
	农业险（亿元）	2 528	2 851	5 572	5 314	4 633
	比重（%）	3.13	4.08	7.52	5.83	4.87

资料来源：《云南统计年鉴2000年》中国统计出版社2000年版。

表7-23 云南省1995~1999年农业保险业务赔付率一览表

指标名称	年份	1995	1996	1997	1998	1999
农业险保险收入（万元）		4 289	5 005	6 237	5 443	5 639
农业险已决案赔款额（万元）		2 528	2 851	5 572	5 314	4 633
农业险赔付率（%）		58.81	56.96	89.33	97.63	82.16

资料来源：根据表7-22中资料整理而得。

长期以来，农业保险因风险损失大、损失频率高，商业化经营举步维艰，难以全面为"三农"发展提供市场化的风险解决方案。在这样的背景下，中央财政的政策支持带来了一种制度性的变革，通过保费的补贴来鼓励农民购买保险，把市场化的风险分担机制建立起来。但是，如何完全发挥政策性农险"支农、惠农、助农"的作用，确保农民"受灾有保"，减少农民"因灾返贫"的几率，却依然是云南省面临的一个待解难题。有关人士呼吁——政策性农险需"大手拉小手"。俗话说"天有不测风云",对于靠天吃饭的农民来说,没有比天灾更让他们痛心和无奈的了。

2008年以来,云南省雨雪冰冻极端天气等自然灾害频发,农业保险的保障作用凸显出来。2008年上半年,全省农业保险保费收入1.29亿元,同比增长107.99%;赔付6 561.59万元,同比增长336.5%,其中,仅政策性能繁母猪保险一项,即支付赔款4 470万元。

显然,农业保险作为一种有效分散风险的手段,对于调动农民生产积极性,保障农民生产安全和农民增收,起到了"雪中送炭"的作用。

可实际情况却是:农民想投保,但交不起钱;农民能接受的,保险公司承担的风险又过高。高赔付导致了农业保险的赔本,赔本又制约了农险的开展和推广。由此,农业保险就在这样的怪圈中徘徊。

"在发达国家,得益于政府的强大支持,农业保险能够在充分发挥功能的基础上得以发展。而在我国,农业保险却是'烫手山芋'。"有业内人士这样形容。从2007年开始,一场猪肉涨价潮遍及全国。究其原因:最重要的一点是由于饲料涨价、风险无保,农民养猪意愿大为降低,生猪存栏数逐渐减少。

鉴于此,按照"政府主导、财政扶持、市场运作、自愿参保"的原则,以中央财政支持50%,地方财政承担30%,养殖户承担20%的保费筹集方式,政策性能繁母猪保险应运而生。

家住孟连县娜允镇允山村二社的拉祜族农户娜朵一家大半辈子以种地为生,过着基本解决温饱的日子。自2006年起,她家先后养了两头能繁母猪,靠卖小猪崽有了一些收益,为全家带来了笑声。2007年底,其中一头母猪得败血症死了,让她损失不小。但令她欣慰的是,2007年10月国家对养殖能繁母猪好政策的出台,她家的两头母猪都买了保险,人保财险孟连支公司及时赔偿了1 000元。而每头60元的保险费,她只出了12元,国家就补贴了48元。

"保险的功能是分担和补偿损失,而政策性农业保险就是在政府的支持下通过保险这一风险管理手段，帮助农民把农业风险降低到最小。"云南保监局财产保险监管处的彭博向记者解释道。

据了解，2007年，中央对云南省能繁母猪保险保费补贴7599万元，省级财政落实配套资金2780万元，各州市县财政配套了1779万元，已为全省253.3万头能繁母猪系上了"安全带"，以能繁母猪为载体的单项农业保险市场化风险分担机制得以初步建立。

2008年，省级财政已在农业厅部门预算中安排能繁母猪补贴资金6000万元，奶牛发展资金2000万元（用于后备奶牛补贴、奶牛保险等）。同时还安排了500万元的农业保险专项资金，用于开展种植业保险的省级试点工作，计划选择甘蔗、茶叶等品种开展省级种植业保险试点工作。

尽管云南省政策性农业保险试点有了成效，但险种不足、覆盖面不广的问题依然突出。由于云南省不属于全国6个政策性农险的试点省（区）之一，目前云南省仅有能繁母猪险和奶牛险被列为中央财政补贴险种。水稻、玉米等作物，因种植分散，规模不大，尚未争取到中央财政的支持。其他的农业保险业务均采取保险机构自营模式，即由保险公司自主经营、自负盈亏，主要险种包括烟叶种植险、森林火灾险、橡胶树险、甘蔗种植险和农房保险。

"与其他种类的保险相比，农业保险的社会公益性决定了其更需要政策扶持。"中国人民财产保险股份公司云南分公司农险部的负责人认为，补贴农险保费的方式可以使财政投入的资金，通过保险机制得到乘数倍放大。因此，农业保险应坚持"政策扶持、商业运作"的战略原则，适当调整各级财政对保费的补贴结构，同时通过立法等措施逐步完善农业保险的经营模式。

目前，大多数保险公司都倾向于"政府推动、政策支持、单独立账、资金封闭管理、保险公司代办"的模式。因为实行这种模式，保险公司的收益虽然不高，却不用承担风险。可是，在中央财政大力扶持的前提下，与保险公司参与的热情相反，基层政府部门却表现得不够积极，各级财政对农业保险的扶持政策存在一定程度的"倒挂"现象。

云南省财政厅农业处分析，水稻、玉米等农作物产值较低、附加收益不高，加之有的地方财政仍处于"吃饭财政"，财力较弱，现行农业保险保费补贴政策需要从县级财政资金里挤出一块，加重了农业县的财政压力。据介绍，基层对参与农业保险的积极性呈现两大特征：农民对收益较高、风险较大的农产品投保积极性高；地方政府对当地支柱型种植、养殖业投保则表现出很大兴趣。

云南省农村贫困人口绝对数大、贫困程度深、返贫率高、贫困人口分散、支持力量薄弱、对自然灾害和意外事故抗风险能力差，农民既无力承担商业性保险的高保费，又对政府依赖性过强、风险防范意识淡薄，更使得保险有效需求不足。

目前，由于全国各地农业经济发展水平不一，财政等各项扶持力度存在差异。就云南省而言，尽管拟开展地方性政策农业保险试点工作，但在推动工作开展的组织领导、品种选择、政策支持等方面仍缺乏相应的统筹发展规划，难以形成保证云南省农业保险工作长期发展的机制性安排。从而使政策性农业保险不但"先天发育不好"，且"后天营养也不良"，"支农、惠农、助农"作用难以充分发挥。"仅凭一两个部门来推动这项工作是很难的，协调起来很难。但牵头太多也不行，头越多就往往会造成最终没'头'。"一业内人士无可奈何地说。目前，由于没有省里的制度性安排，云南省的政策性农业保险产品零零散散，标准不一，推动艰难。

就拿农房保险来说，由于没有统一的政策支撑，云南省的农房保险便出现了各地参保情况、保额不一的状况。同样差不多的一间农房，仅一条沟之隔，所属州（市）不同，赔付的金额便有所不同，最高的已到6 000元，而最低的只有2 000元。

在希望政府"拉一把"的现状下，云南省财政厅已向云南省政府建议成立省级政策性农业保险试点工作领导小组，由省政府分管领导挂帅，由省财政厅、农业厅、保监局、省金融办、民政、地税、人保等10部门为成员单位，负责研究制定全省农业保险政策，协调各部门，决定农业保险工作的重大事项。

目前，我国尚没有明确的关于农业保险的法律法规，仅《保险法》第155条有"国家支持发展为农业生产服务的保险事业，农业保险由法律法规另行规定"。2008年，财政部下发的《中央财政种植业、养殖业保险保费补贴管理办法》为政策性农险提供了相关制度保障。农业保险的高风险性更多地体现在较长周期内。从中外经验看，一次大面积的灾害，往往会吃掉农业保险多年的积累。

"虽然我们已经开展农业保险业务20多年，但该业务多数年份都是负债经营。"分析个中原因，主要原因是我们的承保面太低，达不到保险大数法则的要求，规模小，一旦遭遇大面积自然灾害，农业保险自身微薄的准备金很难补偿其损失。云南要是一味依赖政府大包大揽的风险管理与应急机制，往往造成风险管理的被动局面与单一格局。如果采取让保险公司"外包"的模式，通过设到村镇的保险机构提供农业风险保障服务，管理会更规范，承保范围也会更广。推广农业保险应采取几条腿同时走路的方针：对部分关系国计民生、收益不高的产业，如水稻、玉米等，应突出政府扶持作用；对经济附加值较高、有一定赢利能力，符合保险大数法则的产品，可采取保险公司代办或保险公司与政府联办的模式。

由此看来，要走好政策性农业保险这盘棋，似乎还需要打一套完整的"组合拳"，更需要由政府的"大手"拉一拉农户的"小手"，从而增加政策性农险的保障效应。这样，不但做到了事后的"送炭"，还完善了事前的"添花"，让农户得保障、保险公司有"饭"吃、政府减了负。

7.3.4 云南农业风险管理困境的原因分析

农业风险频率越来越高，风险损失程度越来越大，而现行风险管理方式在实践中却表现出明显的低效率。出现这种状况的原因主要来自两方面：一方面是现有农业风险管理体制没有与农业风险建立起有效的作用机制，另一方面则是由于云南未能有效建立以农业保险为主，政府救济为辅的风险管理体系。

1. 现有风险管理方式不能解决风险类型之间复杂的作用机制

来自于风险管理体制与农业风险之间复杂作用机制的原因主要是由于,当前云南采取的风险管理方式一般是简单地针对某一风险类型,忽略了风险管理方式之间的协调性和关联性。然而不同风险类型之间会相互作用、相互影响,这便形成了农业风险之间的复杂作用机制。然而,相对应的风险管理方式却是基本孤立的。这可以从下面三方面进行说明:

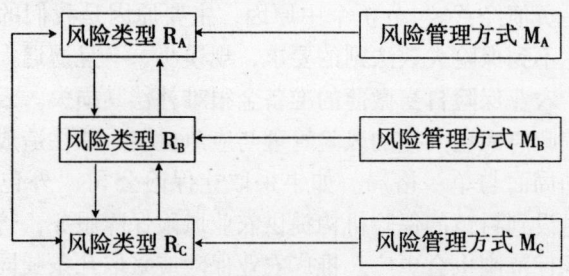

图7-3 农业风险与农业风险管理方式的作用机制

(1) 农业风险类型的关联性

不同类型风险之间以复杂的关联性作用于整个农业生产经营过程。干旱、洪水等自然风险直接导致农业产量和质量下降,从而影响市场供求平衡,推动农产品价格的波动,市场风险加大;市场价格波动会作用于政策的制定,而制度变迁能否符合客观需求的不确定性会增强制度风险,如我国粮食流通体制的反复便是在粮价波动下催生的;技术创新和应用自身具有风险的同时,一方面会传递市场风险,另一方面也可能推动制度变迁,如转基因农产品会通过产量的增加影响价格,并可能带来农产品安全和市场准入制度的变化;资产风险会影响农户的投资决策,改变他们的市场参与方式,同时专用性资产带来的问题也会刺激技术和制度的变迁。

(2) 农业风险管理方式的孤立性

农业风险管理方式基本处于相互孤立的状态,缺乏一定的协调性和关联性。如果单独处理一种农业风险,相对应的风险管理方式也许能产生有效的作用,但由于风险之间复杂的相互作用会使某种风险放大,在此情况下孤立的风险管理方式将表现出低效率。仅仅针对某种程度的市场风险,价格支持措施可能会较好地稳定市场,但当面临自然风险的冲击时,仍保持原来的价格支持水平将难以得到预期的效果;在一定的制度环境下,某一风险管理方式能够稳定农业投入和生产,但当制度变迁发生后,它的有效性则可能会受到影响,如土地承包经营制度的变化可能会削弱生产资料补贴和技术推广的效果;市场波动状况变化,制度的有效性和稳定性也可能会受到影响,如粮食直补政策的效果将被生产资料价格波动大幅度削弱,这种政策稳定性将受到冲击。

(3)农业风险管理方式与风险防范的排斥性

在一定条件下,农业风险管理方式与农业风险防范可能会存在内在的排斥性,甚至会放大某一风险对农业的冲击,或者说农业风险管理方式自身也存在着风险,即"农业风险管理方式的风险"。当面对自然风险而孤立采用灾害救济时,很可能会由于道德风险和逆向选择的问题而改变农户的决策行为,从而导致资产风险的上升;为降低市场风险而采取的价格支持措施有可能会改变政府政策选择偏好,带来制度变迁的不稳定,如最低收购价可能会阻碍农产品流通体制改革的稳定实施;为降低技术风险而加大技术投资和推广力度,有可能会带来农产品价格的更大不确定性以及农产品市场制度的不稳定。

农业风险类型的关联性与风险管理方式之间的孤立性是导致我国农业风险管理困境的根本原因,认清这一根源是解决困境的前提。

2. 未能建立起以农业保险为主、政府救济为辅的风险补偿体系

农业保险是发达国家用以稳定农业的成熟手段,也是WTO组织"绿箱"原则的主要支农手段。但由于云南农业经济发展水平还处于一个较低的水平,政府目前的财政支农资金还不足以支持起全省政策性农业保险的开展,因此建立国际通行的政策性农业保险以稳定农业的思路还未得到贯彻。这就造成了云南农业风险管理方式单一,保障效率低下。

7.4 云南农业产业化发展状况

自改革开放以来,云南农业的发展与全国一样,经历了联产承包制改革带来的农业高速增长期(1979~1984年)、农业波动调整期(1985~1999年)、农业平稳调整期(2000年至今)。在经历了近30年的农业改革探索后,云南明确了农业发展的基本思路:人口与资源相互协调,农业资源有效配置,集约化经营;发挥区域资源优势,建立特色农业,促进区域经济结构平衡发展;建立现代农村市场经济体制,发展高效生态农业;提高农业劳动生产率,实现传统农业向现代化农业转变。

7.4.1 农业产业化理论

1. 农业产业化的内涵

农业产业化在我国的提出,是随着农村经济体制改革的一步步深化而逐渐被认识,其概念及内涵也是在这一过程中逐渐被明确和完善的。从改革开放到20世纪的80年代末,随着我国农业经济专业化程度的提高、商品经济的发展,政府曾提出过以农产品专业化商品化生产为基础,进而形成农产品生产、加工、包装、运输、储藏、销售的产业循环。到20世纪90年代,《人民日报》在1995年12月11日的《论农业产业化》的社论中正式引用该名词,1996年全国人大八届四次会议批准的我国《国民经济和社会发展"九五"计划和2010年远景目标纲要》中,明确提出了"大力发展贸工农一体化,积极推进农业产业化经营"。

现在理论界对于"农业产业化"的提法仍有争议或者说提法不一,但实质是相同的。具体地说,农业产业化是一种新型的农业生产管理和经营方式,是以市场为导向,以实现农业经济总效益最大化为中心,以专业化生产、区域化布局、一体化经营、社会化服务、公司化管理体现经济、社会、生态效益的统一,实现农业农村经济的可持续发展。

从改革实践上看,农业产业化是改革目标,是从国民经济整体运行的角度来设计农业产业的发展方向;从经营管理的角度看,农业产业化是一种有效经营管理模式,具体模式有多种,如

"公司+农户"、"专业协会+农户"、"农场+农户"、"企业+基地"等;从产业结构演进的角度看,农业产业化是一个动态的发展过程,是产业结构和组织形式不断演进变迁的过程。

2. 农业产业化的理论基础

与人类社会的其他经济现象一样,农业产业化的形成与发展有其内在的经济规律,目前为世界各国的农业产业化提供经济学解释的理论体系主要有以下五种:

(1) 制度变迁理论

新制度经济学认为,人类社会存在一系列影响人们经济行为和资源配置方式的产权法规和经济组织形式以及控制社会生产分配交换的政治规则和经济逻辑。为了达到财富最大化,经济主体会在各种可能的规则中寻求最优的规则结构和组织方式,从而引起产权结构的变革。用以衡量财富最大化的交易成本的高低是推动产权结构或制度变迁的主要因素。根据制度变迁理论的描述,农业产业化可以看成是一种为寻找最小交易成本而进行的更合乎经济发展规律的制度创新。

制度变迁理论同时认为,由于科技的进步使生产率进一步提高,而生产力水平的提高要求有一系列生产专业化和非相关个体间的交换网络来使产出达到最大边界,为使这种交换过程的交易成本能够维持在可操作的水平上就需要适宜的制度结构支持。

因此,农业产业化之所以会出现,是由于技术进步和市场变化等因素,使原先的农业制度无法满足"财富最大化""交易成本最低"的要求,从而促使新的经营方式的出现,这被称为"诱致性制度变迁"。随着我国市场经济体制进一步建立和完善,原有的以家庭经营为主的农业生产方式已不能适应大市场的要求,发展农业产业化可以更有效地对农业生产进行组织,农业产业化下的制度安排更有利于解决农村经济体制改革中出现的各种矛盾。

(2) 规模经济理论

规模经济,又称规模节约或规模利益,是指因生产或经营规模扩大,平均成本下降、收益上升的趋势。马克思较早地提出了规模的经济性观点:"在其他条件不变时,商品的便宜取决于劳动生产率，而劳动生产率又取决于生产规模。"西方经济学认为，规模经济是由以技术进步为主体的生产诸要素的集中程度决定的。农业生产技术和生产工具的进步，必然导致农业的生产规模不断扩大。农业产业化是实现农业规模经营的一条重要途径。它通过集中化、专业化、一体化生产形式，不仅有利于扩大经营主体的规模，还有利于形成关联产业群体的优势。发达国家的农业产业化，都是走的规模经济道路。邓小平同志在20世纪90年代初期就提出了我国农业和农村发展的"两个飞跃"的战略思想，认为，在实现第一个飞跃之后，为与科学种田和生产社会化相适应，需要发展规模经济，发展集体经济，实现第二个飞跃。目前，我国农业经营规模尚小，平均每户才0.5公顷，与日益发育的大市场的矛盾渐趋尖锐。因此，我国农业实行规模经营显得十分紧迫。从理论上讲，充分利用规模经济大致有两条途径：一是扩大经营主体的规模。可以通过建立合理的土地流转机制等途径，逐步推进适度规模经营。二是靠产业群体内各经济主体的联合来实现。这种联合本身不一定就是一个经济实体，而是通过基地把众多农户连接起来，再由龙头企业带基地的形式，使各经营主体或利益主体形成原料、产品、资金、技术、服务等多层次依赖关系的生产经营组织或系统。在其内部，尽管单个农户规模小，但由于它参加了整个组织或系统的分工协作，避免了独立进入市场的许多障碍，可以大大提高生产率，因而使整个产业系统获得系列效应或规模优势，取得良好的经济效益。

（3）分工协作理论

在分工基础上进行协作，是生产社会化、一体化和社会生产力发展的标志。一切形式上的分工，都是劳动者劳动的较高的社会结合方式，是社会生产力发展的内在要求和必然结果，同时，又进一步促进了生产的社会化、专业化和社会生产力的提高。农业产业化是根据生产社会化的需要，客观上要求其内部各环节、各领域、各经营主体进行分工与协作。发达国家的生产专业化，使其农业产业化分工与协作的水平达到了很高的程度。这种专业化主要包括地区专业化、农场专业化、部门专业化和工艺专业化四种类型。如美国的农场专业化，到1969年，以生产一种产品为主的专业化农场已占90%以上，仅此一项，使美国农产品大约增产40%，而成本降低50%~80%。而其经济的一体化形式又使其内部各主体既分工又协作，实现了各环节的有机结合。我国农业产业化迫切需要深化分工与加强协作。目前，我国农业大部分仍是传统的生产方式，家庭经营、自给自足，分工协作水平低，与关联产业缺乏有机的联系。因此，很有必要走产业化道路，形成科学的产业结构与生产体系。其内部分工与协作的大体思路是，农户主要搞种养，基地把千家万户连接起来，再由龙头企业负责加工与销售，协会、合作组织等服务机构提供产前产后全过程的系列化服务，形成"一条龙"的经济格局。

(4) 利益引力理论

利益驱动是农业产业化的动力源泉，是由计划农业向市场农业转化、由传统农业向现代农业过渡的基本价值趋向转变的重要特征。它是市场经济的一般规律，历史上对市场经济的发展起了巨大的推动作用。马克思就曾明确指出："人们奋斗所争取的一切，都同他们的利益有关。"社会主义市场经济也不能抹杀利益原则，同样需要发挥利益驱动机制的作用，这种作用在构建农业产业化时显得尤为重要。农业产业化本身包括多个利益主体，如公司、农户等，它们之所以会组织起来进行一体化生产，关键在于都是以追求利益最大化为其经济活动的目标，在于利益引力所致。作为独立的经济个体，农户既有强化个人独立性的要求，又有趋向互相联合的愿望。这种矛盾心态既出于自身利益的考虑，又决定了农业产业化群体的特殊性。首先，产业化群体的联合必须针对农户生产经营的缺陷，如进入市场的障碍、技术和资金的匮乏、信息不灵、规模太小、竞争实力弱等。其次是产业群体内农户的趋利性，即放弃其独立来换取内在需求。同样，公司参加产业化生产也有自己的利益要求。因此，利益吸引是产业化群体各方联合的契机和保证，其引力越大，之间的联系程度就越牢固。根据此理论，在发展产业化过程中必须坚持自愿互利的原则，切实考虑各方的利益要求，不能强制命令。只有这样，农业产业化才能具有引力和活力。

(5) 比较效益理论

在一定的生产条件下,由于质的差别,不同产业的获利不一定相等。传统理论一般认为,农业相对于其他产业,其比较效益低。农业比较效益低,一般认为是由其自身和社会的双重弱质性所决定的,即农业不仅受制于社会生产力,而且还受制于自然力的作用。从自身的性质与特点而言,它既要靠"天"又要重"地",与非农产业比,有着天然的弱点。从社会性而言,传统农业条件下的农业主体自身素质低,具有进入市场的障碍,生产工具依赖和落后于工业,生产经营的社会化程度远低于其他产业。因此,传统农业在市场竞争中表现出明显的劣势属性,仅能获得社会平均利润,所以比较效益低。但是,马克思在研究不同历史发展阶段上农业生产率与工业生产率的关系时发现,农业生产率低于工业只是一个特定的历史现象,并非人类社会的一般规律。当今的经济学家们分析认为,如果从基础生产到最终消费的产业化综合效益计算,农业是最有前途,同时也是获利较高的产业之一。也就是说,农业比较效益并非一定低于其他产业。在现有市场经济条件下,以生产经营服务专业化、一体化、社会化为特征的农业产业化使农业的许多弱点得到了根本性的改变,大大提高了农业的竞争地位和比较效益。现在,发达国家的农业生产率一般不低于其他产业。美国一个农业劳动力具有养活 3 个人的能力,其直接从事农业生产的人口虽然只有 2%~3%,而被称为"食物—纤维系统"的农业关联产业系列的产值却占了全国 GDP 总量的 1/5 左右。就业人口也占就业总数的 1/5 左右。在全球排名前 10 位的大型财团企业集团,就有 4 家是以农业为基础的食品企业集团。目前,一般认为我国农业比较效益仍然低。如果加快推进我国农业的产业化进程,这种状况将会得到改变。据有关资料分析,改革开放以来,农业正在成为国民经济五大物质部门中利润最高的产业,由 1978 年的 5.16% 提高到 20 世纪 90 年代的 60% 左右,高于工业平均值的 1 倍。如果创造有利条件,加快农村剩余劳动力向关联产业或二、三产业的转移,农业劳动生产率和人均收入也会大幅度提高。这样,随着自身的和社会的其他条件的改善,我国农业也就不再是弱质或低效益产业了。

3. 农业产业化的构成要素

从实践运行角度分析，农业产业化经营实质上是农业产前、产中、产后各个环节的要素的有机组合及其发展，这些要素的不同组合与发展，构成了农业产业化经营的不同发展类型，丰富了农业产业化的内容。

农业产业化经营构成要素有：

（1）市场

市场是农业产业化经营的前提和基础，只有具备有市场及市场发展潜力较大的情况下，才有可能推进农业产业化经营。农业产业化经营中的市场从其范围看包括本地市场、外地市场、国内市场和国外市场，从发展要求来看，推进农业产业化经营不仅要立足于本地市场、国内市场，更要注意开拓外地市场、国外市场，形成自己的市场品牌，在更大范围、更高程度上占有市场，才能使产业化经营长盛不衰；从市场性质看，包括产品市场和要素市场，产业化经营比较注重产品市场的开发，这是重要的，但也不能忽略要素市场的建设和开发，比如种子种苗的供应市场、技术市场等，如果没有相应的发育和发展，也会阻碍产业化经营；从市场的内涵看，存在现实市场和潜在市场两种，农业产业化经营要立足于现实市场，通过营销创新等途径，积极参与市场竞争，更重要的是应注意开发潜在市场，适应人民群众和社会发展对农产品需求的不断变化，培育自己的品牌产品，形成市场优势。市场划分是相对的，推进农业产业化经营首先要以市场为导向，着力开拓市场，培育市场，按市场规律办事，找准市场才能取得成功。

（2）主导产业

主导产业是指能充分利用当地资源优势和资源潜力，布局合理，市场需求旺盛，前景看好，在产业结构演变中处于主导地位并有继续发展潜力的产业。农业产业化经营是围绕着主导产业进行的，主导产业是产业化经营的核心，必须选择好主导产业，选择时应注意：一要以市场为导向；二要发挥资源优势，充分合理地利用本地资源；三要具有产业的关联效应，选择带动性强的产业为主导产业，并能形成较长的产业链；四是比较利益显著，能带动区域经济发展和农民收入提高；五是布局合理，避免区域产业雷同和重复建设。培育和发展主导产业要统筹规划，突出区域特点，形成特色产业，要注意把握3个重点：①立足对现有传统产业的改造和创新；②积极发展新兴主导产业；③注重特、新、稀产品开发，形成名、优、高产品系列。

(3) 龙头企业或经济组织

农业产业化经营要有一定的载体和组织，才能把农户与市场联结起来，将产前、产中、产后连接起来成为产业链。这个载体和组织就是龙头企业或经济组织，这是农业产业化经营的关键，必须十分注意培育和发展龙头企业与有关的经济组织。一是要提高农民组织化程度、引导农民（特别是农村经营能人）积极发展农产品加工、运销，发育成为龙形实体；二是开展乡镇企业二次创业，推动农业产业化经营；三是发挥农村各类合作经济组织和国有农业企业的作用，带动农业产业化经营；四是发挥城镇工商企业资金、技术、市场的优势，鼓励它们与农民合作进行农业综合开发，积极参与产业化经营；五是通过改制，组建区域性专业经济实体；六是扩大农业对外开放、招商引资，进行产业化经营。培育和发展龙头企业和经济组织要有相应的扶持和优惠政策，同时要积极发展与之相配套的农产品加工及运销体系，深化经济体制改革，解决好部门间利益分割的问题。

(4) 商品生产基地

商品生产基地是指面向市场，进行连片开发，达到较大规模，生产某种或某类农产品的体系。农业产业化经营要获得良好的经济效益，带动农民增收和农村经济发展，必然要形成规模经济，进行集约化经营，就需要建立和发展农产品商品生产基地，这是农业产业化经营的依托，是主导产业形成的必然结果。要根据规模化、专业化、区域化的总体要求，搞好基地基本设施建设，促进基地的科技进步，按照"围绕龙头办基地，突出特色办基地，连片开发建基地"的总体思路，积极推进以农村家庭联产承包经营为基础，单体成规模，总体成区域的农产品商品生产基地的建设。

(5) 农户

农户家庭联产承包经营是我国农村基本经营制度,将长期保持不变。因此,农户是农业产业化经营的基础,是农业产业化经营的主体之一。农业产业化的目的在于解决分散的家庭经营与大市场的矛盾,解决农户经营规模狭小与农业现代化的矛盾,解决农业剩余劳动力就业问题,提高农业比较利益和增加农民收入,促进农业和农村经济的持续稳定发展。要达到这些目的,产业化经营就不能将农户排斥在外。各种产业化经营组织要尊重农民意愿,根据自愿、互利原则与农户签订合同、协议,建立有效的联合机制和经济共同体,把农民组织起来,改善家庭经营,积极参与市场竞争,提高农业产业化经营的构成要素与发展类型农业经济效益,增强农业的自我积累和自我发展能力。

(6) 契约关系

农业产业化经营涉及多个主体,存在多方利益关系,范围包括产业链的各个环节,要结合成经济联合体,动因是共同利益,纽带是契约关系。明确而有效的契约关系是农业产业化经营发展必不可少的重要条件,如果没有这种契约关系,各个利益主体相互割离,呈现竞争状态,处于对立地位,就不是严格意义的产业化经营,不利于农业产业化发展,甚至会阻滞农业产业化进程。所以要十分重视。强调督促产业化经营各方签订具体明确的协议合同,规范合同的管理,理顺各方利益关系,保障各方合法权益,这样才能使农业产业化经营有序健康的发展。

4. 农业产业化的运行机制

农业产业化的运行机制是组成产业化经营系统的各构成要素之间相互联系、相互制约共同推进农业产业化的条件和功能。它包括组织机制、决策机制、利益分配机制、约束机制和保障机制等。

(1) 内部连接机制

产业化是一种龙形的经济体系。它上连国内外市场,下连龙头企业、中介组织、生产基地和千万家农户,因此,以何种方式连接是至关重要的。在龙形的生产经营体系中,龙头企业与农户的关系最为重要。在目前已有的产业化模式中,龙头企业与农户的关系大体可分为三种,即市场交易关系、合同契约关系与股份合作关系。市场交易关系是最为松散的连接关系。龙头企业与农户相互没有制约,龙头企业在购买原料时,没有固定的农户作为交易对象。农户出卖农产品时,既可以卖给这个企业,也可以到市场上直接成交,因而龙头企业对农户的带动作用是有限的。这种连接关系的松散性、不稳定性,无论是从企业利益还是从农户利益来说,都是需要逐步改变的。

合同契约关系是较为紧密的连接关系。龙头企业为自己原料的稳定供给和质量保证,往往与农户以签订合约的形式进行合作。签订合约的内容一般包括供货时间、数量、质量、价格。考虑到市场供求关系和价格的波动性,农户为避免风险,保证自己的产品能卖出去,也乐意签订合约。这样,企业与农户的联系就比较紧密。企业为了保证原料质量,往往在合同中约定向农户提供多种服务,包括良种统一供应,病虫害防治、科学管理等。这种方式对农户的带动作用很大。使农户形成专业化生产的分工形态,获得了稳定的收入来源。但这种连接方式的不足之处在于,龙头企业与农户仍然是不同的产权主体。一般龙头企业能让利给农户,当农产品市场价格低时,仍能以合同价格收购。但农户在订购产品的市场价格高时,则往往发生毁约现象,直接拿自己的产品到市场上去出售。而企业则对这种毁约现象束手无策。因此,这种连接机制仍需进一步完善。股份合作关系是目前最为紧密的连接关系。龙头企业与农户以股份合作的方式相结合,就组成真正的利益共同体,可以做到风险共担,利益共享。这类龙头企业一般是农民自己创办的或是乡镇社区政府创办的企业。农户以资金、土地等生产资料投资入股,在生产过程结束时,按照效益进行分配,农户的积极性最高。这种类型的典型形式如山东省高密市河崖镇的"农工商一体化总公司"。该镇原有一个农副产品加工厂,是个龙头企业。为解决企业与分散的农户之间供货关系不稳定、利益不协调、蔬菜的专业化生产与社会化服务体系不完善等矛盾,就以这个厂为依托成立了河崖镇农村经济合作社。该合作社按照每股 100 元,入股自愿、退股自由的原则,吸收入股农户 2 400 户,吸收镇农技站、物资供应站等 10 个服务单位,共计资产折价入股720万元，形成了一个有章程，有董事会、监事会的比较规范的经济组织。该社为入股农户提供种子、化肥、农药、技术指导、人才培训、产品销售等服务。运行一年后，取得了明显的经济效益和社会效益。公司的入股农户除得到了产前、产中和产后的全面服务外，还分得了20%以上的红利。可以说，这种连接机制是最为紧密和先进合理的。

（2）利益分配机制

利益分配机制是产业化运行机制的核心。它与内部连接机制是紧密地结合在一起的。利益分配关系，主要涉及的就是龙头企业与农户的分配关系。分配关系是由产权关系决定的。从产权关系的划分来看，一种是企业与农户分别是不同的产权主体，另一种是企业与农户是共同的产权主体。对前一种形式来讲，企业与农户是商品交换关系，利益的分配是通过所有权交换实现的。对后一种形式来讲，企业与农户是生产机构内部的分工协作关系，利益分配是在企业和农户之间直接实现的。因而，前者企业与农户间既有分工合作关系，也有利益主体之间的竞争关系，企业利润向农户的转移是有限的。即使有合同契约存在，双方均有可能发生毁约现象，因为相互之间有利益冲突。后者企业与农户之间则是共同体内部的分工合作关系，相互间利益是一致的。企业的收益同时也是农户的收益。

在现实中，产业化运行中的主要分配形式仍然是前一种，即龙头企业与农户是不同的产权主体。这是因为，龙头企业，特别是有一定规模的龙头企业，多数是原来独立于农户之外的省、地、县、乡几级的商业、外贸、供销、食品等部门所创办的企业。这些企业之所以成为龙头企业，主要是因为它们以农副产品为生产原料，为保证自身的原料供应的稳定性、可靠性，经当地政府协调，使它们与农户之间形成了一体化的生产体系。在这个生产经营体系中，龙头企业与商品基地（往往是社区经济组织作为代表）和农户在自愿、平等、互利的前提下，签订具有法律效力的产销合同，规定双方的责权利，使产销行为由原来松散、随意的组合变为正规、紧密的对接。产销合同一般注意保护农民的利益，加工企业对基地和农户进行扶持。从运行中来看，这种方式也是比较成功的。但不可否认，在一体化的组织中，社区政府起了非常重要的作用，包括协调关系、监督履约、利益分配等。尽管如此，在利益分配上，加工增值部分，农户得到的仍然比较少。因此，这种形式仍然有待改进。

产业化运行中的另一种分配形式，即龙头企业与农户采取股份合作等形式结成共同利益主体的也在不少地区出现。这往往是产业发展比较快的地区。这种形式具体来说又可以分为几种。一种是由农民自己组织合作社，由合作社创造龙头企业，企业是合作社的一部分。第二种是由乡镇政府或村级集体经济组织出资创办龙头企业，吸收农户直接入股，企业与农户也能形成共同体，但乡级政府或村级集体经济组织拥有一定的收益分配权利。第三种是通过乡镇等社区政府协调，将原有的龙头企业（不论投资主体是谁）与社区内的服务组织、农户等共同组成股份合作制企业，企业与农户也能形成利益共同体。其利益的分配由投资的多少和贡献的大小来分配。应该说，这几种形式都是紧密的生产经营一体化形式。其内部分配机制是比较科学合理的，对农户的带动作用，对农村经济发展的推动作用是巨大的。

（3）经营管理机制

农业产业化的龙形经济体系表现为产、加、销一体化的经营模式，这就需要一套新的经营管理体制与之相适应。具体说来，就是要改变计划经济体制下条块分割、部门分割的局面，使农业形成从生产资料供应到生产加工，再到贮藏、运输、销售诸环节连为一体的管理体系。但是经营管理体制的改革，牵涉到方方面面，难度很大。因为现有的农村经济管理体制职能分散，条块分割，职能部门垂直领导。社区政府要组织横向联合，就要涉及许多不同的部门利益。如农用生产资料的供应涉及农机、物资、供销、农技等部门。农产品的加工运输和销售涉及轻工、食品、卫生、商业、外贸、交通等部门。此外，还涉及一些宏观经济管理部门，如计划、工商、税务、保险、国有资产管理等部门。涉农部门虽然都有为农业服务的义务，但当涉及自身的利益时，部门都有权干预直接或间接属于自己管理的龙头企业。这就给产业化的正常运行带来一定影响。因此，在产业化的经营管理体制上，还需要进一步改革，要按照产业化发展和构建社会主义市场经济体制的要求，进一步打破条块分割和部门壁垒，理顺管理体制，按照农业产业化的龙形生产经营体系进行统一管理，无论涉及哪个部门，都要服从统一的协调管理，正确处理好产业化发展与部门利益的关系。

在实践中，也有不少地方积极探索建立产业化的经营管理机制。这一般都是在一个县范围内，按照蔬菜、果品、畜牧、水产等几大主导产业组织产业化生产经营体系。一个产业形成一个链条，凡是链条上的各个环节，无论涉及哪个部门，都要服从这个链条的完整、协调、正常运转，通常由县里某一位领导负责某一个主导产业，协调各方面关系，进行一体化管理。实践证明这种办法在一定时期还是比较有效的。但应看到，这种办法尚未从根本上解决问题。因为其内在的不同利益主体关系仍然存在，靠行政干预仍非长久之计。只有通过股份合作等形式真正形成产业链条的内在的有机结合，形成利益上的一体化，农业产业化的经营管理机制才能科学合理地建立起来，符合产业化本身的运行规律。

(4) 宏观调控机制

农业产业化的发展是农民的创造，但同时也离不开政府的推动。农业是国民经济的基础产业，同时也是弱质产业。因此，政府应在扶持、保护农业和推动农业产业化发展方面发挥重要作用，建立和完善农业产业化的宏观调控机制包括：

一是加强法规建设，强化法规约束。在产业化发展和运行尚不规范的条件下，加强法规建设十分重要。法规建设包括产业化的外部和内部两个方面。在外部，主要是对产业化组织的法制保护、对农副产品生产基地和农户的法制保护。在内部，在产业化组织比较松散的条件下，主要是强化法规约束，特别是帮助龙头企业和农户完善合同契约关系。要严格执法，加强监督，使签订合同契约的地方，使产、加、销各个环节的经济行为都受到法律的约束。

二是利用行政手段，加强指导协调。政府的宏观调控，要利用行政手段，保护农民利益，协调部门关系，保证产业化的顺利实施。如对农产品进行价格保护，监督和制止某些企业违约拒收或降级压价收购农产品的行为。对某些部门出于自身利益随意干预龙头企业生产经营活动的现象予以制止，并协调部门之间的关系，对于农业产业化的生产经营组织进行推动和指导等。在农业产业化发展的初期，政府利用行政手段来推动具有重要促进作用。因为单靠农民来组织或单靠某一个部门或企业来推动往往困难较多，产业化的生产体系难以形成，政府利用行政手段来组织、推动和协调，则可以起到降低交易成本，提高运行效益的作用。

三是促进制度创新，调节利益关系。产业化的发展，需要在组织形式上不断完善和规范，这需要政府参与，并进行制度创新探索。如在产业化的组织上，为降低龙头企业、中介组织与基地和农户之间的交易成本，使各个环节更好地分工协作，就需要探索其组织形式怎样更为科学合理，是利用合同契约形式还是股份合作形式。有些社区政府帮助建立比较完备的董事会、监事会组织，制定章程，使产业化的运行更加规范。此外，政府还要帮助协调产业化各个环节之间的利益关系，特别是部门与龙头企业、农户与龙头企业的关系，完善利益协调机制。

四是优化外部环境，进行积极扶持。产业化是一个新事物。它的建立和发展本身就是对原有体制的突破，因此不可避免地会碰到多方面的阻力。政府的宏观调控内容之一就是要为产业化发展克服体制障碍，创造良好的外部环境。包括制定促进产业化发展的优惠政策措施，如在资金投入、计划审批、工商登记、征用土地、资金和物资供应、产品购销、出口自主权、人才培养和聘用等方面，都可以实行政策倾斜，进行积极扶持，以促进农业产业化快速发展。

7.4.2 云南农业产业化发展现状

云南省农业产业化经营的探索起步较早，出现了像玉溪红塔集团把烤烟种植作为第一车间，建立完善一整套产前、产中、产后的政策和服务措施；边疆少数民族地区"三结合一体化"发展农业商品基地；洱源县奶牛业、宜良县鸭产业、漾濞县核桃产业等一系列探索产业化经营的成功经验。经过多年努力，全省已建设优质烟草、甘蔗、干果、畜牧、茶叶、蚕桑等各类农产品基地 372 个，以及其他一批如三七、花卉、咖啡、香料、中药材等特色农产品基地，各类农产品综合市场 387 个，专业市场 202 个。全省从事农副产品加工的企业 3 186 个，除烟、糖、胶外，全省中小型龙头企业和经济实体 1 692 个。总的发展势头较好。

至 1998 年底，全省建成各类农产品商品基地 467 个，烤烟种植 31.32 万亩，产烟叶 56.4 万吨，甘蔗种植 28.35 万亩，产量达 1 597.77 万吨，茶叶产量 7.75 万吨，橡胶产量 15.5 万吨，蔬菜种植 24.73 万亩，总产 750 万吨，三七、苦良姜、螺旋藻、芦荟、砂仁、咖啡、花卉等特色产业基地已粗具规模，发展潜力巨大。全省建成城乡集贸市场 3 500 多个，农副产品市场 500 多个，各地涌现出一批营销大户。如文山三七市场、辣椒市场，每年售出 80% 以上的三七和辣椒，解决了农民种得出来、卖得出去的问题。

经过多年的实践，已形成了多种有效的农业产业化组织和经营形式。①加工型企业+农户，如茶叶、蔗糖、三七、葡萄、苦良姜等产业；②流通型企业+农户，如元谋、呈贡、通海等地的蔬菜、花卉产业；③专业市场+农户，如蔬菜、花卉、辣椒及畜牧业；④中介组织+农户，如思茅咖啡、宾川蔬菜、巍山畜牧业等。这些组织以经济为纽带，调动各方积极性，把农业生产、加工、市场有机结合，形成市场牵龙头，龙头带基地，基地连农户的经营体系，打破了传统农业的经营方式和过去农村经济条块管理的形式，产生了巨大的推动效应。

1. 初步形成合理的产业布局（如 7.1.2 里的概况和产业结构调整状况所述）
2. 农业增长明显（如 7.1.2 里的产业结构调整状况所述）
3. 龙头企业快速发展

截至 2005 年底，全省有各类农业产业化经营组织 2 561 家，其中年销售收入在 500 万元以上的有 535 家，年销售收入上亿元的有 49 家，共有 13 家国家级农业产业化重点龙头企业和 84 家省级重点龙头企业。龙头企业固定资产总值达 208 亿元，实现销售收入 226 亿元，利润 30 亿元，创汇 1.8 亿美元。烟、糖、茶、蔬菜、葡萄、三七、苦良姜、螺旋藻、山崳菜等加工企业发展迅速,把市场、农产品基地和农户连接在一起,发挥了"龙头"作用。

4. 优势产业快速发展

已初步形成以大理、昆明、红河为主的优质奶源基地,昆明、玉溪、曲靖为主的加工型原料猪养殖基地,滇东北马铃薯淀粉和滇中薯片（条）加工原料生产基地,滇中无公害外销精细蔬菜生产基地,南部热区和干热河谷反季无公害蔬菜生产基地以及滇北球根花卉、滇中鲜切花、南部热带花卉产业生产基地。全省省级以上龙头企业直接发展各类种植产业基地 770.85 万亩,养殖产业基地 549.48 万头,辐射带动 428.93 万亩。

5. 农产品加工业快速发展

2005 年底,全省规模以上农产品加工企业超过 1 000 家。占全省轻工业规模以上企业总数的 75% 以上,除烟草以外以种植产品为原料的加工业产值达到 313 亿元,生物医药产业产值超过 50 亿元,畜产品加工产值达到 80 亿元,林产品加工业产值达到 60 亿元;全省省级以上龙头企业开展精深加工的发展到 13 家,实现销售收入 16.76 亿元,开展普通加工的有 65 家,实现销售收入 72.34 亿元。

6. 质量安全水平快速提升

充分发挥龙头企业、农产品行业协会和农民专业合作组织的作用,积极参与优势特色农产品先进种植技术、加工工艺的科研和推广,推动了农业科技创新成果的应用,农产品质量安全水平快速提升。全省共制定农业类地方标准 318 项,创建 30 个无公害农产品生产示范基地、11 个无公害农产品标准化生产综合示范区;启动了 20 个生猪标准化生产示范县和 89 个国家级农业标准化生产综合示范区项目建设。全省共认定无公害农产品产地 329 个,面积达 385 万亩,获无公害农产品认证的企业 199 家、产品 331 个;获绿色食品认证的企业 105 家、产品 216 个;获有机食品认证的企业 20 家、产品 50 个。

7. 品牌效应快速显现

通过开通全省鲜活农产品运输"绿色通道",参加各种交易展览和推介活动，改善农产品流通环境，开拓了农产品省内外和国外市场。地理标志证明商标工作的开展和云南省著名商标的评选，提高了云南省农产品品牌的水平和影响力，全省获得认证的产品数累计达597个，地理标志证明商标注册实现了零的突破，已注册5个，农业产业化经营领域的云南省著名商品210件，有5项获得"中国驰名商标"品牌，云南农产品已在全国乃至国际市场上赢得了较高的知名度和美誉度。

8. 利益连接机制逐步完善

到2005年底，全省与农户建立合同关系的农业产业化经营组织共565个，建立合作制关系的150个，建立股份合作制关系的215个，93%的省级以上重点龙头企业采取合同、合作、股份合作或其他方式与农户建立了利益联结机制，90%的企业为农户提供技术、生产资料等系列化服务，83%的企业按保护价收购农户生产的产品。到2005年底，全省各类农业专业合作组织达2 540个，其中较为规范的有1 200个左右。

7.4.3 云南农业产业存在的问题

1. 农业产业化经营程度低，产业结构不合理

全省除烤烟、三七等少数农产品外，多数农产品主要以单一原料和初级产品生产为主，加工比例只是20%左右，深加工比例仅为15%左右，比全国低5个百分点。粮油和肉类产品的深加工比例不到5%。龙头企业数量少、规模小、带动能力弱，2005年底全省经国家和省认定的重点龙头企业仅有96家，销售收入上亿元的仅有49家，上10亿元的不到5家。龙头企业与农户之间的利益联结机制不完善，全省与农户建立合同关系、合作制关系、股份合作制关系的农业产业化经营组织仅占36%。农民进入市场的组织化程度还比较弱，全省农民专业合作经济组织仅有2 576个，其中较为规范的只有1 200个左右。全省优质农产品数量不足，不适应市场的需求，且缺乏具有市场竞争力的知名农产品品牌，抗御风险和开拓市场，特别是开拓国际市场的能力弱。云南省的农产品主要表现为大路产品多、低档产品多、原料型产品多，许多农产品质量低、层次低，规格化、标准化水平低，品牌意识差，农产品价格持续走低，农民增收困难，与省外

比较特色农业发展的差距较大。尤其食用农产品质量安全问题突出，影响出口外销，是目前云南省农产品生产和供给中的主要问题。农产品加工程度低，产业链短，深加工、精加工农产品少，并且技术含量很低，如目前全省天然药材资源开发利用率10%，农产品加工率近20%，高级香精产品加工不足10%。

2. 政府对龙头企业扶持不够，龙头企业少、小、弱

龙头企业经济实力和市场竞争力的强弱，决定农业产业化的成败兴衰。而云南的实际情况是，许多龙头企业没有形成规模，加上长期投入不足，企业设备陈旧、技术落后、产品门类少、档次低、成本高，缺乏市场竞争力，新产品的开发又受到人的素质和经费来源等方面的制约，因而难以在农业产业化发展中承担起龙头角色。能称得上龙头企业的大多规模偏小，自身实力不强，市场开拓能力和带动能力弱，辐射范围小，抗风险能力低；龙头企业的名牌产品少，全国性的名牌更少，创名牌、用名牌效应的意识不强，带动基地建设、连接农户的能力较弱；企业产品总体开发层次低，精、深加工少，产业链条较短。

3. 市场发育不全，服务、辐射功能弱

生产要素市场发育程度较低，适应不了农业产业化经营的需要；社会化服务体系不健全，资金、技术、人才缺乏；部门分割、条块分割较为严重，各自为政、重复建设的现象较多。在流通方面，有形市场的建设滞后，农产品流通中介企业经营不景气，产品的市场导向乏力，产销脱节，许多农产品处于卖出难的境地。农业产业化的基础薄弱，还未真正形成产、供、销一体化的格局。

4. 土地经营规模狭小，生产要素配置不佳

对大多数地区来说，目前农民单家独户经营的多，规模经营的少。由于技术、资金、农机、土地、劳动力等生产要素没有得到合理配置和充分利用，农业比较效益低下，粮食生产没有实现自给，还没有从根本上改变农业这一弱质产业，农村经济还是自然经济半自然经济所占的比重大，是"小规模高成本、低效益"的小农经济特征。这种经济特征不利于农业产业化。

5. 农民素质低，科技进步缓慢，自主创新能力弱

农业增长方式转变慢。发展云南农业产业化经营，必须拥有数量充足的农业科技力量和一批懂技术、懂管理、善于根据省内外、国内外市场信息组织生产的农民。而目前，云南农业科技人员与全国相比明显不足，农民文化普遍偏低，不少农民还是文盲、半文盲，劳动力素质低下，接收新技术的能力差，使新技术的应用和推广受到限制，粗放经营，严重阻碍了农业增长方式的转变和农业产业化的发展。

全省农业科技总体水平低，科技储备和创新能力不足，农业科研、教育、推广机构与农业生产脱节，体制性障碍明显，农业科技成果转化率低，目前仅为46.5%。农业科技人才总量不足，分布不合理，科技推广人才不足，管理人才和经营人才缺乏。农村劳动力素质不高，职业教育和成人教育薄弱，全省农村劳动力文盲半文盲占1/3以上，青壮年文盲率达17%，少数民族成年人文盲半文盲率达40%以上，苗、瑶、哈尼、傈僳、拉祜、布朗、德昂等少数民族成年人文盲率占70%以上。农村科技推广不力成为农业技术进步缓慢的重要原因，表现在基层科技推广队伍不稳定，推广机制不活，推广手段落后，推广的后续服务不到位，尤其是技术推广和产品销售服务脱节，这都已经无法适应农村市场的要求。

目前云南省农业科研开发的效率不高，研究水平总体偏低，成果转化率不高。农技推广设施不完善，社会化服务功能弱。农科人员结构不合理、知识结构老化、更新难度大。全省农科队伍中大学本科以上学历仅占7%，专科生学历占14.1%，中专及以下学历占78.9%。全省农业劳动力人均受教育年限仅为4~5年。

6. 市场机制不完善

农产品流通与市场信息体系不健全主要表现在：农产品市场体系发育不完善，农产品综合和专业化市场数量少，布局不合理，规模参差不齐，管理混乱。市场主体发育程度较低，农民的组织化程度低，农村经济合作组织数量少，并且管理运行上缺乏科学、民主决策等问题。市场信息体系不完善、运转不灵，信息

化硬件建设落后，信息资源不能共享，农民的信息服务不到位，缺乏时效，农民获取信息成本较高。

7. 农业支持和保护体系不健全

对农业支持和保护的政策体系有待进一步健全，目前表现出政策目标不清晰，支持和保护力度低等。农业投入不足，尽管当前云南省农业投入的总量有绝对增加，但是这种增加仍然不能满足云南省农业转型期的调整和加快发展的需要，与其他产业的投入相比显得严重不足。许多地方，尤其是县级财政赤字，资金投入或配套不足，甚至挪用，严重影响农业和农村改革的深化。

7.5 云南农业产业化发展与农业保险

7.5.1 农业产业化风险的种类

所谓农业风险，是指在农业生产经营过程中，由于各种无法预料的不确定因素的影响，给农业生产经营者造成的收益和损失的不确定性。农业风险产生的原因主要有四个方面：成本风险、市场风险、自然风险和政策风险。农业产业化经营风险，除一般农业生产风险外，按照产、加、销一体化的模式运行，在市场经济条件下，既有生产条件受限带来的风险，还要承担各种经济规律的制约乃至政策的不确定因素带来的风险，即市场风险和政策风险等因素。

1. 成本风险

由于农业经营结构的调整，导致农业生产成本大幅度提高，从而增加了现代农业的经营风险。例如，发展水果、蔬菜、花卉等高效农业前期的平均成本投入远远高于水稻、小麦等传统种植业。据统计，每亩果园在挂果前，经营者的成本投入平均为 10 000~15 000 元（其中包括供水、供电、排水、交通等配套设施的建设费用 1 000 元；产出前占据的土地、劳力所产生的机会成本 12 000 元；购买果苗、肥料、农药、水电等费用支出 2 000 元），而一亩水稻产出前生产者付出的经营成本平均只有 500 元。因此，由于不确定因素的影响，每亩果园可能给经营者造成的经济损失要远高于种植水稻。由此可见，现代农业的经营风险比传统农业要大得多。

2. 市场风险

现代农业是典型的风险型农业,其风险来源于国际、国内两个不同的市场。市场风险发生后,一方面表现为产品的滞销;另一方面表现为农产品市价的持续下跌。这些都会给生产经营者造成巨大的经济损失。在国内市场上,市场风险的成因有三点:一是由于农业经营结构的不合理,使得我国农产品低水平、结构性过剩的现象十分严重。由此导致许多农产品在激烈的市场竞争中价格严重下滑。据统计,1997~1999 年,我国大宗农产品价格下降了 24.5 个百分点,使农民的生产积极性受到很大伤害,这与粮食、棉花等农产品结构性过剩的原因是分不开的。二是农村第三产业的发展滞后。农产品的自然属性决定了在农业商品化生产和规模经营发展的同时,离不开广告、信息咨询、运输、技术服务、卫生检疫、仓储业等农村第三产业的相应发展,任何一个环节跟不上,都可能产生灾难性的后果。这几年,新闻媒体经常报道一些地方草莓、葡萄、柑橘丰收,却因为卖不出去白白烂在地里。同时,其他地区的这些产品却供不应求,正以很高的价格在销售。这种违背市场常理现象的出现,主要原因在于农村第三产业的发展落后。信息的闭塞,缺乏必要的广告宣传,农产品加工业和仓储业跟不上,最终导致了悲剧发生。三是来自境外的同类农产品的竞争。近年来,进入我国市场的境外农产品越来越多,它们以合理的价格、优秀的质量、精美的包装,赢得了众多国内消费者的青睐,而国内的同类农产品却面临被冷落的危险。例如,由于美国柑橘的入侵,国内的柑橘产业受到了严重的冲击。造成这种现象的原因很简单,产品的质量和营销策略都不如人家,因此在竞争的过程中处于劣势。在国际市场上,由于国际贸易中"绿色壁垒"这种新的限制进口的贸易保护措施的出现,使得我国外向型农业的经营风险日益加剧。特别是我国正式加入 WTO 以来,许多农产品频频被绿色壁垒挡在了出口的大门外,原因是抗生素、农药、色素超标,包装不符合环保要求等等。例如,2008 年以来,我国出口英国的蜂蜜因为抗生素超标被从当地货架上撤下;欧盟借口氯霉素超标,禁止进口中国的禽肉产品;出口日本的蔬菜,许多因农药残留量超标被退了回来或取消了订单。所谓"绿色壁垒"是指在现代国际贸易中商品进口国以保护环境、保护人类及动植物的健康和安全为名,通过颁布实施严格的环保法规和苛刻的技术标准,以达到限制国外产品进口目的的贸易保护措施。目前,价格低廉是我国出口农产品的主要竞争优势。为了保持低价,一些农产品出口基地将主要精力放在了控制成本、提高质量上,忽视了出口商品的技术标准,这就为遭遇绿色壁垒埋下了隐患。另外,由于缺乏为出口农产品经营者提供信息的专业机构和情报体系,很多经营者根本不了解对外贸易中的国际标准,造成了很多无谓的损失。

3. 自然风险

在所有产业中,农业与自然环境的关系最为密切,农业生产的季节性和地域性特点充分反映了这一点。同时,农业受自然环境变化的影响也是最大。自然灾害这种自然环境的变化对现代农业的影响是破坏性的,甚至是毁灭性的。我国是自然灾害的频发区,旱灾、洪灾几乎每年都发生,蝗灾、风灾、雹灾、霜灾也时有发生。自然灾害发生后,会给农业经营主体造成直接或间接的经济损失。直接的经济损失表现为整个农业或某些农产品的减产或绝收,以及对农业基础设施的破坏;间接的经济损失表现为农产品品质下降所引起的市场售价的降低。

4. 政策风险

一国宏观经济政策的变化,会对该国的农业生产经营活动产生重大的影响,甚至会诱导农业风险的发生。例如,中国加入WTO以后,已对所有的对外经济产业政策进行了重大的修改和补充,承诺将在未来几年内大幅度降低绝大多数产品的进口关税,取消关税壁垒和非关税壁垒,取消有关的贸易保护政策等等。这些政策的出台和付诸实施,对中国农业的冲击是巨大的。一方面在大幅度降低进口关税和进口配额限制后,大量的国外农产品会潮水般的涌入中国市场,以较低的价格与国内同类农产品进行竞争,国内市场有被瓜分的危险;另一方面,由于取消了某些农产品出口退税和财政补贴等贸易保护政策,这些农产品出口价格将有较大提高,有可能会削弱其在国际市场上的竞争能力。

综上所述,可见农业风险是客观存在的,有些农业风险是难以预测且不可避免的,农业风险已成为左右现代农业安全、有效、健康发展的主要因素。因此,无论是微观经济个体还是宏观经济调控者,对农业风险进行有效管理都是极为必要的。

7.5.2 农业产业化风险产生的原因

由于商业性农业保险难以持续发展,加之政策性农业保险的缺乏,传统农业生产模式被固化,阻碍了农业产业化进程,弱化了风险化解能力。从农村生产力发展水平来看,尽管抗拒自然灾害的技术和能力不断增强,但由于灾害事故发生的频率和强度有加剧的趋势,同时随着农业产业化的进一步发展,农业生产的专业化、区域化、规模化,生产要素投入的增加,集约化水平的提高,农业生产风险不断增大而且更加集中,导致灾害事故的破坏力和造成的经济损失愈来愈大。这不仅造成农产品供给和农民收入的减少,加重了政府的财政负担,也使农业生产和农村发展的物质条件遭到破坏,造成农业和农村社会再生产困难和障碍。由于缺乏一个有效的农业自然灾害的风险分散机制,严重的自然灾害损失不能在空间和时间上得以分散,从而使受灾地区的生产不能及时恢复,使农户承担风险的能力大大降低。因此,出于对风险的忧虑,农户常常为回避风险而减少投资,最终导致农业资源的浪费或不合理配置,导致传统农业生产要素和技术没有大的变化,农业发展缓慢,陷入低水平均衡状态,束缚了农业产业化发展速度和规模。此外,由于农民对风险承受能力较差,无力承担新技术的风险,农民会拒绝接受和采用包含着新的技术变化的生产要素。

20世纪80年代后期,以家庭联产承包责任制为核心的农村经济体制改革所产生的能量释放已尽,农村居民的收入增长变得缓慢,农村居民和城镇居民的收入差距开始拉大。农业对农村居民收入增加的贡献率明显不足是农村居民收入增加缓慢的主要原因,提高农业收入对农民增收具有决定作用。农业产业化经营实践证明,农业产业化能提高农业的比较优势,带来了农业收入增长,走农业产业化之路是发展我国农业的必然选择。要使农业产业化在我国得到很好的发展,还有诸多问题要解决,其中农业产业化所引发的风险是一个十分重要的问题。现阶段,事实上农民成了风险主要承担者,农民承担产业化风险的现实会严重阻碍产业化的发展。解决农业产业化风险的转移是十分必要的,使风险转移到风险投资者,进行风险交换,就能带来福利的改善。

1. 农业产业化引发技术风险

农业产业化以市场为导向,意味着农民原有生产方式的转变,增加了农民的生产技术风险。农业产业化打破了农民所熟悉的产业结构和经营模式,传统农业的市场化程度不高,农民的农业经营方式主要是依据经验来进行农业生产。农业产业化经营方式要求农民必须改变依据经验行事的行为方式,强调依据市场的需求来安排生产。市场的变化相对较快,生产品种的更新很快,新品种的生产技术的掌握不能简单地依靠经验来获取,要求农民要有很好的学习能力来学习新的农业品种的种植、保护及其他的农业知识,这些都对农民的素质提出了更高的要求。

2. 农业产业化带来了很大的市场风险

农业产业化增加了生产者的收入风险。农产品的市场风险比工业产品大,这是由农业本身的特点决定的。农业生产严重依赖于自然因素以及农产品的不易储存等,决定了农业产品供应很难同市场的需求保持很好的一致,造成农产品的价格波动大,农产品的产量和价格表现为明显的蛛网模型。农业产业化要求农业生产要按市场组织生产,决定了农业生产安排主要是出于销售的目的来组织农业生产,生产的农产品的使用价值对生产者来说很难找到其他的退出途径,一旦农产品销售不出去,农产品对生产者来说就毫无价值。这就决定了生产者必须依赖于市场,增加了其市场风险。在传统农业框架下,农民分散经营,在安排农业生产时首先是根据自身对农产品使用价值的需求来安排农业生产,产用表现一致,农户生产品种的多样化也极大地降低了其产品面临的市场风险,农产品的市场的地域小,市场变化缓慢,以及在长年的生活实践中,农业生产者也发现了农产品的多种使用价值,即存在使用价值的退出途径,比如粮食产品既可以作为主食来使用,也可以用来酿酒,使农产品的市场风险降低。当前无论是从我国或整个世界来看,农产品的整体供求情况都发生了很大变化,新的科学技术应用于农业,大大提高了农业单位面积产量,农产品的供不应求矛盾有了根本的改变,突出地表现在总体平衡和结构的不平衡上。

3. 农业产业化引起农业资产专用性风险

农业产业化必然带来投入要素的商品化的提高,比如作为生产投入的种子和种苗、投入的肥料、相应的农业设施,比如大棚生产的塑料薄膜等都必须通过市场来买,必然会增加生产者的货币化支出,而货币财富的支出使农民投入资产专用性增加,农民退出某一产业化组织的退出成本也随之增加。另外,产业化生产中的产加销链条延伸也会进一步增加货币要素的投入量。产、加、销的积极意义是随着专业化分工的进行,生产效率及产品附加值会极大提高,这样,随着链条的延伸,风险也会延伸,其风险也越大。如果产、加、销一体化的以工补农机制未能建立,产、加、销三个环节脱节,一旦发生风险,处于产业链条初始端的农业生产者承担的风险最大,其他两个环节会把风险转移到农业,这就放大了农业经营者的风险。

4. 农业产业化可以增强自然风险抗御能力,但不可能完全消除风险

农业产业化所增加的风险是不能通过农业产业化组织本身来解决的。在农业产业化的合同组织模式中,有相当部分(1996年,45.51%;1998年,49.93%;2000年41.0%)(牛若峰,2002)是通过农户和农业公司签订合约来组织的。在这种组织形式下,农户和公司签订经营合同,农户在农业产业化中成为一个生产单位,公司面向市场。从理论上来看,在这样一种组织方式下,农户和公司承担的风险由农户和公司签订的契约来安排。因为在农户和公司的契约中通常规定,农户生产的产品由公司进行收购,市场风险由公司承担,农户一般是不承担市场风险的。但现实问题是农民承担了很大风险,风险来源于:合约的不完全性,即合约中不可能包含所有的可能及合约的不清楚;合约双方是事实上的不平等主体,农户一般处于弱势的一方,一旦出现纠纷,农民吃亏;公司履约风险,即公司无法承担市场风险,公司的经营风险十分巨大,农户成为实际的风险承担者。上述三种风险在现实中经常发生,特别是农业公司自身经营风险。目前情况

下，从事农业的公司规模较小，经营产业单一，农业公司获得银行贷款困难，农业本身风险大，使得农业公司收益变化大，出现公司履约风险增大的现实和可能。另一种形式是政府主导型的农业产业化组织模式，农民同样是风险承担者。在我国现行情况下，农村合作组织不发达，农村中农业的经营依然是个人独立经营的原始状态，农业当中的规模经济不能很好得到利用。农业产业化的一个重要作用就是要得到产业化后带来的规模经济。农业产业化的产生并非完全的自发行为，没有政府的引导和强有力的组织保证，要实现农业产业化的过程是非常漫长的，世界各国的农业产业化的历史说明政府在农业产业化的过程中都起到了十分重要的作用，我国也一样，可以说没有政府的积极支持要实现农业产业化经营根本不可能。地方政府参与到农业产业化的实际组织中来，有利于农业生产种植的规模经济，降低农业投入中部分要素的单位成本，在销售中也能在一定程度上获得规模经济的好处。农业产业化办得好的地方都跟政府有很大关系，这其中不乏成功的事例。政府积极参与农业产业化的道德风险也不可忽视，在农业产业化的实践过程中，地方政府官员都具有很大的积极性来从事农业产业化，产业化搞得好，当地财政收入必然增加；同时经济指标也是干部业绩最主要的硬指标，经济指标高，进一步升迁的机会就大，而农业产业化失败的损失又容易转嫁给农民。农业产业化在给农业带来收益增加的潜力时，农业收入风险也增加了，政府不可能是风险的承担者，因为它没有这种经济能力。即地方政府的财政收入主要是来源于当地农户，政府承担亏损，归根到底还是会被政府分摊到农户身上。

7.5.3 农业产业化风险的特征

农业产业化风险有许多不同于其他财产风险和人身风险之处。其主要特征是：

1. 风险单位很大，使风险难以分散

由于农业生产的特殊性，一个风险单位往往涉及数县甚至数省，特别是洪涝灾害、干旱灾害这些风险事故一旦发生则涉及千千万万农户、成千上万公顷的农田；一次流行性疫病，像近年席卷欧洲好多国家的疯牛病、口蹄疫，南亚发生的禽流感等，受传染的牛、猪和禽成千上万。如果是政策风险，或许会涉及一个县、市甚至整个国家。

2. 农业产业化风险的区域性明显

农业灾害特别是自然灾害具有明显的区域性，不同地区的主要灾害不同，风险类型、风险频率和风险强度差异也很大。高纬度地区气候寒冷，无霜期短，作物易受冻害；长江、黄河中下游地区，地势低洼，作物易受水涝灾害；西北黄土高原降雨量稀少，经常遭受旱灾。这些特点是由地理和气候差异规律决定的。

3. 农业产业化风险具有广泛的伴生性

一种风险事故的发生会引起另一种或多种风险事故的发生，因此农业风险损失也容易扩大，而且由于这种损失是多种风险事故的综合结果，所以很难区分各种风险事故各自的损失后果。例如，在雨涝季节，高温高湿就会诱发作物病害和虫害。自然风险的出现有时会引起市场风险，特别是重大灾荒发生时。

4. 风险事故与风险损失的非一致性

在特定情况下，农业灾害甚至重大的农业风险事故，最终不一定导致损失，有时反而会导致丰收，或者一个地区的风险事故会使相邻地区受益。如洪水灾害会贻害当季作物，但洪水使土壤得到改良，变得肥沃，为下季作物的丰收奠定了基础。同样，由于政策失误，农业出现风险时，可诱致政策调整，从而带来良性影响。

5. 农业产业化灾害发生的频率较高，损失规模较大

风险事故发生的频率和损失规模是厘定保险费率的基本依据，保险标的所面对的风险事故发生的频率高和损失规模大，费用必然高，反之情况相反。这种特征世界各国概莫能外。由于风险单位大，每次风险损失的规模都比较大。

由上述分析可见，在农业生产及农业产业化经营中，其风险因素具有广泛性与特殊性，因此在风险评估阶段中，各风险要素具有多相性与共生性。

7.5.4 云南农业产业化不同组织形式的风险因素分析

在利益驱动之下，农户与"龙头"企业之间形成某种形式的产业化经营，确实减少了某些形式的风险。由于农业产业化经

营有多种组织形式,所以,其市场风险表现的形式也不一样。

1. "专业市场+农户"形式的风险

就"专业市场+农户"这种形式来讲,农户直接面对市场,这时农业产业化经营所面临的风险来源于市场。如果产品供大于求,则有可能增产不增收甚至发生亏损的风险。尽管专业市场一般要组织农产品市场的信息搜集和信息发布,可以在很大程度上减少农户生产的盲目性,但从实践来看,由于市场的变化比较快,农业生产短期调整难度大,加上市场的复杂性、多样性以及组织工作失误等原因,农户所面临的风险仍然很大。正是由于这个原因,"专业市场+农户"这种形式的农业产业化经营被认为是一种较低级的农业产业化经营形式。在这种农业产业化形式中,风险的形成主要来自市场,其大小与农民本身的素质以及对市场信息的搜集和经营决策有关,而专业市场组织本身面临的风险则主要是农户因此而减少市场的参与量。

2. "公司+农户"形式的风险

就"公司+农户"来讲,公司与农户通过合同形式确定双方的权、责、利关系,因而,来自市场的风险因产销关系而转移,但其权、责、利关系也可能因种种原因出现不确定性,这种不确定性就是风险。当农产品供大于求、合同价格高于市场价格时,企业撒手不管,不按合同价格收购签约农户的农产品,使农户遭受经济损失。反过来,当产品供不应求,市场价格高于合同价格时,农户不按合同向签约公司交售农产品,企业"等米下锅"甚至"无米下锅",企业纷纷抢购,使公司利益遭受损失。对于前一种情况来讲,由于公司的实力和社会影响比较大,而农户比较弱小且高度分散,无法与公司抗衡,因而难以挽回自己的利益损失。对于后一种情况来讲,由于农户高度分散,公司挽回自己的损失的实施成本比较高。再加上我国目前的法制尚不健全,执法队伍素质不高,出现问题时,解决的效率和质量都比较差。

3. "合作经济组织+农户"形式的风险

就"合作经济组织+农户"这种形式来讲,农户既与合作经济组织之间存在投资或投劳的关系,参与合作经济组织负责人的选举和章程的制定,又与合作经济组织之间存在着市场交换关系。由于农户与合作经济组织之间的利益关系非常密切,农业生产经营的市场风险在农户与合作经济组织之间转移的可能性比较小。当然,存在着农户与合作经济组织之间的比例分摊问题。应该指出的是,实行了产业化经营,与以前未实行产业化经营相比,对某种产品生产经营规模扩大了很多。由于经营规模比以前扩大,各种风险还通过经营规模扩大而加以放大。在其中,经营决策特别是"龙头"单位的经营决策,对整个生产经营起着决定性作用,一旦失误,就有可能造成更大的损失。这一点,在实践中表现得最为明显。此外,与以前的生产经营相比,农业产业化经营还存在一个技术风险问题。未实行农业产业化经营以前,农户分散生产,农户基本上是按照传统技术或其他能掌握的技术进行生产,不存在一个技术问题。而实行农业产业化经营后,为了开拓市场,"龙头"单位总是不断推出新品种,新品种要有新技术,而素质比较低下的农户未必会完全按"龙头"单位的技术要领去做。如果技术上本身就成问题的话,那么,生产经营必败无疑,加上实行农业产业化经营,批量生产,一旦技术上成问题整个农产品将无市场销路,技术风险便转化为市场风险。

7.5.5 我国农业产业化经营中不同市场条件的风险因素分析

市场通常认定为是商品交换的场所,农产品市场则是以交换农副产品为主要对象的场所。这种形式古已有之,如今已有了很大的发展。由于农业产业化经营是一种市场化经营模式,所以在经营风险中最主要的是市场风险因素,不同市场条件主要是指集贸市场、批发市场、期货市场和国际市场。面对不同的市场,有其独特的组织形式、运作机制和风险因素。

1. 农产品集贸市场的风险分析

农产品集贸市场是农民与农民之间,农民与城市居民之间的一种传统商品交易场所,这是农民出售农产品最简单和最方便的交易方式。通过农产品集贸市场,农民可以用最短的时间,最小的风险,最少的费用就近把农产品销售出去。但是,农产品集贸市场的交易量不大,集贸市场形成的价格只能反映一个较小区域的供求状况,因而一些大宗农产品的批量交易就很难靠农产品集贸市场进行。

农业产业化就是把农产品的生产、加工、销售等环节连成一体,形成有机结合和相互促进的组织形式和经营机制,构成农业扩大再生产全过程完整的体系。因此,农业产业化是一种市场化的生产,一种专业化的生产,一种规模化的生产。而农产品集贸市场显然难以承担农业产业化的发展对农产品大批量交易的需要,只是在农业产业化的过程中起重要的辅助作用。

(1) 农产品集贸市场的特点

①供求关系决定农产品集贸市场上的价格

a. 农产品集市贸易价格是由买卖双方通过自由协商而形成的。随着农产品市场供求关系的变化,有升有降。农产品集市供求状况影响农产品集市价格,农产品集市价格也反过来调节农产品集市供求。

b. 农产品集市价格是经常变动的。一是地区差价,这主要是农产品生产的区域性、农产品消费的普遍性和农产品集市贸易的区域性决定的。二是季节差价,这是由农产品的季节性生产和常年性消费所决定的。三是时点差价,即同一农产品品种在同一市场上的不同时点价格各不相同,这是因为在同一个集市的不同时间,农产品的上市量和求购量都不相同,农产品商品的供求关系有很大的偶然性和变动性。农产品集贸市场价格的这些变化特征是价值规律通过农产品商品供求矛盾对农产品集市贸易起调节作用的一种表现。正是这种集市价格的变化,经常地调节着生产者对各个农产品品种的生产量和上市量,以及消费者对各个品种的需求量,活跃了城乡经济。

②产销直接见面

农产品集贸市场上的农产品商品出售者,大部分就是农产品商品生产者自己。农产品商品购买者,多半就是农产品最终商品消费者。虽然也有一些专门从事贩运活动的农产品小商贩,也有国有商业、供销合作社和其他商业组织参与农产品集市贸易,但是他们经营农产品的数量占整个集市贸易成交量的比重不大。一般来讲,农产品集市贸易基本上是以产销直接见面为主。这样,就减少了农产品的商品流转,在集市上出售的农产品商品,流通费用少,再加上农产品商品的出售者集生产利润和商业利润于一体,因此,集贸市场上的农产品价格比其他市场上的农产品价格要低。

③农产品商品新鲜、品种多

农产品集市上的农产品商品出售者大多是生产者,他们可以把刚收获的农产品及时地上市出售,较好地保持了农产品的新鲜度。农产品集市上购买者可以货比多家,随意挑选,受到消费者的欢迎。

(2) 农产品集贸市场的风险分析

由于农产品集贸市场多是买卖双方直接见面的小额交易,所以与农业产业化经营的关系往往并不直接,但因这种市场是接近消费终端的现货交易,其需求、价格等因素也可以影响产业化经营,其剧烈的波动必然直接或间接给农业产业化经营带来风险。许多时候,集贸市场成为农业生产企业经营风险的方向标,农业产业化经营是否出现市场风险,风险多大,都可直接或间接反映出来。

2. 农产品批发市场的风险分析

(1) 农产品批发市场的含义

农产品批发市场是进行大宗农产品批量贸易的场所,由于流通半径大,交易量大,并且能在广大地区形成网络,因此,批发市场形成的价格,才能真正反映农产品的供求状况,对农业产业化生产具有重要的促进作用。

农产品批发市场有两种解释:一种是场所论,即农产品批发市场是指农产品商品批量交易的场所。另一种是组织论,即农产品批发市场是指为农产品商品批量交易服务的一种流通服务组织。

农产品批发市场场所论认为,市场作为商品经济的基本范畴,其最基本的含义就是商品交换的场所。由于农产品商品流通大部分是通过农产品市场进行,因此农产品市场就成了农产品商品流通的必要载体。离开了农产品市场,农产品商品交换和农产品商品流通就会因失去其空间的规定性而不存在。

农产品批发市场组织论认为，在农产品批发市场发育过程中，为了充分发挥交易在空间集中的规模经营优势，限制农产品批发环节的过度增长，政府为了加强农产品市场管理，就选择适当地点投资兴建专门的农产品批发市场。这种政府开办的农产品批发市场与自发形成的农产品批发市场的关系是：后者是前者的基础，前者是后者的必然结果。但是，两者的本质区别在于，政府开办的农产品批发市场是作为一种流通的组织形式而存在，而自发形成的农产品批发市场仅仅作为一种农产品交换的场所而存在。政府开办的农产品批发市场拥有专门的建筑物，由专职人员提供农产品商品流通的系列服务，有专门的管理人员和管理组织。该组织有严格的交易资格审查制度和交易结算制度。只有经过考核登记，取得法人资格之后，才能进场交易。这样，就演变为一种规范化的经济组织。在其组织形式、交易规范、辐射范围、市场管理等方面都比自发形成的农产品批发市场有了很大的进步。农产品批发市场的场所论和组织论是辩证统一的。

（2）农产品批发市场的功能

功能，是指事物所具有的特定用途和作用，即其所能承担的特殊职能。功能的发挥则集中体现在该事物与其他事物间的各种联系之中。农产品批发市场作为发达商品经济中较高层次的市场形态和流通组织，在市场经济中的功能表现在以下几个方面（刘东明，2001）：

①农产品集散功能

农产品批发市场可以大量吸引和汇集各地的农产品商品，在较短的时间内完成其交易过程，再把农产品商品发散到各地。中国实行家庭联产承包责任制后，农业生产规模变小了，一家一户的农民生产出来的农产品商品需要迅速销售出去，以实现其价值。如果没有农产品批发市场这一中间环节，就会出现交易次数多，批量小，交易成本高，风险大，效率低的情况，从而使农产品商品的"卖难"和"买难"交替出现，造成严重的社会和经济问题。农产品批发市场的强大生命力就在于它能够吸引和汇集各地的客户和农产品商品，再发散到全国各地，这样使农产品商品的价值迅速实现，使用价值顺利过渡。

②价格形成功能

由于农产品批发市场具有较大范围内集散农产品商品的功能，来自全国各地的农产品商品同场竞争，同一种农产品商品就可以通过比较按质论价，这有利于反映农产品商品价值和供求关系的价格迅速形成。农产品批发市场所产生的价格比较真实，这种比较真实的价格在一定程度上起到了稳定农产品商品市场价格的作用。价格是交易活动的综合反映。在郑州粮食批发市场通过公开、平等、竞争形成的粮食交易价格，被称为"郑州价格"。郑州价格通过新闻媒介的宣传，已成为有关部门制定政策和企业、农民确定生产经营决策的重要依据，对全国农产品市场起到了价格导向作用。现在，郑州价格已成为全国农产品交易的指导价格。

③信息中心功能

信息对于农产品生产者和经营者来说都极为重要。如果信息使用者收集到的信息是错误的，将会对农产品的生产、经营产生不良影响。由于农产品批发市场连接着产需两头，农产品信息来源比较多，加之农产品批发市场拥有多样化的信息传递手段，因此它是一个良好的收集、整理、发布信息的场所。郑州粮食批发市场同国内外农产品市场有着广泛而密切的信息联系，通过对各地的供求状况、价格等资料进行收集、整理、分析、加工，对未来农产品市场行情进行预测并向社会传播。因此，农产品批发市场实际成了农产品信息中心。

④调节供求功能

由于农产品受自然条件影响大，它的生产和供给比其他商品具有更多的不确定性，而农产品商品消费则是比较均衡的。因此，实现农产品商品的供求平衡是一件非常困难的事情。人们能够努力做到的是尽量避免供求严重失衡和剧烈波动。而农产品批发市场正是一个可以调节市场供求的良好场所。农产品批发市场大批量、大规模集散农产品的特点，使之对农产品供求产生重要影响。此外，农产品批发市场还可以通过价格等信息服务来协调农产品产销关系。

(3) 农产品批发市场的风险分析

农产品批发市场一般均为区域性的。区域农产品批发市场又称"地方农产品市场",它一般设在产品集中产地,由各省、市、自治区人民政府批准,同级农业、粮食厅(局)管理。我国幅员辽阔,农产品受地理条件影响较大,单靠中央农产品批发市场的流通是很难实现的,因此说农产品批发市场的风险因素是中等性质的。由于其所具有的集散功能、价格生成功能等特征,故其对农业产业化经营风险的形成有着直接的重要作用。其供求和价格波动既可形成农业产业化经营的市场风险,也可通过它调节和化解一些风险。对于农业产业化经营企业来说,农产品批发市场的健康发展对其风险的防范有重要作用。从某种意义上讲,农产品批发市场是农业产业化经营链条上的一个重要环节,搞好农产品批发市场运转,降低经营的市场风险是其重要任务之一。

3. 农产品期货市场的风险分析

(1) 农产品期货市场的含义

从历史上看,农产品期货市场是农产品现货市场发育到一定程度的产物,没有农产品商品生产和农产品商品交换的发展就不会有农产品期货市场的出现。因此,农产品期货市场与农产品现货市场之间有着必然的联系。但是,农产品期货市场发展到今天,已与农产品现货市场有了重大区别。

① 买卖对象不同

农产品现货交易的对象是实物,是商品和货币的交换。而农产品期货市场上的买卖对象是期货合约,并不是直接的商品货币交换。

② 交易目的不同

农产品现货市场的参与者,目的是进行实物交割,实现商品所有权的转移。农产品期货市场上的参与者,目的不是为了获得实物商品,不是为实现商品所有权的转移,而是通过期货交易转嫁与这种所有权有关的由商品价格变动所带来的风险,或者获得风险投资利润。

③ 交易方式不同

在农产品现货市场上,交易一般是一对一谈判签订契约。而在农产品期货市场上,所有交易都要集中在交易所以公开竞价的方式来进行。

④交易场所不同

农产品现货有集中交易，也有分散交易，而且一般都是分散交易。农产品期货则不同，必须在农产品期货交易所内依照期货法规竞争交易。

⑤保障制度不同

农产品现货交易有《合同法》等法律为保障，合同不兑现时借助于法律来解决。农产品期货交易也有法律保障，但更重要的是有保证金制度，每日价差结算，通过保证金制度和每日结算来保证市场的正常运行。

特别要指出的是，在现实经济生活中，有一种把农产品期货交易同农产品远期交易混淆的现象。农产品远期交易表面上也有3个月、6个月等不同的交割日期，但是它的交割时间不是固定的，它不是标准化的合约，不是以转移价格风险为目的的，不是通过公开竞价决定价格，而是双方协商决定价格。因此，它是一种农产品现货交易，不是农产品期货交易。

（2）农产品期货市场的特征

与农产品集贸市场、农产品批发市场相比，农产品期货市场有它的特性，具体说来是（陶王非，1997）：

①交易对象的特殊性。在农产品期货市场中买卖的是一种特殊的商品，即农产品期货合约。这是一种在交易所内达成，受一定规则约束，规定在将来某一时间和地点必须交收某一特定农产品商品的标准化契约。在合约中，农产品商品的规格、品质、数量、交货时间和地点等都是既定的，唯一的变量是价格，期货价格在交易所内以公开竞价方式达成。农产品期货合约与现货合同的相同之处在于，两者都是贸易方式的一种契约。两者的联系在于，农产品期货合约是由农产品远期合同逐步标准化而产生的。但是，农产品期货合约与现货合同又有着重大的区别：

第一，标准化与非标准化的区别。农产品期货合约是标准化的、公众的一种约定，农产品现货合同是双方协商签订的协议，交货时间、地点、方式、数量、质量、价格都由签约双方议定。

第二，价格决定的公开竞争性与非公开竞争性的区别。农产品期货合约中唯一没有被标准化的是价格，它要在交易所内通过公开叫价等方式形成，而农产品现货合同中的价格是双方商定的。

②上市农产品商品的特殊性。农产品期货市场上所交易的农产品商品是一种代表性的商品，并不是任何商品都可以上市交易。可在农产品期货市场上市的商品一般要具备以下几个条件：

第一，可贮藏，能够保存一定时间。因为期货合约的交割期从3个月到一年多，甚至更长，所以其商品必须是可以较长时间保存、不会变质的。

第二，品质可评价。由于期货合约是标准化的，所以其品质必须是可以明显地进行评价和划分的商品。

第三，批量大。在期货市场上，只有大量生产、大量流通的商品才能上市，价格才不会发生不正常的波动。

第四，价格波动。如果价格没有波动，生产者和经营者就不会有规避价格风险的要求，投资者也就不会进行投资套利，这是期货交易最重要的一个条件。

③交易目的的特殊性。人们参与农产品期货交易的目的，不是为获得商品的使用价值和价值，有的是为利用期货市场规避风险或套期保值，有的是为了投机。因此，按照交易的不同，农产品期货市场交易者可分为两类：套期保值者、投机者。

套期保值者大都是生产商、贸易商和实际用户，他们利用粮食期货市场以期货市场为现货市场的商品保值，防止因价格波动而造成损失。

投机者参与农产品期货市场的基本目的是牟取利润。投机者可以通过经纪人在交易所选择各种期货进行投机：当他们预计某种商品价格将上涨时，就选择时机买进期货合约，待机抛出，这种做法一般称为"买空"或"多头"；当投机者预测价格可能要下跌时，就在交易所抛售期货合约，待机补进，这种做法称为"卖空"或"空头"。投机商承担了套期保值者试图回避的风险，保证了农产品期货市场的正常运转。因此，适当的投机在期货市场的运营过程中是必要的。但过度投机则有害于期货市场的正常运行，必须进行限制。

④交易保障制度的特殊性。农产品期货保证金制度的一个显著特征是其杠杆作用,即用很少的钱就可以做很大的生意。保证金一般为合约价值的 5%～10%,与现货交易和股票投资相比,投资者在农产品期货市场上投资所需的资金要少得多。

(3) 农产品期货市场的功能

①分散风险

农产品期货交易同农产品现货交易一样,都存在农产品价格风险。套期保值是以转移农产品价格风险为目的的农产品期货合约买卖的交易形式,是交易者在农产品现货市场和农产品期货市场同时进行两个数量相同、方向相反的买卖,即在农产品现货市场买进或卖出一定数量的某种农产品商品的同时,在农产品期货市场卖出或买进同样数量的同种农产品,期货价格的变动方向和幅度基本一致,一旦农产品现货买卖出现亏损,可以用农产品期货交易的赢利来补偿。反之,农产品现货市场交易的赢利也可以弥补农产品期货市场的亏损。

因此,套期保值交易对于农产品生产、经营者来说,可把农产品现货市场上可能出现的不利的农产品价格波动风险减少到最低度。同时,农产品期货市场通过为套期保值者提供抵消农产品价格风险的手段而显出其特有的重要经济功能。

套期保值分散农产品价格波动风险的原理在于,某一特定农产品商品的期货价格和农产品现货价格同受相同的经济因素的影响和制约。此外,农产品市场走势的趋合性,也使得套期保值交易行之有效,即当农产品期货合约临近交割时,农产品现货价格与农产品期货价格走势趋合,二者的基差接近于零。这是因为农产品期货合约将近交割期时,自然与农产品现货价格趋于一致,若出现不一致时,将会产生套利交易,从而缩小二者的价差。

一般来说,农产品生产、经营者参与农产品期货交易的目的,并不是单一追求粮食价格上的利益,而是为了控制农产品生产成本,以利于农产品生产的稳定发展。

②风险投资

这种功能主要是针对农产品期货投机商来讲的。农产品期货交易中如果只有套期保值者,而没有投机者,那么套期保值者转移、规避农产品价格风险就成了一句空话。当投机者以交易者身份出现在农产品期货市场上的时候，他们才成为套期保值者转移、规避风险的承受者。投机指交易者利用农产品期货价格的频繁变化买空卖空，从中获利。与套期保值交易者不同，投机者对于所拥有的农产品期货合约项下的实际现货农产品商品并不感兴趣，他们总是在合约到期前通过做一个相反的交易，对冲在手的合约，以免去交割实际农产品商品的责任。适量的投机有利于确保农产品市场的稳定，减少农产品价格波动的幅度。投机者在农产品价格处于低水平时买进期货，使需求增加，这会导致农产品价格上涨，投机者在农产品价格处于较高水平时卖出期货，使需求减少，这又抑制了农产品价格上涨，这使可能出现的大幅度的农产品价格波动趋于平稳。另外，投机者一般都对农产品市场价格有着较高的观测能力，他们的行动，大多对稳定农产品价格有利。风险与收益并存，获取风险收益是投机者进行风险投资的根本目的。投机者愿意承担农产品生产者或其他商人想要规避的风险和损失，主要原因是能以少量的本钱做数倍于本钱的生意，有较高的获得高额利润的机会。在农产品期货市场上，一般只需5%左右的保证金就能做一笔价值为保证金20倍左右的生意。这种瞬间就可能获利几十倍的机遇，强烈刺激着众多的人甘冒风险跻身于投机者的行列。这样，在投机者为了风险收益而进行风险投资的同时，套期保值者转移、规避农产品价格风险也就有了真正的承担者。但是，对过度投机的副作用必须加以限制。

③发现价格

农产品价格发现功能是农产品交易所集中交易的一种内在功能。农产品期货市场所表现出来的是现在农产品市场对未来农产品价格的预期。它集中了即期的与未来不同的时点的供求情况，计算的基础就是现货价格加上各种利息、仓储、运输、管理费用，再由场内交易双方各自以自己的风险预测经验和知识来决定一个平衡农产品价格。通常，农产品现货价格与农产品期货价格之间总是存在一个差额，这个差额被称为基差，交割期越临近，基差越小。集中交易形成的农产品期货价格具有很强的导向作用。农产品期货交易所形成的农产品期货价格为一定范围内的产品现货交易提供了重要参数,同时,它也为农产品生产、经营单位开展生产、经营活动提供了依据。农产品期货交易的价格发现功能还有助于稳定农产品价格。随着农产品供求变化引起农产品价格变化,农产品价格反过来影响农产品供求,农产品价格在涨落中趋于稳定(杨玉川,1995)。

④农产品期货市场的风险分析

由于农产品期货市场具有套期保值的功能,因此它具有分散风险的作用;但同时,期货市场又具有投机的功能,因此,其市场风险性相较其他类市场是较高的。尽管如此,有条件的农业产业化经营企业相机进入农产品期货市场还是可行的。

a. 通过农产品期货市场,有效地分散和规避农业产业化过程中的风险。农业产业化降低甚至规避了千家万户农户进入市场的风险,但是,农业生产的自然风险并没有减少,仍然威胁着农业产业化的健康发展。以"公司+农户"为例,公司为了获得稳定的原料来源并保证原料质量,与农民签订农产品购销合同,按照事先确定的价格收购农产品。如果遇到农产品市场价格小幅下跌,公司则独自承担风险。如果遇到农产品市场价格大幅下跌,由于公司与农户的经济地位不对等,农户处于弱势地位,加之趋利避害和追求利润最大化是公司的本质,公司就有可能不按合同规定,或者只收购部分农产品,或者压低收购价格,向农民转移风险,损害农民利益,不利于农业产业化的健康发展。这说明,农业产业化链条上任何一个环节发生风险,都会威胁整个链条的正常运转。农业产业化的成败依赖于链条的每一个环节的安全运行。

农产品期货市场的风险转移机制为农业产业化经营中处于龙头地位的企业提供了转移经营风险的途径,通过进行相关农产品的套期保值来规避自然和市场风险,将自然和市场风险通过期货市场转移出农业产业化的链条,而不是让自然和市场风险在产业化链条的各环节之间相互传递,这对于维护公司与农户结成稳定的利益共同体、保障农业产业化的健康发展具有重要的现实意义。

b. 通过农产品期货市场,发现经营产品的远期价格,规避价格的大幅波动。农产品期货市场与现货市场互为依托，互相作用。在当前进行农业产业化的过程中，我们对农产品现货市场的价格信息利用得多，而对农产品期货市场价格信息利用得少。其实，农产品的生产应以远期价格为主要依据，并参考现货市场价格。因此，农产品的远期期货价格对于农户和农业企业进行生产经营活动具有非常重要的指导作用。当前，我们应该更多的利用农产品期货市场的价格信息来指导农业产业化的生产，以促进农业产业化的健康发展。农产品生产能否按照市场需求来进行，以避免生产的盲目性，是保障农业生产取得预期收益的前提条件。农产品现货市场提供的供求和价格信息是当时的，加之农产品的生产周期较长，可变因素多，对于安排未来的农产品生产，不如期货市场提供的信息准确可靠。农产品期货市场提供的信息具有预期性和权威性，农产品期货价格是在农产品现货价格基础上综合了各种影响因素，经过充分竞争而形成的，对未来一定时间内农产品需求和价格信息预报较准确。因此，根据农产品期货市场信息来安排农产品生产，可以合理确定农产品的品种和数量，增强农产品生产计划的科学性，减少主观盲目性，使农产品按照市场的需求供给，从而避免农业生产的大起大落。近些年来，河南省农民根据郑州商品交易所的绿豆期货价格相应调整绿豆种植面积，黑龙江农垦系统根据大连商品交易所的大豆价格安排大豆生产和抛售大豆现货，效果理想，这证明了农产品期货价格的引导作用。

c. 农产品期货市场是农业社会化服务体系的重要组成部分。一是通过农产品期货市场为农业产业化提供保险服务。在农业产业化过程中，需要投入大量资金作保证，目前，中国对农业产业化所提供的保险服务远远不能满足农业产业化发展的要求。由于农业生产的收益低且风险大，大量社会资金不愿流向农业领域。因此，必须充分调动商业银行服务农业产业化的积极性，控制服务农业产业化的保险风险，以取得相对较高的利润。在这方面农产品期货市场能够发挥独特的作用。随着中国农产品期货市场的逐渐成熟，农产品期货的上市品种会不断增多，农产品期权交易也会出现，使得农产品期货市场的服务功能更加丰富和完善，商业银行直接利用农产品期货市场的条件也会逐渐成熟。这样，为商业银行有效控制农业产业化保险资金风险，提供农业产业化保险服务，开辟了一个新的领域。二是利用农产品期货市场开展农业保险服务。中国土地辽阔，人口众多，环境复杂，自然变异强烈，而经济基础和减灾能力比较薄弱，是世界上自然灾害最严重的国家之一。新中国成立以来，每年仅气象、洪水、海洋、地质、地震、农作物病虫害和森林灾害等七大类自然灾害所造成的直接经济损失约占当年工农业总产值的5%~25%，因此，大力发展农业保险，建立完善的农业自然灾害补偿机制，是国家支持和保护农业的必要措施，对于农业产业化的健康发展具有重要的意义。

中国幅员辽阔，各地的农业自然条件千差万别，自然灾害对不同农作物造成的损失程度也不相同，这就为农业保险公司提供了风险管理的手段。农业保险公司通过农产品期货的跨市场套利、跨期套利、跨品种套利以及各种套利方式的最佳组合，可以满足对资产进行风险管理的要求。随着中国期货市场逐渐成熟，将来在全国范围内建立一套比较完整的农业灾害监测和统计系统，定期发布准确的农业灾害数据，就可以考虑在农产品期货市场上推出农业自然灾害指数期货，为农业保险公司提供有效的风险管理服务。

7.5.6 云南农业保险与农业产业化互动的意义

1. 农业产业化运行机制设计与风险防范

农业产业化运行机制是指促成参与农业产业化经营体系中各经济主体相互联系的内在经济规则和制度安排。而直接推动各经济主体的按产业化模式结合在一起的则是各主体自身的经济利益。从这一角度出发，可以认为符合农业产业化运行机制的基本原则，即"风险共担，利益均沾"的制度安排是产业化平稳运行的基本保障。如何在产业化体系内部建立一套符合这一原则的相互联系的组合机制，对产业化过程中可能发生的各种风险是最好的应对措施。一个有效的产业化体系，应该是具有风险自我平衡和分散、利益与风险对等的体系。

根据上述原则，在设计支撑农业产业化运行的利益分配机制、制度保障机制、运营约束机制、宏观调控机制时,都应该使其具有风险防范的功能。

(1)利益分配机制设计与风险防范

农业产业化经营是由多元主体参与而形成的经济共同体。它把农业生产与产品加工、运销、综合利用诸环节有机结合起来,通过契约的方式把外部市场交易内部化,再通过权利和利益的转移与再分配,搜寻潜在的外部利润,在既得利益无损的情况下,增加总收入,从而维护生产经营活动。农业产业化经营作为一种新的经营制度,其生存和发展的关键在于建立健全合理的利益分配机制,使不同的利益主体形成利益共同体,实现利益一体化。从经济学观点来说,各参与主体对农业产业化经营系统的投入(劳动、资金、产品、知识、技术)和它们在其中的产权得到承认,得到可以接受的回报和收益,是激励其积极性和创造性的动力源,因而是农业产业化经营发展的基础。由农业产业化经营的本质所决定,实行系统内"非市场安排"与市场机制相结合的利益调节机制,是各个环节获得平均利润的基本分配原则。

现阶段我国农业产业化经营的利益分配机制,就是指龙头经营组织与农户之间的利益分配关系。利益的创造是基础,利益的分配是关键。农业产业化经营的目标,就是通过科学合理的利益机制,把"龙头"与农户的利益联结起来,并成为"风险共担、利益均沾"的一体,把分散的农户组织起来通过"龙头"走向市场,从整体上提高农业抵御自然与市场风险的能力。

①利益分配方式

目前农业产业化经营中有以下几种典型分配方式:

a. 股份合作式的分配方式。这是以资产为纽带,以投入的劳动、技术、资金等作为分配的依据,实行按股分红、红利均等的分配方式。

b. 按合同规定的保护价格交售产品的利润,农户大约可以获得15%~20%的超额利润。

c. 超额利润返还让利,即"龙头"企业按照各参与者主体交售产品的比例,将一部分超额利润返还给签约基地和农户,让利于农。

d. 企业与农户有租赁关系的，以租金形式付给租让其承包地的农户。

e. "龙头"企业多实行工资制，企业按职工工种、技术水平和完成任务等指标付给工资，对成绩突出的还发奖金。

f. 有的地方有专业大户承包土地经营者，按专业承包合同规定的方式实现种植业大户的收益。

②利益分配机制的形式

一是公司型"龙头"企业与农户之间的利益机制。"龙头"企业、流通、科技服务组织与参与农业产业化经营的农户、专业大户及其他私人经营者之间均有利益分配关系。这些组织与农户都是各自独立的经营者或利益主体。它们的利益关系有两种机制：一种是松散机制，按照市场交换的原则相互进行交易，与一般市场买卖关系相类似，但在农业产业化经营系统内部，这种交易关系更稳定；另一种是紧密机制，"龙头"企业按照系统内"非市场安排"与市场机制相结合的方式，对农户实行低偿和无偿服务，按内部合同保护价格收购农户签约产品，农户获得交售产品的成本和比例不等的利润，还从"龙头"企业得到利润返还。

二是合作经济组织内部的利益机制。农民采取联合自助方式发展农业产业化经营，多以专业合作社或专业协会的组织形式为载体，这样的"龙头"单位与其成员农户之间的利益关系，同农户参与以公司企业为"龙头"的产业化经营不一样。农户作为专业合作社或专业协会成员，从合作经济组织中得到信息、科技、加工、运销服务，属于农民联合自助性质；农户既是农业共营系统中的生产者，又是合作经济财产共有人，它们一方面按合作合同价格将其产品交售合作经济组织，另一方面又按照惠顾者原则从中得到利润返还。这都是合作经济组织内部的利益分配，按合作社或协会章程和合作合同规定进行。

三是股份合作制经济组织与农户之间的利益机制。许多地方的合作经济组织和集体经济组织，实施农业产业化经营，形成股份合作制经济或股份制集体经济，其中，农户既是生产者又是股东，一方面获得作为生产者的利益，同时，又按股分红，得到投资回报。农民自办的股份经济组织与此相类似,农民以入股形式进入二、三产业。不但得到第一产业生产者的利益,还以股东身份分享股份经济组织从事二、三产业的部分利润。

③利益分配机制的原则

一是产权清晰是建立合理利益分配机制的前提。市场交易一定程度上就是一种产权交易行为。产权以其法定的收益为经济主体提供行为激励,又以其合法权益的界限提供行为的约束和规范。要激励市场经营主体追求长期获利,以保证资产的保值与增值,必须明确界定各主体经营财产的产权,硬化财产关系的约束。只有各方产权清晰才能建立合理的激励机制和约束机制,推动资源的合理组合,保障农户合理地取得利润和农产品增值部分回流到农业生产之中。在农业产业化经营中能够成功运作的"龙头"经营组织和农户的关系,一开始就是以产权归属为基础的。

二是风险共担、利益均沾的原则。这是要"龙头"经营组织与农户建立一种互惠互利、权利和义务共有的利益关系。风险共担是参与者的义务,利益均沾是经营中的正当权益。只有两者紧密结合起来在共同体中得到贯彻,其组织和机制才能成立和运作,在这个共同体中利益的结合是核心问题。什么是"龙头"与农户之间有效的利益结合点?据研究,当"龙头"与农户的资本边际生产率的比较效率处于均衡状态,即两者的边际生产率相等时,就实现了"龙头"与农户之间有效的利益结合,这是农业产业化经营得以成立的经济学基础。当"龙头"企业利用自身的资金、技术、信息、规模和管理优势,实现了全系统资源的优化配置,所产生的产业化经营的生产率,明显高于单个农户经营的边际生产率时,农户就会无选择地进入农业产业化经营系统。通过以利益为核心的分配关系与分工的形成,刺激农户的生产积极性,而公司将人力物力财力集中于技术开发和提高质量上,农户则将人力物力财力集中于生产上,结果,大大提高了经济效益,双方都从合作中得到了应得的利益(梁荣,2003)。

三是确立农户在产业化经营中的主体地位。农业产业化经营的利益机制形成一开始就是以农户成为生产经营主体为基础的。

"龙头"经营组织和农户结成的经济共同体实质是扩大了的农民主体，是众多农户利益结合的体现。处在这个共同体中的不同利益主体在生产经营、利益分配中的地位方面享有平等权益，能取得按劳分配与按生产要素分配相结合的利益，得到因多付出而返还的利润。同时还给农民带来了社会地位和身份的变化。在农业产业化经营风险的相关理论的诸环节中，农户这个环节是"龙头"企业的第一车间，是"龙头"企业的基础和依托，可以说农户的利益得到了保障，"龙头"企业的长远发展才能够得到保障，两者是"风险共担、利益共享"的利益共同体。

四是要以市场为向导，引导"龙头"经营组织因地制宜地选择利益分配机制。利益机制只有以市场为导向，才能把自己的生产经营与市场需求较好地结合起来，最大限度地满足消费者的需求。共同的利益关系，迫使经济共同体以满足市场与消费者的需求为目标进行经营。只有准确而适时地把握市场脉搏，产业化经营的一切经济活动才会有效，最终利益才能实现。在利益共同体中，"龙头"经营组织居于主导地位，其利益机制关键在于"龙头"经营组织的选择。选择过程中，应因地制宜，根据不同产品和产业条件，能带动农民从事专业化生产，有反哺农业的，也有利于农民参与经营管理、监督的。政府也应以国家优惠政策，扶持并发展，而具体选择和机制形成要通过市场去完成。

五是利益分配机制要逐步规范化、制度化。目前我国企业间利益分配机制，一般都是通过合同契约来约束。但这种合同在现行的合同法体系中还不能将其准确定位。在农业产业化经营合同运作过程中，由于各利益主体从自身利益出发，很难自动地取得相互的利益平衡。企业特别是大中型企业与农户的经营地位不一样，农户在利益共同体中处于弱势，诸如对农产品压级压价收购的现象屡见不鲜。另外由于企业对价格有绝对的发言权，农户作为价格被动接受者，难以获得平均利润。还有在合同履行中，当事人因市场价格变化而发生违约也时有发生，解决这些问题，关键在于把利益分配机制规范化、制度化。要制定推行标准合同，以取代企业单方面制定的格式合同，并建立健全合同争议的处理机构。当地政府要运用法律法规加强对农业产业化合同的管理，认真处理经济纠纷，维护合同的严肃性，保护主体利益者的正当权益，保证和促使农业产业化经营健康而有效地向前发展（赵昌文，1999）。

(2) 运营约束机制设计与风险防范

农业产业化经营系统的正常运营以及各主体互利互惠关系，还要靠营运约束机制来实现。对于农业产业化经营至关重要的是参与各方产权明晰，经营企业是自主经营、自负盈亏、自立发展的经济主体，使产业化系统真正成为"风险共担，利益均沾"的经济共同体。"龙头"企业要按照现代企业要求，以法人的身份出现，与其他市场主体打交道、做生意。企业内实行民主管理和民主监督。为了实现这个目标，就要造就一支精明懂行的，具有敬业、开拓、创新、奉献精神的经理阶层，建立健全企业内部经营管理机制和调控机制。企业在运营中，要接受市场合同等约束。

①市场约束机制

农业产业化经营初期，尤其是松散的联合经营，"龙头"企业凭靠自己的信誉和传统的产销关系，与农户和原料产地通过市场进行交易，在产品的种类、数量、价格等方面，企业应主动适应市场。这里说的价格随行就市，适于产业化经营组织与系统以外的市场主体进行交易，在系统内部当保护价低于市场价时也采用市场价。当保护价高于市场价时，则应按合同办理。

②合同（契约）约束机制

合同约束机制是农业产业化经营普遍采用的运行方式。"龙头"企业与基地（村）和农户签订具有法律效力的产销合同、资金扶持合同和科技成果引进开发合同等，明确规定各方的责任权利，以契约关系为纽带，进入市场，参与竞争，谋求发展。合同一经签订，应当保持其连续性和稳定性。合同必须保护弱势群体，公平、公正。签约双方必须履约，违约必究。在产业化合同（契约）关系中，必须改变"龙头"企业居主动地位，农户则往往较为被动的局面。同时，要教育农民树立全新的市场观念和产业一体化观念，增强履约意识。

维系"龙头"企业与农户契约关系的核心是合同保护价格。

产业化合同都明文规定,"龙头"企业保证按最低保护价收购签约产品;保护价的内涵是"完全成本+合理利润"(合理利润为完全成本的10%~20%不等,因产品而异)。当市场价高于合同价时就随行就市,市场价低于合同价就按最低保护价收购(农业部软科学课题,2001)。实行合同保护价,就要建立风险基金,由"龙头"企业及其他参与主体共同承担风险,使签约企业和农户的利益得到切实保证。

③股份合作约束机制

在产业化系统中,企业与企业之间、企业与农户之间实行股份合作制,相互参股,形成新的资产关系。"龙头"企业运用股份合作吸收农户投资入股,使企业与农户以股份为纽带,结成"互利互惠,配套联动"的经济共同体。这样,"龙头"企业演化成为股份合作制法人主体,而入股农户则成为企业的股东和企业"车间"型经营单位,"龙头"企业可以低于市场价购到生产资料。

④租赁约束机制

一些地方实行的"返租倒包"是租赁的一种形式。"龙头"企业将已经分包给农户的土地返租回来,作为企业的生产基地再倒包给农户经营,成为企业的一个生产车间,生产的产品全部由企业收购。例如,云南昆明阳光现代农业综合开发建设有限责任公司,按每公顷年付6 000元租金,租用农民的800公顷土地,租期70年,统一规划(范正美,2003)。实行一体化经营,租让土地的农民可优先在开发区就业,挣得工资。这是农业产业化经营中特殊的租赁合作关系,维系"龙头"企业与农户关系的纽带是返租契约和关于租让土地的农民就业安排协议。

⑤专业承包约束机制

有的地方将其一体化经营分为两大部分:一部分是农产品加工和运销,实行公司制经营,向国内外市场出售其制成品;另一部分是种植业初级产品生产,在坚持家庭联产承包经营体制的前提下实行专业承包经营,以所属公司为甲方,专业承包大户为乙方,签订专业承包合同,规定甲乙双方在种植业生产中的责权利。甲方为乙方提供各种服务,包括机械化服务,乙方实行科学种田，保证完成生产任务。在此情况下，专业承包合同便成为约束所属公司和承包大户在种植业生产收购方面行为的机制。

(3) 利益保障机制设计与风险防范

保障各方经营主体合法利益，是产业化经营健康发展的关键，必须有一系列安排来保障农业产业化经营风险的相关利益的实现。

①组织保障

是否有稳定的组织，是判断某个经营实体是否实施农业产业化经营的一个重要标准，也是制定与执行各种制度的承担者和重要保证者。首先，农业产业化经营组织载体，合格的"龙头"企业极为重要，因为它是制度的订立者和主要执行者。其次，农村合作经济组织，如专业合作社、专业协会及其他联合自助组织，同样重要。一般地说，农民组织化程度越高，制度效率和经营效率就越高，经营交易成本也就越低。不难理解，如果没有农民适度而有效的组织化，"龙头"企业很难直接与众多而分散的农户打交道，制度也难以履行。相反，农民有了组织，"龙头"企业与农户打交道就容易得多，共同制定的制度就较易得到共同遵守和检查监督。

②制度保障

农业产业化经营系统要建立许多制度，包括合同产销制度，保护价格制度，风险基金制度等等。

合同产销制度是现代市场经济中普遍采用的一种产销制度。是"龙头"企业联结参与者农户的重要手段。合同产销制度的实质是按预定销售额进行生产，减少生产上的盲目性。因为合同规定了农户向"龙头"企业交售产品的数量、质量、规格、交货时间和地点，"龙头"企业按合同规定收购农户的签约产品、提供应当的服务和应当支付的价格，还规定了履约约束和违约罚则。以制度保证合同信誉的兑现，是合同产销制度的生命线。

保护价格是产销合同的重要内容。保护价格的基准是"完全成本＋平均利润"，以保证抵偿生产者成本和最低赢利。有了这样一种制度，签约农户生产者利益就有了保证，"龙头"所需原料就有了来源。

风险基金制度对防范商品性农业面临的自然风险和市场风险起制度保障作用。风险的直接影响是农业生产率波动，进而引起供求关系波动，影响产业化经营效率和效益的稳定增长。

为防范这两种风险，将风险损失控制在最低程度，对风险损失能有所补偿，农业产业化经营系统必须建立风险基金制度。农业产业化经营风险基金可采取多种方式建立。一是"龙头"企业自建。将其自有资金的一定比例划拨为防范风险专用资金，每年从税后利润归其自己的部分中扣拨某个比例，充实风险基金。二是"龙头"企业与农户共建。每年分配前从共同经营利润中扣出一定的比例，作为风险基金，逐年充实。三是政府与"龙头"企业共建，政府每年从其财政中拨出一定额度，"龙头"企业从其利润中拨出一定额度，形成风险基金。四是政府自建，农业共用。

③非市场安排

农业产业化经营系统内"非市场安排"是"龙头"企业与参与者农户之间的特殊利益关系，也是一种特殊的资源配置方式。这种特殊安排是保证农业产业化经营系统再生产过程连续有效运行，保持系统内各利益主体权益关系稳定的重要手段，是保证市场供需和价格稳定的重要手段，具有重要的宏观意义。

一是要有一定的资金扶持。"龙头"企业对参与者农户的资金扶持不是固定的，因条件和发展需要而定。一般农户资金微薄，又不易贷到款。为适应市场需求，必须进行某种资源开发、产品开发、品牌开发和技术开发，但是农户因缺乏资金往往不能启动，这时就需要"龙头"企业对参与开发的农户给予资金扶持。这是"龙头"企业对系统整体发展的垫付资金，不是对农户的恩赐，与无息保险相类似。

二是低价供应或赊销生产资料。农户为产业化经营系统进行初级产品生产，需要某种或几种生产资料，但资金不足或没有现款支付怎么办？"龙头"企业往往以低价供应农户所需生产资料，或者将生产资料赊销给农户，待农户交售产品进行结算时再扣除。这种安排可以避免市场机制导致行为的盲目性，保证产业化经营系统内资金配置及时到位和营运效率的稳定提升，这是农业产业化经营的一大优点。

三是低偿或无偿服务。这是维系"龙头"企业与参与者农户稳定关系和保证高效营运的重要手段。例如，山东诸城市对外贸易集团公司肉鸡系列对养鸡户实行"雏鸡送到门，饲料送到门，技术服务和防疫到门，收购运输到门"，多为低偿的，有的是无偿的。上海大江集团对养鸡场户也提供类似的服务。诸城市绿宝蔬菜协会对入会农户提供信息、技术和运销服务，大多为无偿或低偿的，带动了省内外入会农户共同致富（刘东明，2001）。诸如此类的典型各地都有，体现了农业产业一体化经营系统内"非市场安排"的优势，意义深远重大。

(4) 宏观调控机制与风险防范

建立健全科学的农业产业化经营宏观调控机制，是推进农业产业化经营的根本保证。

①高起点搞好农业产业化经营的总体规划

从各地的实际出发，搞好农业产业化经营的产业定位、形态定位、功能定位，做到合理分工，扬长避短，共同发展。实行跨地区、跨行业、跨所有制的农业产业化经营管理体系，实现有限农业资源的优化配置，高效运行。

②加强对农业产业化经营的政策支持

要在资金、技术、人才等各方面实行对农业产业化经营的倾斜政策，要不断完善农业产业化经营的各项基金制度。要在稳定现有农业产业化经营投资基础上，逐步提高固定资产投资、财政资金、保险资金用于农业产业化经营的比重。要建立国家、集体、个人多元化投资的新机制，多渠道增加农业产业化经营投入，并大力引进外商投资农业产业化经营。

③完善对农业产业化经营的法制建设

结合实践，将许多发展农业产业化经营的成熟经验上升到法律高度。制定有关保护和发展农业产业化经营的政策和法规，将保护农民利益，保护农业产业化经营发展纳入法制化管理轨道。

④建立健全灵敏的宏观调控体系

政府要努力创造一个促进农业产业化经营发展的优良制度环境。强化国民收入初次分配和再次分配的利益调节功能，正确处理农业与非农业，农业产业化经营各环节、各链条的利益分配问题。建立完善农业产业化经营的预警网络，迅速有效地解决影响农业产业化经营建设的一些突出问题，确保农业产业化经营的健康顺利发展。

2. 农业产业化与农业保险的互动关系

（1）农业产业化对农业保险的推动作用

农业保险是多数发达国家支农体系的主要手段，也是 WTO 贸易规范中所承认的"绿箱"原则之一。根据国外农业发达国家发展农业产业化的经验总结，农业产业化进程也是农业保险业不断发展的过程。农业产业化的发展可以通过以下四个方面促进农业保险的发展。

①农业产业化的深化提高了农业保险有效需求。有效需求通俗地讲就是指有支付能力的消费欲望。农业保险作为一种社会化大生产条件下的保险商品，也是随着农业产品商品化程度不断提高而出现的。

首先，农业产业化在产业规模上的扩大，以及在产业链上的延伸，使传统的以农户个人消费为主要生产目的自然农业瓦解。伴随着商品化程度的提高，农产品的生产直接以销售为目的，规模远远大于自然农业的小农户生产方式，其产业循环所产生的规模收益是传统农业不可想象的，但同时其面临的市场与自然风险也因此在空间和时间频度上发生了质的变化。这种风险收益与风险几率和损失的提升，也提高了农业产业化主体对保险费用支出所换来的保费收益的预期效用。这就有效地激发了农业保险的消费欲望。

其次，农业产业化提高了产业主体的保费支付能力。一是产业化体系本身从农产品销售中所获得的利润，理论上要高于小农生产方式所获得的收益。二是与非产业化模式相比，农业产业化运行所节约的各种交易成本也变成了各产业化主体的利润。三是产业化运行模式下，各主体都积累了相当的资本，农产品价格通常包含保费成本。同时，由于农业产业化经营的产业链的延伸，为一体化统筹农业保险资金提供了可能性。

最后，农业产业化发展可以改变农业以种植业为主的格局，因地制宜的养殖业、观光农业、农村建筑业、运输业以及农村商业、饮食业等多元产业将逐渐繁荣,与此相对应的养殖业保险、游客人身意外伤害保险、乡镇企业财产保险、工程保险、货物运输保险等将成为现实的保险需求。

②农业产业化促进和增加农业保险的有效供给。首先,农业产业化把按特定运行模式结合到一起的生产经营主体的利益联系起来,促使其共同参加农业保险,扩大了农业保险的保费来源。其次,农业产业化经营建立起农业生产者之间的合作机制,在一个产业化组织内部,信息的透明度和对称性大大提高,成员之间形成了多种形式的相互约束和监督机制,有效降低农业保险中的"道德风险"。最后,农业产业化的实现形式可以有选择地成为农业保险的组织载体,例如,"龙头企业+农户"的产业化组织可以成为农业保险的一个投保组合,从而有效降低保险成本。

③农业产业化为农业保险提供了重要的组织基础。农业产业化有多种实现形式。无论哪一种实现形式,其本质都是提高农户组织化程度,它构成农业保险的组织基础。农业保险机制是一种政府扶持下的农业生产者之间的互助机制,是一项技术性很强的复杂的制度安排,农业保险不可能建立在"一麻袋马铃薯"式的小农经济体之上,它必须建立在具有相当组织化程度的农业生产者群体之上,这就是农业产业化组织。

(2) 农业保险对农业产业化的促进作用

农业保险是农业风险保障体系中的重要内容,对农业产业化同样具有重要的促进作用,具体表现在以下三个方面:

①农业保险为农业产业化组织编织了一张"安全网"。农业生产面临着自然风险和市场风险的双重压力,一般来说,市场风险主要依靠产业化组织本身及其政府指导下的行业组织去应对,而自然风险主要依靠政策性农业保险来化解。农业保险的全面实施,分散了农业经营风险,为产业化组织的巩固和发展构建了一张"安全网",使龙头企业和相关农户生产经营的不确定性大大减少,因而使他们的收入有了基本的保障。农业保险机制的建立是政府扶持农业政策的革命性变革。以往的支农政策侧重于价格补贴和灾后救济,这种政策在一定时期内和特定条件下是有作用

的，但是它存在着较大的局限性。随着我国加入 WTO 过渡期的结束，农业"绿箱政策"的必要性愈益凸显。农业政策性保险制度作为一种国际公认的"绿箱政策"，它把政府灾后不确定的救济转变为灾前对农业保险的规范性补贴，为农业生产者提供安全稳定的生产经营环境，从而体现了政府职能的转变。

多种经营是产业化经营一种非常重要的农业风险管理策略。无论是小规模经营的农户，还是大规模生产的农业企业，通过多种经营可以规避财产同时遭受损失的风险。但是农业产业化，无论采取"公司＋农户"、"专业市场＋农户"，还是"农业中介组织＋农户"的形式都会使农民改变农业生产结构，在一定程度上进行专业化生产，这就在相对集约化、规模化经营的同时，也使农业生产风险的强度和范围显著变大。农民一旦经营失败，将可能颗粒无收，甚至负债累累。

因此，通过保险将农业专业化生产的风险转嫁出去，可以降低农业投资者的风险预期，使原本不可能进行的投资在保险的保障下得以实现，这可在一定程度上提高农业的产业化程度。保险的这种降低投资主体风险预期的功能，对于增加农业投资和国民经济增长来说，是非常重要的。它对社会福利的促进是通过农业投资者风险预期降低—投资增加—产业化程度提高—产出效率提高—国民收入增加—社会福利增进这种路径来实现的。农业保险不仅可以降低农业投资者的风险预期，同时，它具有部分替代保险抵押品的功能，可以降低农业保险人的风险预期，提高农业保险人的预期收益和经营业绩。因此，农业保险可通过农业保险对农村经济发展具有正效应这条渠道，对经济福利产生有利影响。

②农业保险促进产业化组织内部利益联结机制的形成和完善。要发展壮大农业产业化组织，关键是要形成和不断提升龙头企业与农户之间利益共享、风险共担的机制。首先，农业保险制度可以设计这样的机制，保费由龙头企业、中介组织与农户共同承担，从而构建了一种产业化组织与农户风险共担的机制，强化双方的"内在关联博弈"，有利于合作机制的完善。其次，一旦受灾，通过农业保险能有效降低产业化组织及农户的损失，从而稳定了农业生产者的收入水平，保护了农民再生产的能力和积极

性。与此同时,由于灾后农业生产能力的迅速恢复,产业链的基础环节得到了稳定和加强,为农产品加工、销售、服务等环节的振兴和发展提供了条件,龙头企业和中介组织又共享了农业保险的"利益"。

③农业保险为提高农业产业化水平找到了新的实现手段。从本质上看,农业保险和农业产业化都是提高农民组织化程度的有效手段,农业保险制度的成功构建,可能创造出提高农业组织化程度的多种有效形式,这些有效形式中有些直接可以作为提高农业产业化水平的实现手段,有些稍加修改就能移植到农业产业化领域中来。

④首先,不管农业生产者是否懂得或意识到农业保险是管理农业风险的一种方式,只要参加了农业保险,就能以少量的保险费支出,把不可预料的农业风险损失转移出去,形成一种现实的互助性风险保障;其次,保费支出属于农业经营中必要成本费用的一部分,通过把农业保险费计入生产成本由社会承担,就可以依靠社会力量建立起一种可靠的农业风险保障、农业灾害补偿的经济制度。这种农业灾害补偿制度也可在一定程度上促进农业产业化。

3. 两者互动关系对云南农业经济和"三农"问题的意义

(1) 发展农业保险是农业在 WTO 框架下应对国际竞争的需要

第一,在 WTO 框架下,我国农业保险面临着新情况。根据 WTO 规则要求,国外一些有实力的保险公司将参与农业保险的经营。西部城市成都、重庆已成为保险业对外开放城市。法国第一大农业保险公司安盟保险公司获准在中国组建财产险分公司。来自中国保监会的资料显示,安盟保险获准进入中国市场后,法国已有 3 个保险公司在中国设立 4 个营业机构(含筹建),目前,共有 36 家外资保险公司在华设立了 57 个营业机构(含筹建)。现在,我国的农业保险体系还不够规范,面临着新的考验。WTO 框架下农业竞争的范围扩大,对手更多,增强竞争力的手段之一就是涉足新领域,开发新产品,但是开发新产品就会带来新风险,而保险可以规避风险。因此,在 WTO 框架下,中国保险业将面对国际竞争，更加需要发展我国的农业保险。

第二，WTO《农业协议》规定，各成员国在农产品贸易中所实施的各种非关税措施必须转换成同等保护程度的关税措施。这使我国过去用以保护国内农业的限制农产品进口的措施，如进口许可证、配额管理等手段被取消，国内农产品市场面临着国外农产品的激烈竞争，农民收入将会受到一定影响。而要提高农产品竞争力，就需要促进农业产业化经营，提高农产品科技含量，降低生产成本。这些投入需求，在 WTO 规则下使政府的作用变得有限。而与此相反，符合 WTO 协议"绿箱"原则的农业保险，却可以在引导农业资源配置、促进农业产业投资等方面发挥独特功能。另外，近年的农业生产资料成本上涨，使我国农业的成本优势逐渐丧失，而发达国家还能在一定程度上以出口补贴来提高其农产品的出口竞争力，在这种情况下，我国农业产业化的国际市场风险比加入 WTO 前更大，而农业保险则可以代替政府的部分职能，发挥对农业的补贴作用。

我国对农业加大支持力度，也必须以"绿箱"政策作为重点。根据《农业协议》，"绿箱"政策包括 11 项措施，即：①一般农业服务，如农业科研、病虫害控制、培训、推广和咨询服务、检验服务、农产品市场促销服务和农业基础设施建设等；②粮食安全储备补贴；③粮食援助补贴；④与生产不挂钩的收入补贴；⑤收入保险计划；⑥自然灾害救济补贴；⑦农业生产者退休或转业补贴；⑧农业资源储备补贴；⑨农业结构调整投资补贴；⑩农业环境保护补贴；⑪地区援助补贴。农业保险作为 WTO 规则许可的"绿箱"政策中的一项补贴措施，日益受到许多国家的重视。如美国于 2000 年 6 月通过《农业风险保护法》，计划在未来 5 年内提供总计 82 亿美元的财政支出补贴农业保险；2002 年 5 月通过的新《农业法案》，要求政府在未来 10 年内对农业提供高达 1 900 亿美元的补贴，其中大多数是通过农业保险的方式资助农业。但在我国，对农业保险进行补贴仍是"绿箱"政策中的一项空白。

（2）互动机制是强化农业基础地位，确保基本农产品增长和农民增收，实现小康目标的关键措施随着农业生产条件的改善,科学技术的广泛应用,农业连年丰收,农产品供应紧张的状况基本解决,买方市场逐步形成,一些产品发生"卖难"现象,价格下跌。这必然影响农民积极性,为农产品的再增长带来困难。随着农产品价格与国际市场接轨,农民靠农产品提价增收已不可能,农民的增收因素大大减少,在这种情况下,农业产业化以其崭新的生产经营机制成为农产品增产和农民增收新的增长点。首先,发展农业产业化,必然要求加强农产品生产基地建设,增加农业投入,改善农业生产的基本条件和基础设施,这对于提高农业的综合生产能力,强化农业的基础地位,确保粮、棉、油等基本农产品的稳定增长,有着重要的意义和作用。其次,农业产业化大大提高了农业的社会化、组织化水平,大大提高了农副产品加工流通企业和分散的家庭经营者抵御市场风险和自然风险的能力。这对于防止基本农产品产量的大起大落无疑有着积极的作用。此外,在农业产业化内部,农副产品加工流通龙头企业大都以预付定金、提供服务、保护价或优惠价等形式收购本地农副产品,这样也可以保护和调动农民的生产积极性,防止"谷贱伤农"。

(3) 互动机制有利于改变农业的弱质地位,提高农业综合效益

农业是具有经济效益和社会效益双重属性的基础产业,又是受自然因素影响大、生产周期长、需求弹性小、比较效益低的弱质产业。解决这个问题要靠国家政策,但更重要更现实的是靠挖掘农业的内部潜力。实施产业化与农业保险互动,可以最大限度地提高农业的比较效益。一是通过拉长产业链条,发展农产品加工、储藏和运销等,实现农产品的多次转化增值。二是通过扩大每个生产环节的规模,提高了规模经济效益,两者互动,可以在不改变家庭经营的前提下,把一个传统分散的农产品组合成为一个社会化大生产的产业链、产业群,形成规模经营、规模效益。三是减少了中间环节,减少了交易费用。产权理论认为,相关的生产、供应、科研、技术、运销等过程或环节的经营组织,若不属于一个企业的组织体系,而只是一般的商品生产者关系,相互交换过程通过市场进行,其间的谈判和交易费用很大。农业产

将产供销、农工技贸相结合，成为一个扩大了的企业模式，交易过程就成了企业内部的行为，费用也相应降低。

（4）互动机制有利于推进传统农业向现代化农业转变

农业现代化是高度发达的农业产业化，所谓农业现代化，就是农业物质装备现代化、科学技术现代化、经营管理现代化。目前，农业现代化建设也面临诸多矛盾和问题：一是分散的小规模家庭经营难以采用现代化的先进技术和设备；二是农业的自身积累机制不健全，积累能力低，自我发展能力弱，缺乏改善生产条件和提高技术装备所需要的资金；三是政府财力有限，投入不足；四是农业作为社会效益高而比较效益低的弱质产业，市场风险、自然风险大。这四大矛盾，单靠农民、集体、农副产品加工企业、地方政府和国家哪一方也难以解决，单靠任何单项改革、单项突破都难以奏效。农业产业化与农业保险互动机制则通过经营方式和组织制度的创新，通过利益机制、运行机制的综合配套改革，通过农业保险制度的建设、工商企业的介入和国家政府的支持参与，有利于调动产、加、销、贸工农各方面的积极性，有利于吸引资金、先进的生产加工技术、科技人员、先进的生产工艺和设备、土地资源等各种生产要素向高效益的农业产业化项目流动和组合，有利于提高农业的经济效益和自身积累能力，有利于改善农业的基础设施和技术装备。同时，互动关系大大促进农业专业化规模经营的发展。反过来，农业专业化和规模经营又促进了农业先进技术和设备的应用，促进农业现代化的进程。

（5）互动机制有利于农业科技的应用

农业的潜力在科技，希望在科技。一家一户的分散经营，给科学技术的推广带来很多困难。农业产业化既具备了连片种植、规模较大、经营集约、专业化程度较高的优势，又具备了组织和服务体系的优势，再加上农业保险分散新技术应用的技术风险，农民和企业都愿意而且有条件采用科学技术和现代化装备，从而形成一种新型的具有生命力的现代科技推广应用体制。这种推广应用体制，一是起点高。为适应日益激烈的市场竞争，"龙头"企业就要根据市场需求，发挥信息、人才、资金、技术等优势，在生产、加工、检验、分级、包装、储藏、运销等环节上，充分利用高新技术,以高附加值、高科技含量的优质产品赢得市场。二是速度快。由于农业产业化具备生产集中、规模较大、服务体系较健全的优势,大大缩短了高新技术的推广周期。三是效益好。适度的规模加上先进的物质技术装备,可以较大幅度地提高产品质量和经济效益,最终促进现代农业和市场农业的发展。农业产业化还为现代企业管理制度引入农业领域提供了可能,特别是大中型企业与农业产业化的结合,可直接把先进的技术、管理等嫁接到农业中,对于提高农业的科学管理水平和集约经营水平将产生重大影响。

(6) 互动机制有利于农村产业结构调整

农业产业化把加工业延伸到农业之中,把农业变成加工业的厂外"第一车间"。这样,农民围绕"龙头"企业进行种植、养殖,形成大种大养的格局,就可按市场取向组织大规模农副产品生产,为加工企业提供充足的可供加工的资源,为后续产业发展创造更好的基础条件,极大地刺激加工业的迅速发展,进而带动流通、运输、服务、通讯等第三产业的发展,为农村剩余劳动力向非农产业转移提供了广阔的空间。"龙头"企业的发展壮大,促进了生产要素的集中,促进了交通、通讯、供电、供水等基础设施的发展,带动了一大批以产业化"龙头"企业为依托的新型城镇的兴起。农业产业化还吸引城镇的人才、资金、技术、物资、信息等要素更多地流向农村,与农村的资源、劳动力等生产要素结为一体,形成群体优势,从而有效地打破城乡分割、工农分割的旧体制,加快城乡一体化进程,进而走上以城带乡、以乡促城、城乡互补、协调发展的轨道。

农业保险则可以根据产业政策,以不同的保费、险种、赔付率、补贴率等手段间接地引导农业资金投入的方向,以优惠的保险政策扶持产业结构调整过程中的弱势行业。同时农业保险所具有的国民收入再分配和保险对经济增长的乘数作用,也会随着政府产业政策的执行,影响产业结构的调整效果。

第8章 云南省农业保险与农业产业化发展互动机制建设的定位和路径选择

8.1 互动机制建立的定位

8.1.1 农业保险的属性

从包括中国在内的世界各国经营农业保险的经验和实施效果看,无论是政府经营或政府补贴型农业保险,还是商业化或者合作化农业保险,在实施中都面临着一些难以克服的困难,尤其是纯商业化经营的农业保险,除了少数国家的少数险种,其经营普遍不成功。造成农业保险经营面临困境的原因很多,诸如有效需求不足、经营难度大、赔付率高、保险公司不愿经营等多种现实原因,而农业保险内在性质的特殊性则是其深层次原因。关于农业保险性质的特殊性,国内外不少学者从不同角度在理论上对此进行了分析论证。国内外学者主要从不对称信息条件下的逆向选择和道德风险、准公共产品特性及供给和消费的外部性特征加以分析,也有学者从农业保险具有商品性和非商品性的"二重性"以及农业保险主体面临的博弈困境加以分析,由此得出农业保险经营的市场失灵并需要政府大量补贴的结论,应当说上述理论及其分析都有一定的合理性,但由此得出农业保险市场严重失灵及政府应当大量补贴还有待商榷。

关于农业保险性质相关理论解释的评析:

1. 不对称信息条件下的农业保险经营中的逆向选择与道德风险分析

保险业的经营是典型的不对称信息条件的经济主体之间的交易行为。无论是一般商业保险还是农业保险,投保人对保险标的的了解程度远远高于保险人,各方的信息不对称就很容易会产生投保时的逆向选择和投保后及理赔时的道德风险，保险人只能根据最大诚信原则并采取各种措施来避免这两种风险。逆向选择和道德风险是保险业经营中面临的主要风险。虽然农业保险标的主要是生长中的动植物，受各种不确定因素的影响较大，风险相对于一般财产较为复杂和特殊，相对而言更容易导致道德风险和逆向选择，但由此认为农业保险就难以商业化经营则有些牵强，因为一般的商业保险同样也面临着这两大难题，即使在保险业发达的美国，每年由于道德风险而被骗赔的保险金大致达到了保险金总额的10%~20%，但美国的商业保险经营总体上仍然相当成功，虽然农业保险经营具有一定的特殊性，两类风险相对较大一点，但还远没有达到严重阻碍农业保险开展的程度，而且农业保险经营机构也可以采取一些有效措施减轻这些风险。比如要求一个地区或者一个农户的所有农作物和所有地块实行统保就可以大大减小逆向选择的机会，保险条款尽量明确细化保险责任，加强理赔环节可以减小道德风险的发生。因此笔者认为，不对称信息条件下的逆向选择和道德风险是农业保险经营困难的原因之一，但不能得出农业保险就会由此而严重市场失灵的结论。

2. 农业保险的准公共产品特性的理论评析

不少学者在研究中都提到甚至分析了农业保险产品的准公共特性及其外部性特征，应当说他们的提法和分析还是基本合理的，但关键问题是准公共产品其公共性有多高、外部性程度有多强。一些学者过于强调农业保险的公共性和外部性特征，进而推导出农业保险市场严重失灵及需要政府的大量补贴，这些结论是有待商榷的。农业保险这种物品在取得和消费过程中确实存在一定的非竞争性和非排他性。由于农业保险标的的特殊性，其经营更加注重预防风险和灾害这一环节，所以对于诸如防雹与灭蝗等防灾环节，确实很难排除一部分未投保农户会"搭便车"，农业保险具有的一定程度的非排他性使得农业保险具有某种准公共产品特性。但是，农业保险的一个特点是其具有双务性，即只有缴纳保费参加农业保险，出险后才能得到保险金赔付，不投保者不能享受。根据保险的经济理论，防灾防损只是保险的派生职能，而损失补偿才是保险的基本职能，由于未加入农业保险体系者就无法得到保险赔付,因此农业保险在消费上首先是具有排他性的私人物品,其次才具有某种公共产品特性。因此,农业保险是私人物品性质较强的准公共物品。同时,具有一定程度非排他性和外部性的农业保险可以通过统保或法定保险方式将外部问题内部化,将其公共物品性质私人化。另一方面,具有较强公共性和外部性特色的"雹灾"保险却是农业保险商业化经营中少有的成功例子,这说明即使具有较高公共性和外部性的农业保险并不必然导致市场失灵和政府补贴。因此,过于强调农业保险的准公共产品性质并由此推出其严重市场失灵是没有根据的。

3. 农业保险外部性理论评析

国内一些文献在分析农业保险经营困境时都十分强调农业保险的外部性特征,进而推出农业保险经营面临严重市场失灵。他们的推理简单介绍如下:农业是我国的基础产业,如果农业稳定,受益的不只是农民,而是全社会,而农业保险的消费可以使全社会成员享受农业稳定、农产品价格低廉的好处;另一方面,由于农业保险赔付率和经营成本较高,农业保险商业化经营亏损严重,农业保险经营的私人成本高于社会成本,因而农业保险具有消费和生产的双重正外部性,因而农业保险市场失灵,需要政府补贴。这种分析及结论有一定的合理性,然而这一推理并不严谨。上述分析将农业对农民和全社会的外部性和农业保险对农业的外部性不加区分而混为一谈。而只有将农业保险的作用在上述两个层面上加以分析才能真正地分析农业保险的外部性。在第一个层面上,农业对于全社会确实具有一定程度的外部性。第一,从福利经济学角度,对于农民,尤其是广大中国农民,农业的稳定及对农业的补贴将有助于较均衡地分配国民收入,有助于保障大量处于弱势地位的农民的利益,增进社会公平和社会福利;第二,农业的稳定发展不仅有助于保持农村的稳定,也有助于全社会的稳定和国家的长治久安;第三,农业将长期是我国的基础产业,农业的稳定发展有利于其他产业的发展。综合以上三个方面,农业对全社会确实具有一定的正外部经济性。当然农业的发展也可能会产生诸如农药等化学污染在内的负外部性,只不过相对于其正外部性要小很多。同时,对于农业的正外部性也不宜过分夸大，毕竟农业产品是一种私人物品，其直接的主要受益人还是农民。

在第二个层面上，关于农业保险对农业的作用问题。农业保险的开展目的首先是保障农民免受或减轻农业风险带来的灾害影响，虽然在诸如防灾防损等环节可能会产生一定的外部性，但它毕竟是只有投保农民才可最终享受的更具私人物品特性的准公共产品。而且农业保险也只是我国农业保护体系所用工具当中的一个而已。因此，从以上两个层次的分析看出，认为农业保险对于整个社会具有较大的外部性、并由此推出农业保险市场严重失灵及需要政策性补贴的理论并不严密。事实上，一般的商业保险不仅保障投保单位和个人的利益，同样也保障全社会的安定和宏观经济的稳定发展等，应当说也有一定的正外部性，但商业保险市场并未市场失灵，也不需要政策性补贴。

综合上述对农业保险性质的各种理论解释评析，农业保险确实具有某种程度的公共物品性质和正外部性，而且面临着相对较大的逆向选择和道德风险概率。

8.1.2 商业性农业保险失败的原因

农业保险的政策性质与商业保险公司的经营目标的矛盾是商业性运营农业保险失败的主要原因，从世界上不同国家所建立的农业保险制度来看，都是将农业保险作为政府的经济政策来推行的，尽管这种政策目标有差别。对发达国家来说，农业保险是其社会福利政策的组成部分，通过农业保险及其进一步发展出来的农户收入保险，来减少农户收入的波动；对发展中国家来说，则是要通过农业保险，使农业生产在遭受自然灾害后能迅速恢复生产，保障农业的持续和稳定增长，为市场提供充足的农产品。我国虽然没有明确农业保险是政策性保险，但政府支持农业保险的试验的目的主要是后者，同时还要促进农村产业结构的调整，繁荣农村经济，加快农村城市化的步伐。在农业保险的投保人较少具有现代风险管理观念的条件下，上述政策目标与商业性保险公司的性质的尖锐冲突就不可避免，农业保险的商业性经营自然是不可能成功的。①

农业和保险业是我国两个典型的弱势产业，风险大、成本高、赢利低的规律特点，使农业保险成为"弱弱结合"产业。十多年农业保险商业性运营的实践表明，我国农业保险商业性运营已经进入了"供给不足，需求乏力"的困境。分析原因主要有以下几个方面，可以概括为"四个矛盾"。②

第一，农业保险的外部性与商业运营的趋利性之间的矛盾。农业保险的准公共产品属性，决定了农业保险具有较强的外部性，单一依靠市场机制的配置会造成市场的失灵，要求政府履行其宏观调控和公共管理的职责。农业保险的商业化运作，趋利性的目标追求，偏低的边际收益，会导致农业保险经营者以经济利益的回报程度来选择保险险种，从而降低农业险种的投入和经营强度，因为农业保险经营者不会主动为政府或社会承担外部性造成的经济损失。矛盾的结果，必然是农业保险业发展，特别是外部性突出的农业险种发展的萎缩，乃至消失，农业保险供给不足。

第二，农业保险的低补偿性与农业产业的高风险性之间的矛盾。农业产业是受自然灾害影响较为严重的产业，由于产业的弱质性和农业生产经营设施条件的缺乏，自然灾害对我国农业产业发展造成的损失非常大，对欠发达地区的危害程度会更大，并且有逐步加重的趋势，农业保险的赔付率居高不下。但作为农业产业发展"保护伞"的农业保险业，由于受自身收益和险种管理等因素的影响，对农业灾害的补偿水平却很低，远远低于实际损失的价值。据测算，1998～2000年需要补偿的农业损失平均每年为1 681.59亿元，通过农业保险平均年补偿为4.5亿元，仅占0.27%。

第三，农业保险的高成本与农户家庭的低收入之间的矛盾。

---

① 庹国柱、李军：《我国农业保险试验的成就、矛盾及出路》，《保险研究》，2003年第9期。

② 杜彦坤：《农业政策性保险体系构建的基本思路与模式选择》，《农业经济问题》，2006年第1期。

农业保险以大数定律为基础，投保多则保费低、保障足。农业产业的高风险、空间的分散性、时间的季节性、定损的复杂性，造成了农业保险的高成本性，农业保险需要比一般城镇保险付出较多的人力、物力和财力，这就决定了农业保险实现正常运营必须要有高费率作保障，一些地区农作物保险的费率高达10%。然而，与城镇居民相比，由于我国农业基础地位薄弱、农业生产效率和效益不高、农民收入水平相对低下，对农业保险的支付能力有限，从而导致农业保险的有效需求严重缺乏。

第四，农业保险的道德风险与法律制度缺失之间的矛盾。受农业经营者自身属性、小农意识和文化素质的影响，特别是由于法律制度的缺失，导致农业保险中道德风险比较严重，监督控制成本难以降低。据统计，道德风险给保险公司造成的损失占农作物保险赔偿的20%。而地域和个性的差异导致的逆向选择性，更使得农业保险经营者赔付率居高不下。问题的原因除了保险市场的信息不对称等原因外，有关法律制度的缺失是重要矛盾之一。《保险法》是我国一部有关商业性保险的法律，对农业保险不适用。《农业法》也只是泛泛谈及，没有具体的法律规定，有关农业保险的法律法规几乎仍是一片空白。

8.1.3 可选择的农业保险模式①

庹国柱在分析国内外农业保险实践的基础上，提出的可供我国选择的农业保险模式分为两种，一种是政府支持下的商业性保险模式，另一种是政府主导下的政策性保险模式，具体分类见表8-1。

1. 政府主办并由政府组织经营的模式

这种模式的基本格局就像社会保险，由政府主办，并由政府设立相关机构从事经营。其主要内容是：

第一，成立专业性的隶属于中央政府的中国农业保险公司，以该公司为主经营全国的农村保险业务，它既可以经营农业（种植和养殖业）保险，也可以经营农村的寿险和其他财产保

---

① 庹国柱、王国军：《中国农业保险与农村社会制度研究》，首都经贸大学出版社，2002年版。

险,其传统的种植业和养殖业保险的亏损可以通过农村寿险和其他财产保险得到补贴。各省、自治区、直辖市相应建立分支机构,具体业务由县支公司及其代理人组织办理,并以县为单位,进行独立核算。农业保险公司经营的农作物保险主要是一切险保险和(或)多重风险保险。

表8-1 我国可供选择的农业保险模式

	政府支持下的商业性保险模式	商业性保险公司(国有独资股份制公司)经营
可供选择的农业保险制度模式	政府主导下的政策性保险模式	政府主办、政府组织经营
		政府支持下的合作社经营
		政府支持下的相互保险公司经营
		政府主导下的商业保险公司经营

除政府的农业保险公司外,也允许商业性保险机构、合作社和相互会社经营农业保险业务,各种经营农业保险业务的组织机构都必须由保险监管部门审核批准,各自业务范围应依法规范。

成立专业的中国农业保险公司是一种政府、整个保险业、单个的保险公司和农民四方受益的举措。对政府来说,农业救灾的压力可以减轻,农业生产风险在全国的分散可以保持地方农业和整个经济的稳定;对于保险业来说,农村这块潜力巨大的市场尚未开发,专业的农业保险公司在政策的扶持下着力开拓农村市场,对保险业的持续发展十分有利;其他的商业性保险公司可以选择进入农村市场,与农业保险公司合作或竞争,也可以选择暂时不进入农村市场,等农业保险公司在农村"垦荒"完毕的一个恰当时机,以较小的成本进入农村市场;对于农民来说,他们本身就是农业保险风险分散机制的最大受益者。

第二,中央政府统一组建政策性的全国农业再保险公司(也可以由目前的中国再保险公司兼营这部分业务),其职能主要有两个：一是通过再保险机制，使农业风险在全国的范围内得以最大限度的分散，以维持国家农业生产稳定；二是补贴各省、市、区农业保险的亏损。这种补贴不同于一般的民政救济，它是一种差额补贴。专业性的农业保险公司、一般的保险互助合作社或愿意经营农业保险的其他商业性保险机构，可以按低于农业风险的实际费率来承保，当赔付率超过一般赔付率时，由国家再保险公司来补足，所以这是一种差额杠杆撬动机制，既可以保证农民以可以接受的费率参加保险，又可以撬动一般的保险机构以不低于社会市场利润率的水平来承保农业风险。由于它发生作用的范围是参加了保险的人，因而也就调动了被保险人、保险人双方的积极性。在这里，国家通过差额调节来保证农业保险的发展。

第三，根据有关农业保险法律、法规，建立农业保险专项基金。保险基金通过多种渠道（政府、消费者、销售者、加工者和生产者）和方式（除收缴保费外，还可征收专项税、费，如广东那样）筹集，由全国农业再保险公司统筹使用，由税务、财政部门征缴和管理，做到"征缴、管理和使用三权分离"，避免渗漏。

第四，实行法定保险和自愿保险相结合，根据政府对农业和农村发展的经济和社会目标，对有关国计民生和经济社会发展目标的实现有重要意义的少数几种农林牧渔产品的生产实行法定保险，其他产品的生产实行自愿保险。应将农业保险和农业产业结合起来，凡有农业生产借贷的农业保险标的，即使属自愿保险项目也应依法强制投保，政府应至少对法定保险险种提供保费补贴。此外，农产品加工部门和农产品消费部门应通过一定的渠道分担部分保险费。保费补贴和分担可因保险类别、险种、保障水平的不同和地区经济发展差异有所区别。

第五，农业保险的经营是政策性的，农业保险公司及其分支机构的全部或大部分经营管理费用由政府拨付。政府还应给予农业保险经营免征一切税负的优惠，以利于其总准备金的积累和长期稳定经营。

第六，除了经营农业保险外，农业保险公司经营的商业性保险如农村财产和人身保险的险种（如农房、人身意外伤害等）

的税负也可适当减免，使其可用这些险种的盈余补贴农业保险。

第七，除全国农业再保险公司为农业保险公司提供再保险外，也可以允许其他经审批的商业保险公司或再保险公司（包括外国再保险公司）经营农业再保险业务，以便使一地的风险能在更大的空间上和更长的时间内分散，减少农业保险直接保险人的风险责任，提高直接保险人的承保能力。

第八，农业保险的举办需要各有关行政、事业部门的支持与配合。进行农业保险区划、厘定保险费率以及各种扶持政策的落实都不是农业保险公司一家所能办到的，农业保险具体业务的开办，如展业签约、查勘定损、理赔兑现等工作也都需要县、乡行政部门的组织、协助和推动。

第九，为保证上述各项工作能够顺利贯彻实施，必须先制定和颁布有关法规。因此，农业保险法的制定是当务之急。

2. 政府支持下的合作社经营模式

农业保险合作社是农民按照自愿原则，采取入股方式筹集保险基金，实行自主经营、独立核算、民主管理、利益共享、风险共担、按股分红的合作组织，就一般合作社而言，虽然目的不是为了赢利，但是可以赢利。有些国家的农村区域性或专业性合作社规模很大，甚至垄断了本国的某一类农畜产品的生产、加工和销售，经营效益很好。但对于农业保险合作社来说，因为它经营的保险产品的特殊性，不可能通过它来赚钱。因此，其目的主要是为了将合作社成员面临的生产风险进行分散，而非赢利。不仅如此，为了减小合作社的风险责任和提高其在重大灾害条件下的偿付能力，政府还要给予较大力度的支持和配合。否则，其很难长久维持健康经营。

这种模式的主要特点是：

第一，由各级政府帮助组织和建立以被保险农民为主体的民间的农业保险合作组织或农业保险相互会（可以叫互助会或其他名称）。以村、乡或县为基础成立的该组织，由董事会领导和决策，董事会下设精干的办事机构具体组织全县农业保险的经营。董事会的成员主要从全县农民中产生，政府有关部门也可参与进来，便于协调与配合。该农业保险合作社或相互保险组织在省一级可以建立联合会或联社,统一规划和协调全省的农业保险,并建立该系统内的再保险机制。

第二,农业保险合作社或农业保险相互会社主要经营农作物和饲养动物保险业务。农作物保险以一切险或多重风险保险为主,也可以经营农业特种风险(例如雹灾、火灾等)保险,所有这些经营都是非赢利性的。商业保险公司也允许经营农业保险,为支持农业保险的经营,政府应补贴部分经营管理费用。

第三,实行法定保险与自愿保险相结合。法定保险的险种和保险标的不宜太多,以避免太大的保险责任。法定和自愿保险险种及标的由各省、自治区、直辖市根据本地情况具体确定。保险基金同样应由多方筹集,政府要提供一定数额的初始资本,并给予一定份额的保费补贴。同时,农产品加工部门和农产品消费者也应分担一定的保费份额。政府必须减免经营农业保险的一切税负。政府和其他方面给予投保农户的保费补贴和(或)其他补贴要因险种、因地区而异。政府确定的重点险种可以给予补贴,其他的险种可以少给或不给补贴。

第四,如果是被保险农户集资入股的农业保险合作社,没有或很少有政府补贴,可以允许农业保险合作社或农业相互会社在本地经营某些农村财产和人身保险业务,并适当减免税负,使其能通过险种盈亏互补而略有微利。

第五,国家必须建立农业再保险机构,为农业保险合作社和(或)农业相互会社提供再保险。考虑到农民对保险和再保险的认知水平和接受能力,有必要对再保险进行有条件的强制,而农民对强制投保的作物和险种有必要实行法定再保险。

第六,在省和(或)中央一级通过一定方式筹资建立"巨灾风险准备基金",当发生重大灾损,农业保险合作社和(或)农业相互会社无力支付赔款时,允许它们从"巨灾风险准备基金"中低息或无息保险支付,随后,逐年从保费收入中归还。

第七,各级政府对农业保险合作社(或农业相互会社)应从行政上和技术上予以支持和帮助。统一进行农业保险发展规划和农业保险区划,帮助它们科学合理地厘定保险费率和设计保险条款等。因为这些工作,特别是农业保险区划工作,不是合作社力所能及的。

3. 政府支持下的相互保险公司经营的模式

相互保险公司是不同于股份制公司的另一类公司。它是一种兼具股份制公司形态、保险经营技术与合作保险组织的维护保户权益的保险公司。相互保险公司没有再保险,而以负债性质的基金为其主要资金来源,公司的保户兼具被保险人和公司所有人的双重身份,在公司享有董事选举权和公司盈余分配权。这种公司以提供给保户较低成本的保险为其经营目标,其经营盈余大部分以红利方式回馈给保户。

相互保险公司在世界上很多国家都有相当大的影响。瑞士再保险公司1999年发布的报告显示,全球最大的50家保险公司中有21家是相互保险公司,占这50家保险公司资产的40%;在全球5个最大的保险市场中,相互保险公司,占整个保险市场份额最低的法国也达16%,市场份额最高的日本达72%。相互保险公司的保费收入1997年占全球保费收入的40%左右。

这种模式的主要特点是:

第一,由一定数量的发起人发起成立全国性"中国农业相互保险公司",发起人自动认购公司经营所必需的基金,或者通过发行公司债券的方式筹集这笔基金。如果是认购的基金,要记名并能在将来获得相应的报酬。该公司是以投保人相互利益为目的的企业法人,是既不以赢利为目的,也不以公共利益为目的的企业法人组织。

第二,自上而下建立农业相互保险公司组织体系。在总公司之下,各省、自治区、市设立分公司,县设立支公司,乡镇设立营业部。在中国保险监督管理委员会的监督管理下,中国农业相互保险公司负责制定本公司的经营方针、政策以及各项规章制度,独立开展农业保险业务及其再保险业务。

第三,中国农业相互保险公司(以下简称相互公司)的最高权力机构是相互公司成员大会。成员大会原则上享有对公司重大事务的决策权,由成员大会选举公司董事,并组成董事会,董事长为相互公司的法人代表。

第四,由相互公司向农户提供种植业保险、养殖业保险的各种险种和政府允许的其他农村财产和人身保险险种。无论是农业保险还是财产保险、人身保险，投保都应是自愿的。

第五，政府对相互公司从财政、保险、税收上给予优惠政策等必要的支持，这种支持不是以保险费补贴的方式体现，而是通过减少或免除相互公司的营业税和所得税，及对其经营亏损通过再保险公司给予财政、保险的间接支持的方式进行。例如，减免再保险手续费、发放财政或保险贴息或低息保险等。

第六，相互公司提供的农作物保险和饲养动物保险的各种险种可以单独核算并免除一切税负，其经营结余全部留作准备金，以备大灾之年的赔付。考虑到农业保险的赔付率比较高，也应当允许相互公司经营的农村人身保险和财产保险的险种同时享受税收优惠政策，使其可以用人身保险和财产保险经营的结余补贴农作物和饲养动物保险。

第七，为了促进农业保险的良性循环，农业相互保险公司必须充分利用投资渠道，有效运用资金，其收益主要用于降低经营成本，也可以用于准备金积累。

第八，应当建立有效的农业保险再保险制度，在农业相互保险公司内部，基层相互保险公司向上一级公司分保，总公司向中国再保险公司分保，使分散的相互保险公司经营能获得再保险支持。根据其他国家的经验，其再保险安排可以采用溢额再保险的方法，最好采用事故超赔或赔付率超赔的再保险安排，只有这样，才能使相互保险公司获得较为有效的再保险保障。

第九，各级政府对农业相互保险公司应从行政上和技术上予以支持和帮助，统一进行农业保险发展规划和农业保险区别，帮助他们科学合理地厘定保险费率和设计保险条款等。

4. 政府主导下的商业保险公司经营的模式

政府主导下的商业保险公司经营的模式，就是在我国政府统一制定的政策性经营的总体框架下，由各商业性保险公司自愿申请经营农业保险和再保险，具体设想是：

第一，在中央设立"中国农业保险公司"或"中国农业保险管理公司"。该公司是隶属于中央有关部门（财政部或农业部等）的事业机构，不直接经营（或少量经营）农业保险业务，其经费由财政拨款。该公司主要负责全国农业保险制度的设计，对政策性农业保险业务进行统一规划，研究制定具体政策；设计种植业和养殖业的具体险种；接受和审查有意参与政策性农业保险业务经营的商业保险公司，并根据各商业公司每年经营农业保险的业务量向保险公司提供经营补贴；向各经营农业保险的商业性公司提供农业保险再保险。

第二，允许商业性保险公司（主要是财产保险公司）自愿申请经营政府提供补贴的政策性农业保险项目，政府的补贴可分为保险费补贴和经营管理费补贴，具体补贴比例和（或）数额因政府的财力状况和不同险种而异。获准经营政策性农业保险业务的商业性保险公司自主经营、自负盈亏，中国农业保险公司（或中国农业保险管理公司）对商业保险公司经营规定的农业保险业务，除补贴外不承担其他责任。

第三，经营政策性农业保险的商业保险公司主要经营中国农业保险公司设计的基本险种，采用规定的费率规章，也可以自行开发自愿投保的农业保险险种，对自行开发自愿投保的农业保险险种，须经中国农业保险公司审查和批准后，才可以出售。保险展业、核保、理赔均由商业保险公司直接或通过其代理人进行。

第四，这种制度下的农业保险项目要实行法定保险与自愿保险相结合。对少数有关国计民生的重要作物和畜禽实施多重风险保险项目，有必要实行法定保险，以避免逆向选择和道德风险，降低项目的经营管理费用和便于将风险在尽可能大的空间上分散。其他作物和畜禽的多风险责任保险和单一风险责任的保险项目可以实行自愿保险，政府只对法定保险项目给予补贴。

第五，政府对商业保险公司所经营的政策性农业保险项目还应该给予财政保险方面的支持和优惠政策。对法定保险项目应免除其营业税和所得税，自愿保险项目也应该免除大部分税负，以利其健康经营。

第六，中国农业保险公司要为经营农业保险的商业保险公司提供农业保险再保险，其他国内外商业性保险、再保险公司也可以向其提供再保险。再保险可以采取自愿方式，必要时也可以采取一定范围的法定分保方式。

第七，商业性保险公司经营政策性农业保险，同样离不开各级政府部门的支持与协助。在我国如此分散和规模狭小的农业经营的农业体制下，其展业、承保、签单、防灾、查勘、定损和理赔，离开了各级政府部门特别是乡镇、村的支持与协助，不仅成本很高，还会因难以有效防范道德风险和逆向选择而使其归于失败。

5. 四种模式的利弊比较

(1) 政府主办并由政府组织经营模式的利弊

这种模式的优势：

第一，农业保险是准公共物品，具有公共物品大部分的特性，比较适于由政府来办。由政府组织建立全国性的专业保险公司对农业保险实行垄断性经营，在进行独立经营、单独核算、追求自我财务平衡的同时，主要将社会效益作为其目标和任务，加之全国性经营获得的规模经济效益，显然可以较好地矫正市场在这方面作用偏弱的问题，容易收到较好的资源配置效果。

第二，农业保险这种现代农业风险管理制度和工具，对我国绝大多数农民来说还是相当陌生的，政府运用权威和国家管理的职能在农村进行强制性制度变迁，提供给农民农业保险这种比传统风险管理制度更科学、更有效的农业风险管理制度，加上其他利益诱导机制和强制措施，比较容易推行和为农民所接受。

第三，保险经营的数理基础是大数法则，风险单位越多，保险风险越容易分散，保险经营的财务也越稳定；农业保险特别是农作物保险的风险单位比较大，这种较之于其他财产保险的特殊性，使其适于在尽可能大的范围内组织和推行，从而降低经营成本，有利于保险基金的积累，有利于有效提高经营企业的偿付能力。

但政府组织经营农业保险也有不少弊病：

第一，这种国有独资的政策性公司在制度创新、机制创新、管理创新、技术创新等方向都比较困难。

第二，中央政府和地方政府之间（或省政府与基层政府之间——在省、自治区、直辖市成为农业保险决策主体的情况下）、农业保险公司与地方各级政府之间的关系不好协调。

第三，作为一家国有独资的政策性保险公司，是通过政府干预农业保险的经营来解决"市场失灵"问题而显现独特价值的，但这种干预的效率取决于一定的前提，例如，政府部门的廉洁和效率，经营的有方，信息的完全，技术特别是精算技术的完善等。

（2）政府支持下的合作社经营模式的利弊

这种模式的好处是：

第一，由于保险合作社是社员在自愿互利基础上自主建立的盈亏自负、风险共担、利益共享的农业保险组织，因此，其经营灵活，可因地制宜设立险种，保险费不会很高。同时在保险费收取、防灾防损、灾后理赔等方面具有其他形式保险企业和组织所不具备的优势。

第二，当保险合作社与相互会社形式一致时，社员就具有保险人和被保险人集于一身的特点，其利益高度一致，又是在本乡本土，对农业生产状况、农作技术、土地的地理位置和等级等情况，彼此都比较了解，任何被保险人的道德风险和逆向选择都会涉及其他被保险人的利益，因此被保险人之间易于形成一种自觉监督机制。从而可以有效防止道德风险和逆向选择，也会使联合一起"吃"保险的局面得到改变。这也就是由于信息的完全和对称所带来的成本降低的效果。

第三，农民自己组织起来共同支付农业风险，没有像保险公司那样对利润的追求，费用成本可以降低，监督成本也不高，而且还可以通过集资方式从地方政府、企事业单位和农村其他从业者那里集资，尽管也需要政府的补贴和其他税惠政策，但政府的财政负担仍会大大减轻。

这种模式的弊端是：

第一，即使是以县为单位建立的农业保险合作社，规模也太小，风险比较集中，难以使风险在较大的空间上得到分散。合作社规模太小，保险基金积累的速度与规模都会受到限制，所以其保险补偿能力有限。

第二，农业保险专业性和技术性很强，农业保险合作社难以有足够的合格的经营管理人员。这使他们在保险费率的厘定、保障水平的确定、定损、理赔、风险管理、财务核算等经营管理方面，会遇到很大的障碍。保险合作社的高度分散，这不仅对保险经营的协调和监督十分不利，也对农业保险合作社的规范和健康经营不利。

第三，合作社仅吸收本地农民入社，规模太小，如果吸收外地农民入社，又会因为外地社员希望从中获利而产生矛盾。

第四，经验表明，合作社的经营容易受到地方行政的干预甚至操纵。

第五，由于受经济、文化和其他因素的影响，我国很多地方的农民缺乏合作传统和意识，也缺乏自我组织能力。

（3）政府支持下的相互保险公司经营模式的利弊

采用相互保险公司的形式经营农业保险，既有合作社的某些优势，又有公司制的某些优势，具体如下：

第一，相互制公司是合作制的一种高级形式，具有独立的法人产权制度、法人治理结构和科学管理制度。由此，易于做到产权明晰，从而降低交易成本，同时减少环境的不确定性以及信息的不完全和不对称，从而保证资源的优化配置。

第二，由于投保人就是公司的投资者，许多对于股份制保险公司或其他商业性保险公司难以解决的矛盾，在这里往往比较容易解决。

第三，采用相互保险公司经营农业保险，有利于农民的积极参与。这种所有制形式比较符合我国农村、农业、农民的实际需求，凡是参加农业保险的农民，都会直接体会到有灾或大灾时，他们都是实际受益者。

第四，相互公司没有像股份制公司那样必须将一部分利润转成红利分配给股东的权力，所以它们有更大的灵活性来制定有吸引力的价格。

第五，采用这种经营模式，主要动员的是民间的资金，政府的支持是通过一些间接的手段，支持力度不大，财政花钱不多。

农业相互保险公司经营模式的不利之处：

第一，相互保险公司对我国来说还是个全新的概念，其组建和操作方式不要说农民，就连我国的保险专家也知之不多，更缺少实践经验，理论上的优势能否在现实条件下发挥出来尚未可知。

第二，出于没有政府的保费补贴，又采取自愿参与方式，即使相互公司是非赢利性组织，保险费仍不可能低到对农民有足够的吸引力。特别是这种形式更不能解决由于微观主体从农业生产和农业保险所获预期利益不高而缺乏购买需求的问题，其经营规模就会受到影响。在这种条件下，维持如此庞大的组织机构所需的成本就会相当高。

第三，与合作制经营相同的问题就是难以有足够的、合格的经营管理人员。

第四，农业相互保险公司也同样有上面讨论农业保险合作社时所涉及的农民对这种合作制的接受程度和参与积极性的问题，以及行政干预的问题。

第五，一般相互保险公司的其他一些缺陷在农业保险相互公司也会存在。

(4) 政府主导下的商业保险公司经营模式的利弊

在政府的财政支持下，由商业性保险公司来经营政策性农业保险有如下优势：

第一，商业保险公司有经营保险的技术和成龙配套的专业人才，有的保险公司（例如中国人民保险公司）也有一定的经营农业保险的经验，利用现成的队伍和机构开办政策性农业保险，如同商业性保险公司经营出口信用保险一样，政府可以大大节省制度建立或转换的成本。

第二，商业保险公司对经营政策性农业保险也会有一定的积极性。因为假定商业性保险公司把农业保险当做商业性业务来经营，特别是经营对农业和农民有重要意义的农作物一切险保险，是注定会失败的；而在政府的政策性补贴的框架下，商业性保险公司经营农业保险，尽管也要承担一定的风险，但在一般情况下可以不赔本甚至有一些利润。更重要的是这些商业性保险公司通过经营农业保险，对其进一步开拓农村的寿险和产险市场大有好处，它们经营农业保险产生的连锁效应无论从宏观上或是从微观上来看，都是很有价值的，这能促进保险公司经营农业保险的积极性。

第三,商业性保险公司经营农业保险在某种程度上更容易赢得农民消费者的认可。商业性保险公司的经营一般来说从制度到技术都比较规范,信誉相对较好,农民比较信任。

第四,在这种模式下,代表政府的中国农业保险公司(或中国农业保险管理公司)比较超脱,除再保险外不经营农业保险的直接业务,从而可以将主要精力放在进行宏观管理和调控、协助保监会做好监管上,同时集中一批专家进行全国农业保险的规划和区划,从事农业保险制度和实务的研究,不断使农业保险制度和经营得到改进。保险公司在规模扩张和追求利润的动机之下,也会产生较高的效率。这样,政府和保险公司在整个农业保险制度体系中的定位恰当,从而可各得其所,相得益彰。

这种模式的弊病主要是:

第一,政府对农业保险的补贴,其方法和份额问题在很大程度上会困扰决策者。商业性保险公司从事政策性农业保险的积极性在很大程度上取决于政府补贴的份额和方法。政府补贴份额多、补贴方法对商业保险公司有利,商业保险公司也就有较高的积极性,但这里体现的再分配的合理性和适当性将受到怀疑,因而会受到来自政府和公众的批评。政府补贴少,显然对商业保险公司不利,它们就没有积极性,农业保险就做不起来,这项计划必定受挫。

第二,由商业性保险公司经营政策性农业保险,如果没有很好的机制和办法解决基层政府对农业保险经营的支持与协助的问题,投保农户的道德风险与逆向选择问题将难以防范,甚至还会出现前面提到的基层政府与投保农户联合一起"吃"保险的局面。这种问题在合作社经营和相互公司经营制度下就会较少发生,即使有也不会那么严重。因为在合作社和相互公司中,被保险人和保险人的利益是一致的,欺骗保险人就意味着损害自己的利益。在实践中被保险人之间会自然产生一种相互监督的机制。

第三,如果没有很好的机制和办法解决基层政府对农业保险经营的支持与协助的问题,该种模式在操作上还会有较大的难度,特别是法定保险项目:面对如此分散和众多的农户,无论展业、承保、防损,还是定损、理赔都会非常困难,经营成本和监督成本都会因此大大上升。

8.1.4 政策性农业保险的必要性

1. 从农业、农业风险、农业保险特点的角度论证

农业是基础产业、弱质产业,又面临自然和市场双重风险,决定了农业是一个特殊的、需要政策性保护的产业;农业风险的特殊性,如高度相关性使农业风险难以满足传统保险理论关于理想的可保风险的条件,这决定了农业保险不宜采用纯商业性模式而应采用政策性模式;农业保险准公共物品的属性和外部正效应的存在,也要求由政府来提供政策性农业保险;农业保险存在保费率难以界定、道德风险和逆向选择难以防范以及定损理赔困难等特殊技术障碍,这些都要求政府把农业保险以政策性保险的形式提供给农民。

2. 从我国加入WTO后发展趋势的角度论证

我国已加入WTO,对农业风险的管理就要求运用符合WTO规则的方式和手段来进行,这样原有的一些农业补贴政策和措施就要取消,但农业保险属于世界贸易组织规则允许和提倡的"绿箱"政策,世界上很多国家都把发展政策性农业保险作为扶持和保护农业的政策措施。因此我国政府应积极借鉴国外经验,建立符合我国加入WTO后发展要求的政策性农业保险体系,为我国农业发展建立保障体系。

3. 从我国发展农业保险实践的角度论证

我国农业保险自1982年恢复至今20多年的发展历程,表明政府的重视程度与我国农业保险业务发展的状况呈正相关关系。在政府的支持下,我国的农业保险曾出现快速发展,如保费收入从1982年的23万元猛增到1993年的8.6亿多元,年均递增127%。而1993年以后,农业保险业务全面商业化,农业保险失去了政府的支持,农业保险业务出现了全面萎缩。

4. 政策性农业保险是世界各国发展农业保险的经验总结

农业保险在世界范围的发展已经有100多年的历史,在40多个已建立了较为健全的农业保险制度的国家中还没有一个国家真正实现农业保险的市场化经营。在世界各国,农业保险都是一

种政策性很强的保险,都要求发挥政府的主导作用,在实际运作中,各国政府也都确实给农业保险以多方面的支持。

5. 政府在农业保险中的作用不可替代性

首先,政府能够利用强制力为农业保险提供一个完备的法律框架。而且,只有政府的强制力,才能保证必要时绝大多数人投保,以发挥大数法则的作用。其次,政府举办农业保险有利于农业资源的合理配置。如果政府运营,就能够依靠自身的权威充分调动各方面的力量参与农业保险的防损、定损等技术问题,合理配置人力资源,节约运行成本。最重要的是,农业保险由政府来经营,政府不会把节余作为利润,而是把它作为风险准备金。即使经营亏损,政府也不会撇下农民不管,从而保证了农民投保的积极性。

8.1.5 云南的农业保险模式选择

1. 云南农业保险模式选择与地区特点

在所有可供选择的模式中,每种模式都不可能独立地、完全地适合于一个省所有的农业产业部门和农业产品。因此如果根据本省自身农业基础条件、生产经营特点、专业化区域分布特点、农民保险意识、农村基层互助组织发展状况等各种影响因素,选择适合本省省情的农业保险模式,才能真正促进农业产业化的发展,开拓出本省农业保险市场。云南作为西部省份,具有"山区、边疆、少数民族"的特点,农业生产的自然条件、经济基础以及农业生产布局都呈现巨大的差异性,因此云南省在发展农业保险,促进产业化经营的过程中,应当对农业保险的地区属性有相应的制度安排,由此建立的农业保险才能具有更强的适用性。

云南农业保险制度应当体现地区属性的原因:

第一,经济发展区域性与农业保险地区属性。经济与保险之间存在着非常密切的关系,经济的运行方式和发展水平在相当程度上对保险的发展起着决定作用,农业保险的发展模式必然要受当地经济发展的决定和影响。由于历史的、自然的和现实的等多种因素的影响,云南省是一个经济发展水平较低,且十分不平衡的西部省份,全省几个大的经济区域在经济水平、经济结构、意识形态等方面存在较大的差异，经济的区域性必然要求农业保险发展的区域化。不同的经济区域具有不同的农业保险需求特点，也客观存在不同的农业保险供给特点。

第二，灾害损失区域性与农业保险地区属性。农业面临各种各样的风险并遭受各种灾害损失，但是由于农业区域气候和农业条件的显著差异性，农业保险和灾害损失呈现出典型的区域性特征。一是灾害种类分布具有地域差异性。例如，冻灾主要在滇东北地区。即使是在同一区域，灾害种类也有显著的差异，例如同属滇东北地区的东川，水土流失和泥石流等地质灾害较周边地区严重。二是同一种灾害现象对不同地区、不同农业生产对象的影响不同。农业保险是农业风险损失的管理手段，地域性的农业风险损失决定了农业保险的地域性特征。

第三，农业生产布局的区域差异性与农业保险地区属性。农业生产的布局以及农村产业结构的形成一般要受到农业自然条件与农村生产力水平的影响，云南省的农业生产布局与经济结构具有明显的区域性差异。滇中是粮、油、烟、经济林区；滇西是粮、蔗、林、牧区；滇东南是蔗、粮、林、牧区；滇西南是茶、紫胶、蔗、林、牧区；滇南边缘是热作、热林、蔗、茶区；滇东北是经济林、旱粮、油、烟区；滇西北是林、牧、药材区。随着云南省农业生产的专业化以及农业生产布局的不断调整，云南省农业生产布局以及农业区域化特征将会被不断强化。农业生产布局的区域差异性决定了农业保险的险种设置、费率厘定、组织方式上的区域性。

2. 云南省农业保险发展路径选择的原则

（1）社会效益最大化原则

农业保险的经营目标，不是追求个人效益最大化或是企业利润最大化，而是追求社会效益最大化，是通过保护农业来保障国民经济的顺畅运行。因此，衡量农业保险的收益的着眼点应是整个国民经济的宏观收益。根据该原则，应将农业保险的亏损计入社会总成本当中，运用社会政策性补偿基金来加以补偿。

（2）非赢利原则

由于农业保险社会效益高而自身经济效益低这一特性，农业保险公司或组织所从事的农业保险业务的性质是一种不以赢利为目的的行为。目前国际上开展农业保险较好的国家无一例外地实施了国家对农业保险的扶持和特殊的政策性倾斜。

(3) 促进产业结构调整原则

农业保险对于保户而言具有提高预期收益的作用，同时由于有农业保险的保障，农业、农民原先的保险地位得到改善，农业、农民在获得以保险为主的保险支持方面更加容易；另一方面，由于农民的收入预期提高，会增加对农业投入的信心；由此引起农业产业投资结构的改变就成为农业保险的政策效益。因此，云南省在设计农业保险模式及制度时，应当结合全省农业产业化发展的战略规划，对不同的专业化区域，设计不同的农业保险模式。

(4) 政策支持原则

政府对农业保险给予经济上、法律上必要的支持。在经济上，应进一步增加相关投入，建立和完善农业风险专项基金；在法律法规上尽快制定出农业保险法以及相配套的切实可行的法规条例，使农业保险活动的开展有法可依。

3. 云南省农业保险发展的思路

基于前面的分析，农业保险是一种对政策因素依赖较强的特殊险种，农业保险经营模式也不应以单一模式为主。借鉴国外的经验，高效率的农业保险体系应该是包括政策性农业保险机构、商业性保险机构、合作社和相互会社在内的以政策为导向的、多层次、各种模式相互补充的复合体系。结合云南省具体省情，在设计促进云南农业产业发展的农业保险模式时，应确立以政策性支持与市场化导向的多层次和多元化结合的互动机制。在现有政府推动的互动结合安排的基础上，重点完善市场机制，建立以政府农业保险为主导的、商业保险机构为补充的多层次和多元化形式的农业保险体系，包括分别建立商业性保险公司代办政策性农业保险模式、农村互助合作保险模式，商业保险公司经营、地方政府资助模式，逐步建立多层次的、相互联系的农业保险和灾害补偿机制等，并针对云南省经济发展水平不同的地区、不同的农产品产业，分类设计不同类型的保险产品，且通过互动机制的创新来加快新农村建设和促进"三农"问题的解决。并且通过各项措施推动云南农业产业化发展,推动农业产业和农村经济的发展,进一步地完善和发展农业保险制度,最终形成农业保险和农业产业发展互动机制的创新。

8.2 云南农业保险实证研究及调研分析

8.2.1 云南省农业保险的发展历史和现状

1980年,云南省政府提出"农村保险要抓紧,取得经验,逐步推开,为加速全省经济建设服务"的要求,1982年12月,云南省各级保险公司与畜牧兽医部门联合开展了生猪、耕牛保健保险等养殖业试点工作。同时,在对种植业保险进行充分调研的基础上,制定了橡胶树、烟叶、甘蔗、咖啡树、森林火灾等地方性种植业保险条款,并开展试点。20世纪80年代至今,共开办过生猪、大牲畜、养鸡、奶牛、水稻、玉米、烟草、甘蔗、森林、三七、蔬菜、橡胶树、咖啡树、花卉等28个商业性农业保险险种,累计保费收入59 365.30万元,赔款支出46 189.10万元,综合赔付率为77.88%。

目前,云南省开办农业保险业务的仅有中国人保财险一家,农险业务与其他产险业务并账统一核算。中国人民财产保险公司主要以烤烟保险为主,涉足农业保险。2005年,人保财险云南分公司"三农"保险业务涵盖云南9个市州、49个县。在农村种、养两业保险方面,一是在玉溪、曲靖、红河、昆明等地开展烟叶种植保险业务,共承保213.6万亩烟田,提供保险风险保障49 822万元,赔款支出3 521.8万元。二是开办森林火灾保险业务,共承保125万亩,提供保险风险保障17 336万元,赔款支出134.1万元。三是在西双版纳、红河、楚雄等地开办橡胶树保险业务,提供保险风险保障3 322万元,赔款支出63.3万元。四是在西双版纳等地开办甘蔗种植保险业务,提供保险风险保障14 022万元,赔款支出416.8万元。五是试点开办了部分耕牛保险业务,提供保险风险保障8.46万元。在保障农村居民生产生活方面,在曲靖、思茅、楚雄、迪庆、玉溪、临沧等地不同程度开办了农房保险业务。

8.2.2 基于云南省农村固定观察点的微观实证研究

国家农村固定观察点系统的形成始于 20 世纪 80 年代中期。根据中办发［1984］37 号文件部署，在 1984 年冬天至 1985 年春中央政府动员了一大批学者在全国 272 个村庄和部分县乡进行了一次农村社会经济典型调查。调查完成后，在一些学者的动议下，中央政府经过慎重考虑，于 1986 年底同意将这批被调查村庄设为固定观察点，进行长期观察。在 20 多年的观察中，观察村与户样本规模与调查指标均有一定的调整。其中，大的调整共两次，一次发生于 20 世纪 90 年代初的 1993 年，另一次发生于 21 世纪初的 2003 年。经调整后，目前全国共跟踪观察村庄 335 个，跟踪观察农户 21 000 户左右。有关农户家庭保险问题的调查是 2003 年新添加的。主要内容包括保险支出金额与农民的投保类型。云南省自 2005 年将原来 5 个固定调查点村庄调整为 10 个村庄，共 760 户农民，分布在全省十个地区。本部分实证研究主要基于 2006 年的调研数据，对影响农业保险的若干因素进行描述性分析。

1. 样本基本情况

所研究的村庄包括玉溪市北城镇北城村，澜沧县竹塘乡云山村，会泽县大海乡绿荫塘村，武定县近城镇禾鹰村，大理市凤仪镇江西村，嵩明县嵩阳镇普渡村，大关县天星镇祥云村，弥勒县弥阳镇丫普龙村，景洪市景洪镇曼沙村，潞西市风平镇那目村。样本共 760 个农户，每户平均 4.43 人口。前五个村庄每村调查 100 个农户，每个村庄占总样本农户数 13.2%；后五个村庄每村调研 50~60 个农户，每个村庄占总样本户数比例 6.6%~7.9%。十个村庄分布在十个地区，基本上覆盖了云南省各个地理区域，因此具有一定的代表性。由于各个村庄在总样本中占比有较大差异，因此，在分析过程中，有些采取了分村数据。

2. 农户的基本特征

从 2006 年固定观测点入户调查的情况可知，2006 年被调查农户的平均总收入为 37 841.13 元，纯收入为 15 086.53 元，其中得到救灾救济款的农户有 23 个（仅占总样本的 3.02%），最低得到 10 元的救助，最高得到 5 000 元的救助，平均得到救助

1 004.48 元。农户年末存款平均为 86 871 元,年末现金为 4 942 元。

表 8-2

村 庄	地理位置	对应地级市名称	户 数	平均人口	占比(%)
玉溪市北城镇北城村	中部	玉溪地区玉溪市	100	4.43	13.2
澜沧县竹塘乡云山村	西南部	普洱地区普洱市①	100	5.03	13.2
会泽县大海乡绿荫塘村	东北部	曲靖地区曲靖市	100	3.85	13.2
武定县近城镇天鹰村	中北部	楚雄州楚雄市	100	3.97	13.2
大理市凤仪镇江西村	西部	大理州大理市	100	4.3	13.2
嵩明县嵩阳镇普渡村	中部	昆明市	50	4.14	6.6
大关县天星镇祥云村	东北部	昭通地区昭通市	50	4.66	6.6
弥勒县弥阳镇丫普龙村	南部	红河州蒙自市②	50	3.88	6.6
景洪市景洪镇曼沙村	南部	西双版纳州景洪市	50	5.12	6.6
潞西市凤平镇那目村	西南部	德宏州潞西市	60	5.4	7.9

① 普洱市更名前叫思茅市。
② 红河州原州府所在地是开远市。

表 8-3

	样本量	最小值	最大值	均值	方差
总收入	757	1 173	6 580 770	37 841.13	285 768.341
纯收入	751	-2 755	1 686 720	15 086.53	62 859.987
总支出	757	941	5 007 560	32 733.27	240 538.103
救济救灾	23	10	5 000	1 004.48	1 546.323
年末存款	239	0	130 000	10 612.21	16 895.685
年末现金	561	0	6 537 985	17 490.34	276 380.574

从样本的纯收入以及年末存款数据可以看出，云南省农户与浙江省农户的收入差距较大，而且被调研样本中，只有3%的农户受到救济获得救灾款，平均保障水平也比较低，保障程度并不高。当然这是政策性农房保险的切入点之一，利用保险在一定程度上替代救济救灾。而收入较低在一定程度上会增大农户缴纳保费的能力，从而使得商业性农业保险的市场受到抑制。

3. 农村低收入人口数量

被调研村庄中，人均收入低于2 000元的村庄有三个，其中普洱市云山村的人均收入仅为914.6元，昆明市普渡村人均收入1 215.7元，曲靖市绿荫塘村人均收入1 812.5元。从农业部固定观察点调查的总体数据口径来看，这些地区的收入比较低。而这些地区往往又是以农业生产为主的地区，其中，云山村平均耕地面积为13.4亩。因而，也往往是农业保险防止因灾返贫的重点地区之一。对低收入人口，是采取救济救灾的方式好，还是采取农业保险的方式好，在理论上并没有解决，通常情况下认为，农业保险属于救灾层面之上的措施，因为在较为贫穷的情况下，农户货币的边际效用很高，难以拿出来购买保险，从而难以形成保险基金。

4. 耕地情况及种植业生产情况

从样本来看，云南省的户均耕地面积相对国内其他省份较大，为6.25亩，旱田户均5.22亩，水田2.91亩。然而平均每户经营土地的块数有5.09块，则平均每块耕地面积为1.22亩左右。

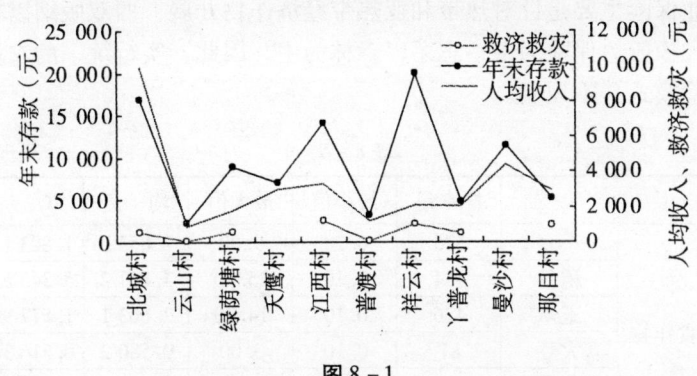

图 8-1

表 8-4

单位（亩）	样本量	最小值	最大值	均值	方差
经营耕地面积	692	0.10	26.30	6.2513	4.64833
其中：水田	449	0.50	18.90	2.9149	2.79345
旱田	457	0.50	22.00	5.2271	3.84194
经营土地块数	615	1	25	5.09	3.245
经营林地面积	90	0.50	14.00	2.7089	2.08740
Valid N (listwise)	57				

从样本种植粮食作物和经济作物的情况来看，超过一半的样本主要种植稻谷，户均 4.86 亩，其次是小麦，户均 2.85 亩。在经济作物中，443 个样本（58%）种植蔬菜，然而面积并不大，只有 0.5 亩。

从图 8-2 分村列表中可以看出，各个村庄（地区）在种植结构上有较大的差异。曼沙村只有水稻种植，而且规模较大，烟草主要集中在江西村和祥云村。因此可以推断，由于各地区经济条件和种植作物品种的差异（有可能是由于自然条件的差异造成），实行差别化的农业保险发展模式有着一定的微观基础。

从宏观的种植业分布来看，云南省不同地区种植结构也存在显著差异。曲靖、玉溪、红河、昆明的种植业保险主要以烤烟保险为主，其主要灾害是暴雨、洪水、冰雹；西双版纳、思茅的种植业保险主要是针对热带和亚热带经济作物开展，西双版纳以甘蔗和橡胶树保险为主，思茅以森林为主。因此，实行统一的农业保险模式并不现实。

表 8-5

		样本量	最小值	最大值	均值	方差
粮食作物	小麦	375	0.20	9.00	2.8536	1.82317
	稻谷	484	0.10	25.80	4.8612	5.34552
	玉米	426	0.10	14.30	2.6031	1.57799
	大豆	81	0.10	3.00	0.5802	0.51634
	薯类	202	0.10	11.00	3.8297	2.76074
	其他	168	0.10	15.00	2.2762	1.86118
经济作物	油料	115	0.00	4.00	0.9922	0.94276
	糖料	21	1.00	5.40	2.7238	1.30610
	烟草	54	0.10	17.00	3.0944	2.68654
	蔬菜	431	0.10	7.00	0.5146	0.66280
园地	水果	52	0.10	14.00	2.3654	2.38943
	其他	14	0.00	6.00	2.1571	1.82408
Valid N (listwise)		0				

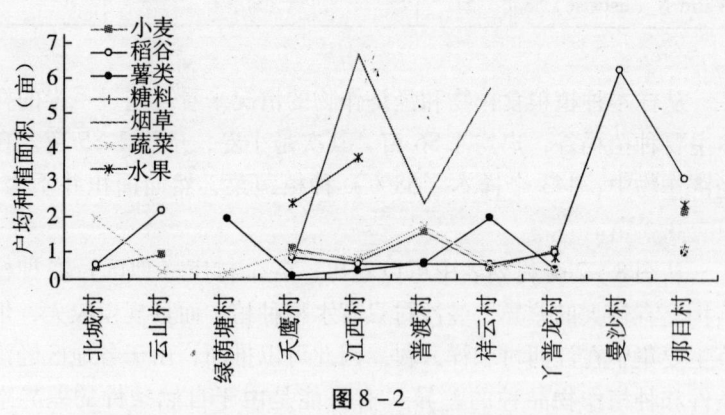

图 8-2

同时，从户均粮食作物和经济作物品种收入图可以看出，大部分农户的农业收入主要来源于稻谷，而部分农户在糖料和烟草上的收入较高（但是这部分农户的数量较少）。从单位亩均收入来看,经济作物烟草、蔬菜、糖料要远远大于稻谷等粮食作物品种。因此,可以想象,对于国家政策性保险的大宗农作物品种,例如:水稻、小麦,在云南省的亩均收入都很低,收取保费的可能性较小,然而,稻谷又作为超过一半农户的主要种植作物,对农户的生活有很大影响,因此,对稻谷的农业保险在一定程度上可以起到保障农户基本生活的作用。同理,对于烟草等作物,由于亩均收入很高,缴纳保险费的可能性大大增加,因此,采取商业性农业保险的方法,未必不可行。

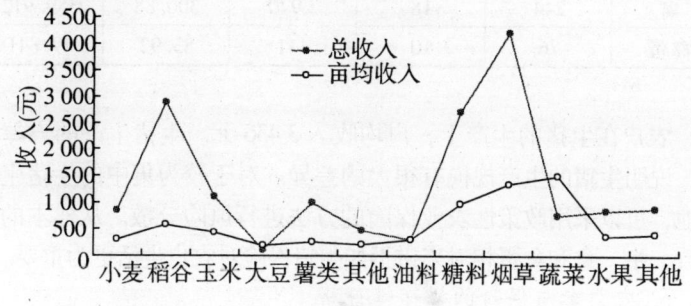

图 8-3

5. 养殖业情况(固定生产资料与养殖业生产)

(1) 固定生产资料(与农业保险固定生产资料)

表 8-6

	样本量	最小值	最大值	均值	方差
役畜头数	315	1	13	1.69	1.119
种畜、产品畜头数	260	1	56	5.27	8.516
其中:奶牛	7	1	15	3.14	5.242
母猪	156	1	5	1.36	0.834
绵羊、奶山羊	15	1	49	25.73	12.285
Valid N (listwise)	0				

从样本可以看出,有大约一半的农户有役畜,1/3 的农户有产品畜。这个比例相对较高,从分村的数据看,这些农户的居住相对集中,既具备了合作保险的一般特征,也具备了开展农业保

险的基础。因此，可以考虑通过农业保险的方式进行风险分散。然而，养殖业农业保险的风险相对于种植业要高很多，需要一定的技术要求才能够实现正常的展业和理赔等工作。

（2）畜牧业生产经营收入情况（元）

表 8-7

	样本量	最小值	最大值	均值	方差
生猪	517	100	91 435	3 436.88	4 882.428
牛	118	153	7 000	1 762.46	1 866.770
禽	244	18	2 970	306.88	359.912
禽蛋	76	10	441	83.92	79.841

农户在生猪的生产上，户均收入 3 436 元。生猪生产的方差较大，说明生猪的生产规模有很大的差异。对于较为集中的生猪生产基地，可以采用政策性农业保险的方法进行风险分散。从样本的情况看，牛、禽和禽蛋相对来讲不如生猪保险对农户生活更为重要。

6. 农户参与保险的描述性分析

（1）农户生产消费支出结构

表 8-8

	样本量	最小值	最大值	均值	方差
食品	734	120	29 900	4 429.44	2 801.168
衣着	730	0	6 000	519.28	583.754
住房	676	0	173 150	1 452.14	9 016.365
燃料	688	0	2 200	337.68	258.976
用品	711	0	47 000	768.86	2 885.524
保险支出	148	30	32 800	918.42	3 124.943
生活服务支出	723	4	29 209	932.53	1 989.421
文化服务支出	418	0	24 029	1 446.44	2 637.217
旅游支出	41	0	52 000	2 098.68	8 065.244
交通通讯支出	649	0	10 000	611.24	967.118
其他	260	0	38 283	1 375.76	4 058.363
Valid N（listwise）	9				

保险从一定意义上讲，对农户来讲是一种生活习惯，即是否习惯采用保险的方式分散生产、生活中的风险。从表8-8可以看出样本中购买保险的农户占总样本的19%，相对于江、浙、沪来讲还差距较大。云南省保险消费的均值为918元，数据上显示与江苏省样本保险消费相当。因此，笔者对云南省购买保险的样本进行了聚类分析，分析发现：

表8-9

	Cluster				
	1	2	3	4	5
保险支出平均值（元）	150	2 946	6 393	10 335	32 800
样本量（共148户）	127	15	3	2	1

云南省购买保险的样本中绝大多数（85%）平均保险支出为150元，远远低于江、浙、沪省份。只有个别农户的保险需求非常高，尤其是保险支出32 800元的农户，从样本的其他信息来看，应该是由个人企业而产生的保险需求。因而，从样本的总体来看，云南省农户的保险投保率较低，投保能力也较差。也从微观层面上印证了云南省"农业保险展业难、承保难、理赔难"。也决定了云南省农业保险必须量力而行，不可操之过急。

（2）农户保险的消费结构

表8-10

	样本量	最小值	最大值	均值	方差
保险支出	154	30	32 800	918.42	3 124.94
其中：财产保险	19	30.00	28 000.00	3 395.26	6 719.85
其中：生产保险	6	30	1 700	316.67	677.81
人身保险	115	30.00	5 540.00	280.14	699.46
养老保险	20	30	4 800	1 864.70	1 595.51

从表8-10可以看出，样本中购买保险主要集中于人身保

险,而对于养老保险以及一般财产保险的购买非常少。与农业保险相关的财产保险中的生产保险仅有 4%。这进一步说明了农业保险展业的困难。农户对财产保险的有效需求较低,会直接影响农业保险模式的建立。

8.2.3 试点地区调研分析

本书根据课题组与相关部门到各地调研的基本资料,对试点地区进行一个描述性的研究,从而归纳出目前云南省农业保险的某些经验和特点。

1. 烤烟保险

人保财险经营的农业保险业务中,烤烟保险业务占到 80% 以上,承保面占全省烤烟实栽面积的 50% 左右,主要分布在省内烟草种植发达的曲靖市、玉溪市、昆明市、临沧市、保山市、楚雄州等六个市、州。以玉溪市烤烟保险为例,主要是一种以"龙头企业+保险公司+种烟农户"模式为特征的烤烟保险。玉溪的具体做法:一是当地政府提出"三优一特"(烟草业、矿电业、旅游业、县域特色经济)的经济发展重点,并提出"烟草兴市、生态立市、工业强市、农业稳市"的发展战略目标,把烤烟保险作为支持烟草产业发展的一项重要举措。二是政策扶持到位。除国家免征农业保险营业税的政策外,市政府每年都以一号文件安排烤烟生产,明确年度烤烟种植计划、每亩投保标准、每亩应交的保险费等政策指标,从而有力推动了烤烟保险业务的深入开展。例如 2005 年市政府 1 号文件规定:"田地烟规范化种植补助。计划面积 65 万亩。其中田烟 25 万亩,每亩补助保险费 27 元;地烟 40 万亩,每亩补助保险费 18 元。"同时还规定:"救灾补助。6 月 25 日后受灾的,保险公司赔偿多少,烟草公司再给予等额补偿。"各区、县人民政府也以相同的形式、内容明确烤烟保险发展的相关扶持政策。三是组织推动有力。玉溪市政府每年都召开所有涉农部门参加的烤烟生产专题会,成立烤烟生产领导小组、烤烟生产办公室、人工防雹领导小组,将中国人保玉溪分公司列为三个机构的重要成员单位。每年移栽时节,市县领导都组织保险公司、烟草公司人员深入田间指导移栽、组织验收;当遭受大的自然灾害时,党委、政府领导与保险公司人员最早出现在受灾现场,安抚慰问受灾烟农,核定烤烟损失,组织生产自救。四是多方通力协作。各级烟草公司每年作为烤烟保险的投保人为烟农投保,并按约定的保险费率统一交纳保险费。向保险公司提供烤烟规范种植的资料,包括田地烟每亩种植的株数,每株的有效叶片数,乡、村、组规范化种植验收面积清单,为保险公司准确计算每亩烤烟在一次保险事故中的损失提供了必要依据,还义务参与保险公司烤烟保险查勘定损工作。气象部门及时通报气象情况,提醒烟农搞好防灾防损工作,采取人工发射防雹弹实施人工防雹作业,降低自然灾害发生及损失概率。保监局积极引导玉溪人保通过烤烟保险发挥保险的功能作用,主动承担社会责任,并与公司一道不断总结和完善经营模式,督促公司加强风险管控,坚定了公司持续经营烤烟保险的信心。并多次与市政府及烟草公司沟通协调,专题研究解决烤烟保险经营中的问题,争取了相关政策,稳定了承保费率,扩大了承保面积,规范了经营管理。

2. 特色种植业保险

一是甘蔗种植保险业务,主要在西双版纳勐海县开展,采取全县统保方式,当地政府每年发文安排甘蔗生产相关事宜,由当地糖厂代蔗农缴纳保费,糖厂向蔗农收购甘蔗时再从收购价扣回代缴保费。二是森林火灾保险业务,主要在思茅市开办,采取林业局向森工企业收取费用或从防灾经费中列支部分费用统一向保险公司投保的方式。三是橡胶树保险业务,主要在西双版纳、思茅等地零星开办,采取橡胶林场或胶农个人投保方式,一般采取每亩定株、每株定额、协议承保的方式开展,如西双版纳州景洪市的橡胶树保险,农场与保险公司签订保险协议,对定植的橡胶树(含已开割及尚未开割但种植5年以上的橡胶树),约定按每亩60株、每株保额60元的方式,由农场统一向当地保险公司投保,保障橡胶树因火灾、风灾(暴风)、暴雨、冰雹、泥石流、山体滑坡、低温、含硫等自然灾害造成的损失。在上述种植业保险运作过程中,可归纳为:"政府主导,龙头企业+保险公司+农户"运作的主要模式。

3. 养殖业保险

在调研地区中，奶牛保险是由大理州人保剑川县支公司于2003年实验性开办，大理、洱源、弥渡三个县（市）畜牧局或农业局牵头建立了互助性质的奶牛死亡风险补偿机制，并延续至今，采取的是保险公司+职能部门+农户的模式。

从经营效益看：烤烟保险基本持平，如果加上成本费用和防雹费等支出，保险公司略有亏损。如人保财险曲靖分公司从1985年至2005年，收取保费24 576.9万元，支付赔款21 097.15万元，平均简单赔付率为85.84%；玉溪分公司从1986年至2005年，收取保费16 297.5万元，支付赔款10 938.3万元，平均简单赔付率67.1%。甘蔗、奶牛保险亏损运行，2005年临沧市凤庆、永德、云县承保甘蔗种植保险共9万亩，保费收入130.9万元，支付赔款187万元，赔付率142.86%；2006年三县承保甘蔗种植保险共10.7万亩，保费收入149.3万元，支付赔款202.3万元，赔付率135.5%。

由此，可以看出，云南省在农业保险的模式方面主要采取政府主导，龙头企业+保险公司+农户和保险公司+职能部门+农户的模式。通常使用的方法是对龙头企业（或者大规模农业企业）进行农业保险，而少有对于小农户直接提供农业保险的，即使有，也往往采取统保的形式（西双版纳勐海县甘蔗种植保险业务）。云南省在农业保险模式方面的尝试还较为缺乏，尤其在对小农户的农业保险方面还缺乏相应的经验。然而，公司+农户的保险模式在云南省则较为成熟，这一点对于云南省农业保险模式的选择将有一定的借鉴意义。

8.3 建设适合云南农业产业化发展的农业保险的路径选择

8.3.1 发挥政府的主导作用

在市场经济条件下，按照转变政府职能的要求，政府在农业产业化与农业保险互动机制的建立过程中，应该将作用定位在弥补市场机制的不足，为市场提供公共物品，进行宏观调控，维护市场秩序，调节收入分配公平方面。

1. 政府与农业产业化风险

发展农业产业化经营是云南省实现农业产业结构调整，增加农民收入，推进社会主义新农村建设的战略选择，作为宏观调控主体，政府在农业产业化过程中应该在市场体系建立、产业规划、风险监控、社会服务体系建立等方面起到主导作用。

（1）政府与市场体系培育

市场的完善程度越高，控制风险的能力越强。云南省农业市场制度还相当不完善，如何引导和建立市场机制，是政府宏观调控手段得以发挥的重要前提。首先，建立规范的、有规模的、运作效率高的农产品批发市场。一方面通过批发市场的价格生成机制，为产业化组织提供生产什么和生产多少的信号，降低产前信息搜寻成本，弱化生产风险；另一方面，由于批发市场集中了大量的买方和卖方，可克服"小数目谈判"的不利境况。不仅如此，批发市场的竞价机制不仅保证了公平，提高了交易效率，更重要的是改善了农民的谈判地位。其次，建立健全农产品期货市场。期货市场具有发现市场真实价格和转嫁农业市场风险的功能，因此，世界各国都用期货市场来稳定农产品价格调节滞后性形成的物质基础。当农产品供不应求或供过于求时，潜在的供求均衡绝对先于市场上的供求均衡，而只要潜在的供求均衡先于市场上的供求均衡，就一定有供给大于需求或供给小于需求的可能，所以，只要生产调整需要一定时期，价格调节滞后性就无法消除，价格调节滞后是造成农业生产周期波动的根源，而价格风险也因此成为农业市场风险的"凝聚物"和"承载体"。

目前，我国期货市场很不规范，市场规模很小，参与主体缺位，套期交易与投机交易不规范，难以起到转移农业市场风险的功能，因此，必须建立健全农产品期货市场交易法规，规范市场交易行为，促使其由低级向高级阶段发展；期货市场对交易当事人的商业素质要求较高，对交易过程、规则、术语、结果有清楚理解。就此而言，我国农民尚欠缺这方面的知识和技巧，政府及有关机构应该向农民传播期货交易知识，引导其正确认识期货市场的作用，理性地参与交易活动，使我国农产品期货市场健康、稳定、有序地发展，真正成为分散和转移农产品市场风险的有效机制。

(2) 政府与农业产业化经营规划

农业产业化经营必须有主导产业为载体。在主导产业的培育上，应本着"市场导向，因地制宜，结构调整，突出特色，形成基地"的取向，利用经济、行政相结合的多种手段，通过利益诱导，促使农业开发企业和农户集成主导产业的培育主体。一是要研究市场，指导群众发展具有本地特色和竞争力的优势产品，形成区域性主导产业，同时要避免一哄而起、盲目上马和盲目扩大规模，从而造成生产过剩；二是要指导群众通过推广新技术、新品种，对传统产业进行技术创新，提高产品的科技含量和生产能力，使大宗产品上档次，特色产品上规模；三是要指导群众积极发展新的主导产业，对那些眼下虽未形成生产经营规模、但有明显开发优势的产业给予扶持，同时要保持适应市场变化的产业结构的弹性；四是制定三至五年的中长期产业化规划，有步骤、有重点、积极而稳妥地推进农业产业化经营。为此，政府要建立产业化经营规划制度，搞好可行性研究，避免盲目决策，最大限度降低或规避风险。新上那种投资大、难以调整产业结构的大型生产基地和加工企业，需要非常谨慎。如果对市场前景非常有把握必须上大一些的项目，也应在原有的基地和企业上扩建，从内涵上扩大规模，尽量少铺新摊子。

(3) 政府与风险监测预警机制、信息引导

首先政府要建立农业产业化风险监测预警指标体系。风险监测预警指标体系包括可定量的指标以及不可定量的指标。监测预警指标还可划分为：

①显现指标和潜在指标。所谓显现指标，是指农业产业化系统的输入与输出端的指标，即有关农业产业化投入与产出的指标；潜在指标是指表示农业产业化系统内部状态的指标。潜在指标在预警控制中十分重要，能够用来揭示农业产业化风险的深层特征，有助于减少漏警或虚警的可能性。②直接指标与间接指标。直接指标是指可以直接计算数值或可以直接赋值的指标，间接指标是指需进行计算转换或利用综合信息推断而来的指标。③即时指标与征兆指标。即时指标是指用来表征农业产业化现时状

态的指标,即常用的一些技术经济指标;征兆指标是指在现时刻计算或估计,但用于超前性地指示未来的指标。

高技术产业化风险的运行监控包括以下内容:

对外部环境进行监控。外部环境因素不仅具有不确定性,而且往往具有突变性、信息传递滞后性和较强的不可控性。在农业产业化过程中,需要进行监控的外部环境因素主要包括:①科学技术因素。一种新的理论、新的方法、新的工艺、新的专利的出现,往往是农业产业化经营发展的征兆因素,这些征兆因素对于某个龙头企业来说既可能是机会,也可能是风险,在进行科学技术发展趋势的预警指标分析时,既要对突变因素进行定性分析,也要对渐变因素进行定量分析。②经济因素。包括国家经济政策的变化、进出口贸易的变化(商品贸易和技术贸易)、利率的变化、投资流向的变化等。③政治与社会因素。如国际政治形势的变化、消费者需求与偏好的变化等。④竞争对手因素。如竞争对手的分布、实力、高技术产业化动向等。

信息在现代经济中具有减少经营不确定性和风险的作用,正确的信息发布有助于农业产业化经营决策的正确制定。我国农业产业化经营要面对国际国内两个市场,由于市场需求的变化加快,生产经营的不确定性日益增加,在这种状况下,全面、准确、及时的农业市场信息,对于还处在起步阶段的云南省农业产业化有重大意义。为此,政府农业主管部门应定期发布农产品及下游产品的供需信息;提高从业人员特别是决策人员的知识水平和管理能力;逐步建立完善农业计算机网络信息系统;有针对性地为农户提供信息服务。

(4) 政府与农业产业化经营社会服务体系

农业产业化服务由于服务内容广泛,任何一个组织都不可能单独包揽全部服务内容,而是根据各自的特点和责任范围实行分级服务。一般分为三级服务体系:一级是国家各级政府部门主要负责农业政策的制定,农业服务活动的组织和宏观调控,承担投资大、收效慢的农业基本设施建设,以及从事农业保险、补贴、农业教育、科研和推广等项服务。二级是由集体和农民组织的各种服务合作社,主要负责产供销各环节服务量大的服务活动,以及一体化生产形式的服务活动等。三级是私人工商户承担的农业服务活动，一般是一体化生产的某个环节或某几个环节，服务内容根据自己的优势而定。如法国是农业社会化服务体系比较完善的国家之一（应瑞瑶，2000），社会化服务是由国家、集体（合作社）和私人共同承担的。农林部以及下属单位开展的服务有生产资料供给、农业基本设施的建设、农业政策制定、农业保险、农业教育、科研和推广等。跨行业局主要服务项目是协调农产品生产、加工和销售活动，开展经济分析，预测以及管理等服务。随着市场竞争的日趋激烈，发达国家特别注重服务体系中的服务质量、服务态度的提高和服务人员素质的培养与训练。服务人员不仅要懂得产品的性能、质量和使用方法，而且还要为农户作现身说法、示范表演以及帮助他们选择最佳产品，提供最佳服务，定期举办各种形式的产品推销会，农业科技运用研讨会，邀请农户参加，听取意见，以促进农用生产资料质量的提高和服务管理的改进。

2. 政府与农业保险

（1）政府与农业保险立法

在《中华人民共和国保险法》颁布之前，我国开展农业保险试验业务所依据的规则是1985年国务院颁布的《保险企业管理暂行条例》第5条所规定的："国家鼓励保险企业发展农业业务，为农民提供保险服务，保险企业应支持农民在自愿的基础上集股设立农村互助保险合作社，其业务范围和管理办法另行制定。"1995年颁布、2002年修订《中华人民共和国保险法》使该条例被废除，而《保险法》也依然没有对农业保险作出具体规范。《农业法》规定："国家逐步建立和完善政策性农业保险制度。鼓励和扶持农民和农业生产经营组织建立为农业生产经营活动服务的互助合作保险组织，鼓励商业性保险公司开展农业保险业务。"但如何建立互助合作保险组织，如何鼓励商业性保险公司开展农业保险业务，并没有相应的法律、法规和政策加以明确。有关农业保险的优惠政策，除规定免征营业税外，目前也尚未出台任何其他扶持政策。此外，农业保险管理办法也一直没有制定出来。尽管在这十多年里，中央重要文件及领导人的讲话都一再提出政府要"鼓励"、"提倡"、"支持"农业保险的发展，然而，随着改革的深化和保险公司向商业性保险公司的转轨，这些概念化的条文和口号已无法指导农业保险的运作和发展，没有专业的法律法规，农业保险将不可避免地步入困境。由于农业保险法律法规缺位，司法没有法律依据，甚至出现过农业保险试点被行政主管部门认定为"乱收费"、"加重农民负担"，或者发生灾害损失后，行政部门要求保险公司多赔。造成农业保险的试验展业难、收费难、理赔难，业务开展波动较大，举步维艰。

从农业发达国家的经验看，政府作为制度供给的主体，在为农业保险提供法律保障方面都充分考虑到农业保险的特殊属性，设立农业保险专门法，对农业保险在经营目的、经营方式和管理规则、会计核算、组织制度等方面区别于普通保险的特殊性提供法律依据。目前，在全国人大未出台全国性的农业灾害补偿法或农业保险法的情况下，云南省农业保险法律缺位的问题，可以通过地方行政法规的形式，结合本省实际情况予以明确。

（2）政府与农业保险政策支持

对于农业保险市场失灵的理论研究表明，由于农业保险的"准公共产品属性"、"外部性"、"双重性"等原因，造成了农业保险的弱质性，使农业保险商业化运营的前提不充分，农业保险的政策性为多数农业发达国家的成功经验所验证。国外政策性农业保险是建立在国家干预和宏观调控理论基础上的，强调政府利用财政、保险、行政、法律手段纠正市场失灵。云南省建立政策性保险需要政府给予足够的政策倾斜，才能够推动农业保险的运转，主要包括：

①财政支持。财政支持可以分为财政体系对于经营政策性农业保险的保险公司的经营费用补贴，对于农户的保费补贴，以及对农业保险经营者超额赔付和亏损进行财政补贴。

②税收优惠。除免除经营农业保险的保险公司的营业税外，进一步减免所得税，免除经营种植业、养殖业保险业务的全部营业税、企业所得税、城市维护建设税和教育费附加等；对农业保险经营主体的盈余，可在一定期间内适当减税；允许经营主体从经营盈余中扣除一定比例的资金作为保险准备金，并在税前扣

除；盈余的分红不应再纳税。

③行政支持。这方面主要是提高农民保险意识，宣传保险政策，推广农业保险以及相关的教育培训工作，协调解决保险纠纷等。主要内容包括：一是协助展业承保。农民的文化素质比较低，缺乏保险的基本知识，需要基层干部耐心细致地解释农业保险的意义和作用，解释保险条款特别是保险责任和除外责任，协助办理投保手续。二是协助农险产品的开发与改造。一方面，农业风险区划与定价所需的灾害损失等有关数据资料需要政府协助提供；另一方面，基层干部更了解农民的保障需求，可以为开发适合农民收入水平、风险状况的保险产品提出有益的建议。三是协助防灾防损。防灾防损是降低保险成本的重要环节，基层干部更了解农民的生产经营状况和潜在风险，政府不仅应该协助保险双方做好防灾防损工作，而且还是灾害防御设施等公共物品的提供者。四是协助定损理赔。定损是理赔的前提，只有准确定损，才能合理理赔。由于动植物受灾后有一定的自我恢复能力，农业保险定损极为复杂，尤其是农作物保险，往往需要收获时二次定损。理赔是保险经营的关键环节，是保险制度存在的价值体现，既要保护农民的合法利益，维护保险信誉；又要严格理赔程序，防范道德风险。如果没有当地政府的参与，难免发生各种理赔纠纷。五是制定农业保险补贴的实施细则，协助具体执行。财政补贴不仅涉及保险公司和投保农民，而且涉及农业、财政等政府部门，需要政府协调各方关系。六是协助保险监管。对不同性质的保险业务实施不同的监管规则是国际惯例。政府应设立针对农业保险政策性业务的监管机构，保证监管效率，使政府的扶持政策和优惠措施真正落到实处。

(3) 政府与巨灾风险分散

缺乏对巨灾风险有效的分散机制，是制约农业保险发展的重要原因。由于任何一个农业保险经营者无法单独承担巨灾损失，因此建立再保险机制是有效化解巨灾风险的有效手段。通过农业保险的再保险业务，可以降低原保险人的经营成本，分散风险，增强承保人的承保能力，扩大业务范围。西方农业发达国家在巨灾风险管理方面的普遍做法，是以政府为主导，以行政手段推动建立多层次的再保险体系,并且对再保险亏损进行财政补贴。云南省也应加快建立农业保险再保险机制,通过对不同险种制定不同的分保比例,引导保险公司经营重点,提高其积极性。

对于通过再保险也无法化解的巨灾风险,建立政府主导下的农业巨灾风险基金,对遭遇巨灾损失的农业保险供给主体提供一定程度的补偿,将是维持农业保险持续发展另一重要制度保障。农业巨灾风险基金的来源可以是多渠道的,包括政府财政预算拨款、从农业保险供给主体的年度经营盈余中按一定比例提取、采用巨灾风险证券化的方式从资本市场上筹集资金等等。农业巨灾风险基金,除了对遭遇巨灾损失的农业保险供给主体提供补偿外,还可用于其他方面:①巨灾风险的预防。比如通过兴修水利设施来预防洪涝和干旱的发生;通过疫苗注射来预防禽畜传染病的发生与扩散。②支持设立农业灾情研究机构,分析和研究我国农业灾害发生的规律,以便建立起农业风险预警系统,加强农业风险管理,同时为国家制定农业保险政策,构造有效的农业保险制度体系提供科学依据。

(4) 政府与农业保险监管

对市场的有效监管是政府职能的重要方面,政府应当设立独立的农业保险监管体系,对农业保险的经营管理机构进行监管。以保证农业保险机构的顺利经营,保护投保人的利益。这一独立的农业保险监管体系,主要负责农业保险制度的设计和改进、农业保险业务范围的界定;对政策性农业保险业务进行统一的规划,研究制定具体政策;协调各行政和事业部门,寻求其对经营农险业务的保险公司的支持和配合;设计种植业和养殖业的具体险种,依据本区域具体情况调整保费率和农险计划;审查、批准和监管商业性保险公司开展农业保险业务的申请和业务实施状况;管理专项农险基金,并根据业务量向开展农业保险的保险公司提供经营补贴和保费补贴,承担农作物保险推广、提供技术支持、统一组织人员进行培训等,以及负责提供超额损失再保险;地方性经营发展策略由地方监管机构自主确定,地方监管机构作为中间层次,对上获得中央保险监管机构的再保险,对下向农业保险公司或农业保险合作社提供再保险业务,起到承上启下的作用。

8.3.2 构建多层次多元化的农业保险体系

农业保险是一种对政策因素依赖较强的特殊险种，农业保险经营模式也不应以单一模式为主。借鉴国外的经验，高效率的农业保险体系应该是包括政策性农业保险机构、商业性保险机构、合作社和相互会社在内的以政策为导向的、多层次、各种模式相互补充的复合体系。目前全国农业保险的试点模式大体有：①政策性公司经营模式。即地方出资设立的专业农业保险公司，如上海安信农业保险股份有限公司。②相互制公司模式。如在农业互助合作基础条件较好的地区，进行相互制农业保险公司这一新的组织形式的探索创新。③商业性公司代办模式。如通过保险公司、农村保险机构或两者相结合开展农业保险的代办业务，如吉林省榆树市的洋葱保险。④商业保险公司经营模式。目前中国人保、中华联合等保险公司在不同省份开展了部分种植养殖保险。⑤外资公司经营模式。如法国安盟保险公司成都分公司。

基于云南省各地州在产业结构、农产品品种、产业化程度、微观组织方式、农户保险意识、农民收入水平、政府财力等方面的差异，云南省在构建农业保险体系时，不可能以单一的模式支撑全省农业保险体系，必须考虑地区差异，有针对性地在不同地区探索符合当地条件，多层次、多元化的农业保险发展模式，逐步确立以政策性支持与市场化导向的多层次和多元化结合的互动机制，建立以政府农业保险为主导的、商业保险机构为补充的多层次和多元化形式的农业保险体系。结合云南省实际，我们认为，目前云南开展商业性保险公司代办政策性农业保险模式、农村互助合作保险模式、商业保险公司化经营、政府资助模式具有较高的可行性。

1. 商业性保险公司代办政策性农业保险

政府主导下的商业性保险公司经营模式就是在政府统一制定的政策性经营的总体框架下，由各个商业性保险公司自愿申请经营农业保险和再保险，在政府支持下，由商业性保险公司来经营政策性农业保险。这一模式有如下优势：第一，商业性保险公司原本就有经营保险的技术和专业人才，政府能大大节省制度建立的成本。第二，商业性保险公司有了政府政策性补贴，还可以开发农村保险市场，对经营政策性保险有很大的积极性。第三，商业性保险公司信誉好，从制度到技术都比较规范，容易获得农民的信任。在这种情况下，政府更有精力搞好监管工作。但是，这种模式的主要弊病在于：①政府对农业保险的补贴，在很大程度上会困扰决策者，无论过多还是过少都会使政府受到指责。②如果没有很好的机制和方法解决基层政府对农业政策性保险经营的支持与协助，投保农户的道德风险与逆向选择问题都难以防范。③如果没有很好的机制和方法解决基层政府对农业保险经营的支持与协助问题，该种模式在操作上仍有较大的难度，特别是法定保险项目。

2. 农村互助合作保险

该模式是由各级政府帮助组织和建立以被保险农民为主体的民间农业保险合作组织或农业保险相互会社。这种模式的优点在于：第一，由于保险合作社是社员在自愿互利的基础上自主建立的自负盈亏、风险共担、利益共享的农业保险组织，因此，其经营灵活，可因地制宜设立险种，保险费不会很高，同时在保险费收取、防灾防损、灾后理赔等方面具有其他形式保险企业和组织不具备的优势。第二，由于保险人和被保险人集中于一身，利益高度一致，信息比较完全，可以有效防止被保险人的道德风险和逆向选择现象发生。第三，保险合作社一般设在当地，无须支付手续费、代理费等业务费用开支，农民参加保险比较便利。第四，合作保险具有非赢利性，核心是建立农村的风险保障机制，经费按实际成本分摊，保费没有利润因素，并且年度节余归合作农民所有，积累起来用于抵御大灾赔付。但是，这种模式的弊端也很明显：①由于农业保险合作社规模一般较小，风险比较集中，保险补偿能力有限。②由于农业保险的专业性和技术性很强，合作社在经营管理方面会遇到很多的障碍，资金筹集也会相对困难。③由于受经济、文化和其他因素的影响，我国很多地方的农民缺乏合作传统和意识，也缺乏自我组织的能力，因此，建立规范的合作社比较困难。

为了促进农民互助合作保险的发展，各级政府必须给予必要的政策支持。为了保持农业保险合理的经济规模,对农业提供最基本的风险补偿,有必要对农业实行一定程度的强制保险。根据农业和农村发展的经济和社会目标,对有关国计民生的少数几种农林牧渔产品的生产实行法定保险;对小麦、水稻、玉米、大豆等主要农作物和棉花、油菜、甘蔗、甜菜等主要经济作物实行强制性保险。费率按不同农作物品种和风险等级确定,费率宜相对较低,应使每个农业生产经营者都有足够的经济承受能力,以此扩大投保规模。法定保险的险种和保险标的不宜多,避免太大的保险责任。政府对法定保险险种提供保费补贴。农民按照国家强制性要求参加基本农业保险后,可以根据自身的经济能力和风险程度不同,自主选择投保其他农险。

3. 商业保险公司化经营、政府资助

农业保险的经营成本高、获利少、风险大,商业保险公司的赢利最大化目标与农业保险亏损性的矛盾,致使绝大多数商业保险公司都不愿经营农业保险,这决定了农业商业保险的供给十分有限。从国际经验看,只要政府对农业保险给予足够的支持,商业保险公司仍然乐于开拓农业保险市场。为支持商业保险公司经营农业保险,实现分散风险、降低经营成本的目的,政府可以通过补贴部分经营管理费用或给予一些税负的优惠;设立政策性保险公司为商业保险公司提供再保险业务,超赔部分由政府负担等办法鼓励其经营农险业务。商业保险公司也可以与地方政府合办农业保险事业。保险公司按照法则来经办业务,有利于促进农业保险和农村经济的健康、稳定发展。

8.3.3 政策性农业保险公司和商业性保险公司合理分工

政府可考虑首先选择一些目前农险业务开展较好的地区试点,可以考虑将人保公司的农险部门分立成农业保险公司,在该地区开展农业或农村保险业务,既可以经营种养两业保险,也可以经营农村其他财产保险,使其经营具有可持续发展的可能性,但其种养两业保险要独立核算,以便农险的监管和补贴。政策性农业保险公司不应替代商业性保险公司的农险业务,二者应是合理分工、相互补充的关系。其中,对于关系国计民生的重要农产品,如水稻、棉花、橡胶等应实行法定保险,实行统一投保,主要由政策性农业保险公司及其指定的农村合作组织垄断经营。除法定政策性农业保险外的商业性农险项目,全部实行自愿投保。其他商业性保险公司自愿选择一定的农业险种,按照商业性原则进行经营。同时允许商业性的保险公司自愿申请经营政府提供补贴的农业保险中的非法定农险业务,在同等的政策、平等的条件下进行竞争。在未设立政策性农业保险公司的地区,法定农险业务暂时由人保公司试营。

8.3.4 先行试验,找准突破点

先在云南省具备条件的地区和市场开展试点,摸索总结经验,进而在全省进行推广。试点地区的选择,可选信用环境好、农业基础较好、资源丰富和经济活跃等条件较为完备的地区。具体地可采取"政府推动、市场运作、财政补贴、农民自愿"的做法,由商业保险公司承保,各级财政对农民交纳保费给予补贴,由各级财政和承保公司共同承担。省、市、县财政部门将分别设立巨灾风险准备金,并纳入财政预算,实行专户管理、专账核算。种植业的试点保险品种可优先考虑为烟、糖、茶、胶、花卉、中草药材、马铃薯等云南省有潜力的特色优势产业。对于畜牧业及其延伸的加工产业,可考虑在大理等地区开展奶牛养殖保险等。针对农村特点和农民需求,开发保费低廉、保障适度、报单通俗、交费灵活、投保简便的保险品种。

养殖业可以成为地方农业保险业务的突破口,其主要原因有三:第一,养殖业很少存在种植业在防灾防损中的搭便车问题,外部性小;第二,养殖业较种植业来说对土地的要求少,相对集中,理赔也相对容易;第三,养殖业面临的巨灾风险相对较小,靠天吃饭的成分少,经营比较稳定。

8.3.5 建立农产品库存储备制度、农产品市场支持风险基金

通过储备数量与市场价格变化方向之间的逆反性联系,在市场价格低于保护价时增加储备,并在市场价高于保护价时抛售储备以平衡市场供求,平抑农产品价格的过度波动,减少农产品经营者因价格波动而带来的损失。市场支持基金带有农民收入蓄水池的性质,对减轻农民的价格和收入风险效果显著。可以依据不

同层次建立保险基金,包括重大灾害风险基金,对遭受重大自然灾害的农业生产经营者的赔偿;附加风险基金,对投保附加险的农业生产经营者遭到重大自然灾害时进行高额赔偿;一般风险基金,对于农民遭受的一般性风险灾害给予赔偿。

8.3.6 完善市场服务体系

增强各级政府为现代农业发展提供各种服务,包括农业科研、病虫害控制、农户培训、推广和咨询、检验检测、市场服务和基础设施服务等。主要是:(1)现代农业气象与灾害预报服务。各级政府须积极兴建防御农业自然风险的大型基础工程,如建设水库、灌溉工程,改造土壤,建立气象预报中心等。加强自然灾害和重要动植物病虫害预报和预警体系建设,有效提高预警、预报自然灾害和动植物疫情的能力。(2)现代农业信息服务。加快农业信息化建设,建立省、市、县三级农业信息网络互联中心。各级政府要加强对农户的信息服务,及时收集国内外市场农产品的供求信息和价格信息,不断把有价值、实用的信息传递给农户,指导农户进行现代农业的生产和经营,增强农民制订生产计划、核算生产成本、安排销售活动和调整生产结构的科学性与合理性,减少由于信息不对称或匮乏所引起的营销盲目性与不确定性,从而降低市场风险对农民的损害程度。(3)现代农业技术服务。政府要把农村科技工作摆在更加突出的位置,大幅增加农村科技投入,组织农业科技人员对农户进行技术培训和技术指导,让农户全面、准确地掌握新项目、新品种的技术要领和技术要求,以减少、避免和防范现代农业中的技术风险。(4)现代农业市场体系建设服务。政府应制定相应法规,发展现代流通方式和新型流通业态,培育多元化、多层次的市场流通主体,构建开放统一、竞争有序的市场体系,降低现代农业的生产成本和市场风险。(5)大力发展出口保险服务,以保险服务代替出口补贴,促进外向型农业的发展。同时,要做好保险人才的培养、供给工作。培养一批具有农业保险理论和实践知识的高级专业人才,并对广大基层农险业务骨干,通过代培、委培、函授等各种方式,提高其业务水平和职业技能。

8.3.7 支持和鼓励商业保险公司经营农业保险

充分利用商业保险公司现有的经营技术和专业人才,提高商业保险公司经营农险的积极性,政府给予适当的财政、税收政策支持其经营商业性农业保险,同时鼓励商业保险公司申请经营政策性农险业务,对财产险、人身险实行自愿保险,拓展农业保险范围,实行"大农险"的运作方式。可以尝试逐步扩展农业保险的范围,把农户的一些家庭财产险、农户健康寿险等保险产品纳入农险范畴,单独列账、独立核算;确定此类家庭财产险、寿险等与农业生产保险之间的保险关系,以险促险,以险养险,由政策性农业保险公司提供再保险。经济条件好的沿海较发达地区,可考虑由地方政府和商业保险公司合办专业保险公司经营农险业务。

8.3.8 基于产业链进行风险管理

在对农业风险进行分解的基础上,我们有必要建立一套基本的农业风险管理模式,以便为农业产业链延伸进行风险担保。

不同产业链环节的主要风险存在一定的差异,而且风险的作用方式也不相同。通过剖析不同风险的作用机制,确定各个环节的主要风险,寻求有针对性的管理方式,然后科学地进行风险管理方式组合,最终实现有效风险管理的目标。风险管理方式的选择必须满足三个要求:有针对性地解决该环节的主要风险;保证该环节的风险管理方式的协调;实现与其他环节风险管理方式的关联。

1. 产 前

产前环节的风险管理方式可考虑生产资料补贴、供应链体系、信息服务等。生产资料补贴稳定了农户购买能力,缓解了价格波动的冲击,供应链体系保证了购买渠道、降低了交易成本,这样就重点解决了该环节的主要风险;生产资料补贴可利用供应链体系以降低操作成本、提高补贴效率;信息服务作为软要素也可与供应链体系结合,这样就保证了风险管理方式之间的协调;生产资料补贴通过稳定农户投入能够提高农业保险的需求,供应链体系能够带动技术推广体系的完善,这样就实现了与产中环节风险管理方式的紧密联结。

2. 产中

产中环节的风险管理方式可考虑农业保险、技术推广和服务体系、风险基金等。农业保险结合农业风险基金以重点应对自然风险、技术推广和服务体系来稳定农业技术的供给、降低技术风险的冲击；风险基金可协调农业保险的政策性问题，技术推广和应用则能推动农业保险的创新、提高农业保险的需求，风险基金也可配合新技术的推广和应用；农业保险通过稳定收益水平以保障产后环节中套期保值的顺利实施，技术的推广则为订单农业提供了基本条件，而风险基金与价格支持相互协调以实现风险管理的低成本和高效率。

3. 产后

产后环节的风险管理方式可考虑期货市场和基金、订单农业、价格支持等。期货市场以套期保值的方式转移市场风险，同时可考虑创立政府引导型的期货投资基金来解决分散农户利用期货市场的困难，价格支持体系的建设推动农业支持政策的完善，并为制度风险的应对提供借鉴；订单农业能够保障农业企业套期保值的顺利实施，也使农户间接利用了期货市场，而套期保值锁定的价格则降低了订单农业的违约风险，价格支持也能很大程度上保证订单农业的稳定运行；订单农业可以利用产前环节的供应链体系并为其完善提供引导，价格支持能够与下一周期的生产资料补贴相互协调，期货市场和基金通过转移价格风险、稳定农业收益、提高农业生产者"净值"，降低了产中环节农业保险的道德风险，并为农业保险的设计和优化提供了条件。

8.3.9 完善农村保险服务体系

为农业提供充足的保险保障与资金支持可以有效支持农业产业化和农业保险的发展。

1. 发展小额保险

为广大农村提供比较充足的小额保险是提高农村生产力的有效途径之一，在对农民进行小额保险时，可以考虑逐步引进信用制度，对初次保险的农户进行严格的保险项目审查，并要求保险人做出保险用途的保证；并对保险人的情况进行登记，成立农业人口保险信用记录,大力开展"信用乡"、"信用村"、"信用户"的示范活动,建立健全"失信惩戒"机制,并根据信用记录决定以后是否向同一保险人保险。并且,对单笔、初次保险的金额应当有严格的规定,可设置较低的保险的幅度,降低保险机构的自身风险;对多次保险人,则可以根据信用记录情况逐步提高保险幅度,以对农业人口提供更充分的资金支持。

2. 建立和完善农村保险服务体系

地方政府应加大政策扶持力度,在对农村保险的有关改革、资金来源、税收优惠、保险监管、上市公司核准、保险条件等方面给予大力支持,让农村保险机构或保险机构经营的农村保险业务有一个良好的保险环境,以调动保险机构的积极性,增强其发展后劲。从地方政府的层面上,也要从有限的财力中安排一些资金支持农村保险业务,如对农业保险的补贴、对保险机构给予奖励等等。

农村保险服务体系的建立和完善,一是应在社区保险机构和小额保险组织上用制度进行调整,完善地方政府、保险监管部门和保险机构三位一体共同推进的农村保险生态调节机制,从制度上既要求农村保险机构符合保险机构自身的要求,在要求上又要能充分考虑到农村人口的保险习惯;二是要加强保险监管,对农村保险机构的资金流转情况做出严格的审查,对较大金额的保险应由上级保险机构进行审批,强化农村基层保险机构权力与责任对等;三是要科学制定价格,国家给农村保险的定价机制要用好、用活,要使借贷双方都有所获,既充分维持农业保险机构的正常运作,同时又能充分提高农民的抗风险能力,为农业生产和农民生活提供保险保障。

第9章 云南省农业保险与农业产业发展互动机制创新的相关对策

9.1 经济机制设计理论与农业保险

经济机制设计理论所研究的问题是，对于任意给定的一个社会目标或经济目标，在自由选择、自愿交换的分散化决策条件下，能否并且怎样设计一个经济机制，使得经济活动参与者的个人利益和设计者既定的目标一致。一般说来，机制设计需涉及两个方面的问题：一个是信息成本问题，即所制定的机制是否只需较少的信息（运行）成本，较少的关于消费者、生产者及其他经济参与者的信息；另一个是机制的激励问题（也就是积极性问题），即在所制定的机制下，每个参与者即使追求个人目标，其客观效果是否也能正好达到设计者所要达到的目标。一般用"实现"和"执行"来分别表示一个经济机制在达到社会目标时的信息和激励因素。

一个经济机制要解决的一个关键问题就是如何调动经济主体积极性的问题，即如何通过某种制度或规则的安排来诱导（促使）人们努力工作。激励机制能够把经济主体的自利和互利有机地结合起来。

我国恢复农业保险多年来的经营状况一直不够理想，原因有多方面，如农民的收入水平还较低导致的有效需求不足、国家对农业保险的扶持力度不够等，但其中非常关键的原因是在抓农业保险时对农业保险机制的激励问题重视不够，即没有把农民的积极性调动起来。我国农村在实行家庭联产承包责任制后，绝大部分地区的农业生产经营的决策分散化了，农户成为独立的经营实体。市场化取向的改革又使得他们把生产的大部分农产品进入市场实行自愿交换。在这种情况下，有效的农业保险机制应把农民的积极性调动起来，使得农民的个人利益（脱贫致富奔小康）与社会目标（巩固农业基础地位，实现农业可持续发展）一致。

9.2 基于云南农业保险主体利益的机制分析

9.2.1 从保险公司的角度分析

1. 保险公司的商业性与农业保险的非赢利性难以调和

在市场经济体制下，保险公司是具有法人资格、独立核算、自负盈亏的经济实体，实现利润最大化是它们的目标。作为商业性保险机构的人保公司，随着市场竞争的日益加剧，不得不顾及自身的经济利益，考虑自身的生存与发展，不断优化险种，提高经济效益。而农业保险是一个高风险、高费用、高难度的保险。如果依照保险的高风险高费率的原则，势必要收取很高的保费，农民难以接受，也无力承担，这样使农业保险经营很难赢利。与此同时，农业保险作为国家实现政策目标的工具之一，其经营是以为农民生活服务、为农业生产服务、为农村经济发展服务为宗旨的，而不以赢利为目的。在这种情况下，政府使人保公司陷入两难的选择境地，若选择经济效益，则必然要减少农险经营，从而减少社会效益；若选择社会效益，人保公司就没有经济效益可图。在国家政策的压力下，人保公司只能把农业保险办成内部的政策性保险，从而使其农业保险一直处于负债经营状态。

2. 农业保险赔付率太高，保险公司亏损严重

农业保险的高赔付率是造成保险公司减少农业保险供给的一个重要原因。

3. 农业保险经营工作难度大

难度大主要表现在展业难、收费难、理赔难。首先，农业保险在中国发展时间较短，尚属于新事物，让文化素质不高的农民在短时间内马上接受存在一定的困难，这使得农业保险的宣传、承保签约工作难度增大。其次，中国农民收入还不是很高，不少地区温饱问题还没解决，更不用说购买保险，造成保险公司虽然与农民签约，但保费很难收上来。最后，农业保险的经营技术难度大，从而带来极大的经营风险。农业尤其是种植业，面临着各种不同的自然风险，而且风险比较复杂，因此在确定这类标的的

价值、利益、保额、风险责任以及损失等方面有很大的技术难度，它不仅需要具有极强的专业知识，还需要长期的经验积累，这令保险公司难以正确把握。

9.2.2 从农民角度分析

1. 农业保险费率过高，农民对其有效需求难以形成

农业保险的费率是根据农业风险发生的频率和损失程度厘定的。然而，众所周知，中国农业自然灾害风险发生频率和损失程度要远远大于普通财产保险，这使农业保险的费率必然大大高于普通财产保险费率。通过对保险公司调查了解到，普通财产的保险费率以千分之几计算，而农业保险费率则要以百分之几计算。中国农业保险除极个别险种外，其费率最低也在2%，有的甚至高达15%~20%，要收入水平比城市居民相对低下的农民仅靠自身的经济能力去承受比普通财产保险价格高上多倍的农业保险价格，的确是一个沉重的负担。

2. 农民保险意识淡薄，存在侥幸心理

农民风险意识的强弱直接决定着市场需求程度的高低，影响着农业保险的开办与发展。长期以来，中国农民在自然经济下形成的自给自足观念根深蒂固，习惯了"靠天吃饭"，对农业生产的风险防范不大注重，而且大部分农民存在侥幸心理。实践证明，如果前一年的自然灾害较少发生，那么当年的农业承保面积和保险金额便大幅度下降。有的地区农民甚至认为农业保险是农村"乱收费"项目之一，加重农民的负担。所有这些较弱的风险意识导致的最终结果是农民缺乏消费保险的内在需求，致使农业保险在市场拓展中处于尴尬的窘境。

3. 农民对政府救济的依赖仍然很强

自己投保不仅损失了保险费，而且得到的赔款不一定比政府救济金多，甚至可能自己投保以后，生活有了一定的保障，反而得不到政府的救济。显然，这也是造成农民不愿意投保的重要原因之一。

9.2.3 从政府的角度分析

农业保险是政府保护农业、稳定农村经济、确保国家粮食安全的有效工具，在发达国家和许多发展中国家已受到广泛的重视，对农业保险的政策支持有增无减。相比较而言，中国乃至云南对农业保险的政策支持从各方面讲都远远不够。

对农业保险实行财政补贴是农业保险特殊性的要求，没有国家对农业保险的财政补贴，既不能体现农业保险的政策性规定，又无法实现农业保险的政策性经营和商业性经营有机结合的特殊性要求，而农业保险的商业性经营结果只能是出现严重的亏损而难以为继，这是中国农业保险发展中的经验教训之一，也是世界农业保险发展的普遍经验。而在中国农业保险发展过程中，由于没有财政补贴的特殊性政策，因此也就同一般商业保险一样服从于国家统一的财政政策。在1982年保险业刚恢复阶段，国家对保险也实行免税扶植政策；从1983年后陆续实行"重税兜底"政策；1987年以后实行"收益共享，风险共担"政策，农业也不例外，十几年的连续亏损全都要靠其他商业保险险种的赢利弥补。财政的压制以及缺乏财政资助，是中国农业保险步履维艰的重要原因之一。

9.3 云南省农业产业化的问题

9.3.1 "龙头企业+农户"发展模式中的信誉危机突出

在企业与农户之间的利益关系上，大多数龙头企业还没有真正树立起"农民发展我发展，基地是企业生产第一车间"的观念，龙头企业与农民的利益分配关系主要还是简单的买卖关系，还不能真正形成"利益均沾，风险共担"的利益共同体。由于对农业龙头企业与农业的利益分配机制不完善，农民收益不能得到充分保障，农户与龙头企业利益结合较为松散。其中主要是通过合同方式由农业龙头企业与农户签订产销合同，以合同的形式规定双方的权利义务，龙头企业对农户的农产品以保护价收购。这种形式虽然有利于农民规避市场风险，但却把农民排除在加工、销售两环节的获益范围之外，这不仅与农民摆脱贫困、享受分工合作收益的迫切要求不相适应，也与农业产业化经营和提高农民的科技能力的根本目的不相适应。同时，缺乏适应市场的信用机制。缺乏信用是当前农业龙头企业与农户之间关系中存在的一个突出问题，具体表现在，农产品市场需求旺盛，价格看涨时，有的农民就不愿把农产品卖给龙头企业，而是自己直接上市场直销，使企业蒙受损失；而当某种产品销售不畅，价格下跌时，有些龙头企业又不愿意按原来协定的高于市场的价格收购农户的产品，把风险转嫁给了农民。这种脆弱的市场信用关系已在很大程度上损害了双方的利益，使利益共享、风险共担的组织形式和经营机制未能在企业和农户之间建立起来。

9.3.2 产业组织结构不适应农业产业化的高水平发展

由于受云南省农业产业化水平资源导向型发展观的影响，目前多数农业龙头企业规模偏小、层次偏低、生产集中程度不高，且存在着产业趋同、低水平的重复建设，带动农户能力较弱，不同地、州、市的农业龙头企业发展也不均衡。使得农业龙头企业的发展既没有享受到规模效益带来的好处，也没有充分发挥小企业专业分工的作用，造成资源的严重浪费。

云南省农业龙头企业中，相当一部分企业是通过乡镇企业改制和个体私营企业改制发展起来的，创办期间大多是围绕当地资源和市场组织生产，作坊式的生产方式还未得到根本改变，农业科技成果不能及时转化为生产力，营销决策与管理等技术得不到重视，不少农业龙头企业市场拓展能力弱，缺乏由经济规模效益所产生的成本优势，产品普遍存在增值能力低、科技含量低、市场占有率低的"三低"现象，严重制约了自身的发展。

龙头企业体制结构不健全，表现为政企不分、产权不清，制约了龙头企业的独立发展。目前大多数农业龙头企业产业集团内部法人关系复杂，企业经营自主权受到严重制约，离企业作为法人独立行使法人财产权的要求尚存在较大差距，独立发展困难重重。在经营机制上还未能完全做到"面向市场、自主经营和自负盈亏"，从而很难适应社会主义市场经济发展的要求，削弱了农业龙头企业参与推动和促进当地农业产业化经营的动力和积极性。

产业中介组织——农村专业技术协会、专业合作社等合作经济组织发展滞后。在已调查的云南省200多家农业重点龙头企业中，属于中介组织的仅有3家，但其组织化程度和整体实力都处在一个较低的发展水平上，特别是与农户的关系还不稳固和紧密。云南省农村专业合作经济组织发展的滞后，使农业生产与流通脱节，影响着农村市场的进一步繁荣、结构调整和农民收入的增加。而浙江、上海、山东等农业产业化发展水平较高的省市建立的茶叶、花卉、畜牧、食用菌、蚕茧、柑橘、竹业、蜂业等专业协会，既有规模又有实力，在活跃城乡经济、搞活流通、促进科技创新、规范行业经营行为、价格协调、调解纠纷等方面发挥着日益重要的作用。

9.3.3 企业技术创新能力不足和产品科技含量普遍偏低

农业龙头企业科技创新投入严重不足。据对调查的云南省重点农业科技型龙头企业的统计，2002年的研发经费投入仅为0.55亿元，研发投入占当年销售收入的比例为1.17%；按企业平均，每个企业的研发经费投入仅为28.96万元。其中研发经费投入占销售收入比例超过3%的只有5家，占2.6%；超过2%的13家，占6.8%；超过1.5%的64家，占33.6%；投入比例低于1%的有17家，占8.9%。通常国际上一般认为，企业技术研究与开发费用占销售额的比重为2%，企业方可维持生存，而占到5%的企业在市场上才有竞争力。如此低的研发经费投入水平，不仅使云南省的农业龙头企业无法推动农业产业化发展的技术进步，而且维持企业的正常经营和生存都有困难，需要从政策上给予扶持。

由于受科技投入不足的影响，缺乏相应的科技人才，在产品结构方面，云南省大多数农业龙头企业的科技创新能力较弱，对农业产业化发展的科技支撑不力，造成产品技术含量低、产品档次低、产品结构单一、产品市场竞争力弱，具体表现为：初级产品多，精深加工产品少；普通产品多，名特优产品少；一般品牌多，有一定知名度的品牌少。不少企业家和企业管理队伍素质较低，决策水平和管理水平不高，不重视市场信息调研，不善于把握消费新趋势，营销方式和手段滞后，办法少，能力弱，导致市场辐射半径小，经营效益较差，规模难以扩张，抗御市场与自然双重风险的能力较弱，助农增收的功能受到影响，龙头的带动作用未能得到发挥。

9.3.4 经营环境和扶持政策制约农业龙头企业发展

目前国家鼓励和支持农业龙头企业发展的现行税收优惠政策仍有一定缺陷。由于全国的农业龙头企业禀赋各异,国家在实施西部大开发以前,在政策上一直倾斜于东部地区,但就实力而言,东部发达地区的农业龙头企业发展时间相对较长,在资本积累过程中一直受到政府的政策优惠,目前西部地区农业龙头企业发展有很多弱质性,暂时很难解决,所以,两者发展不在一条起跑线上。只有依靠政府的政策扶持,加大对西部地区的农业龙头企业进行补偿,才能使西部地区的农业龙头企业逐渐壮大起来,克服自身的弱质性,平衡东西部地区农业龙头企业的禀赋差距。

"费改税"政策执行中的不力,在一定程度上制约了云南省农业龙头企业的发展。"费改税"是针对目前我国"费大于税"的不规范的政府收入格局而提出的一项政策主张。然而,基层政府在执行此项政策时并不是按上级政府要求的那样让企业满意。在调查云南省部分农业龙头企业过程中,反映最强烈的是税费改制问题,其集中点是:当地政府的职能部门很多,而每个职能部门都有一套自己的规定,诸如工商费、交通费、环保费、城建费、规划费、管理费、增容费、服务费等等,这些费都不是以立法形式收缴,随意性很大。从长远看,政府的费改税政策如果执行不力,将对农业科技型龙头企业的发展产生制约作用。

9.3.5 各地政府对农业龙头企业的扶持力度存在差异

政府在农业产业化进程中只能适应农业产业化的自然进程加以引导,而不能"揠苗助长",人为地改变农业产业化发展的速度和方向。但是一些地方的政府部门急于求成,为加快本地的农业产业化进程,不顾当地的资源情况和市场情况,急于确立农业产业化的发展目标,甚至出现了虚报农业产业化经营的单位和夸大龙头企业带动农户数目等问题。还有一些地方政府强行要求有关部门和龙头企业建立帮扶关系,出现直接决定企业内部经营管理和人事事务等越俎代庖现象。近年政府机构改革,使政府职能发生了很大变化,但许多地方政府没有完全摆脱计划经济的惯性。有相当一部分政府官员还陷于对经济活动中的公共权利进行限制和审批,习惯于数量管理、项目管理而不是规则管理,习惯于直接的纵向控制而不是间接的横向协调,结果造成政府与企业、市场的分工不清,职能错位。如在推进农业产业化经营中征用土地,忽视农民利益;为解决农民收入问题,向企业施加压力,忽视企业权益,导致企业亏损;为扶持企业,在能源、原材料等方面给予优惠,违背 WTO 的规则;减税幅度过大,所减税种偏多,影响下一级政府的运行等等。特别值得注意的是,很多地方混淆了政府投资与政府扶持的概念。对从事农产品精深加工的、回报率并不低的农业产业化项目,也给予了无偿扶持,造成了重点龙头企业和其他企业间的不平等竞争。而真正需要政府无偿扶持的,能够带动贫困地区经济起飞的农业产业化项目,又无力启动。政府在建立和维护市场秩序,为农业产业化经营提供充足的公共物品、基础设施和服务等方面,工作不到位。一是习惯于一哄而起的工作作风,对推动农业产业化仍采用宣传发动、下发文件的方式,并未把中央制定的促进农业产业化的政策落到实处,更缺乏行之有效的措施。二是缺乏适宜本地资源开发的产业化发展规划,对水果蔬菜加工、酿酒等已经饱和的农产品加工能力,缺乏有效调控。三是忽视农业产业化发展中必要和急需的市场体系、信息体系、质量检测检验体系等基础设施建设。导致一些偏远或相对落后的地区,由于市场基础薄弱、资源匮乏,农业产业化组织在短期内难以形成。而在经济比较发达的地区,由于农业生产的机会成本较高,农业进行产业化经营的比较收益相对较低,因此农户或企业对实行农业产业化经营的积极性不高。

9.4 农业产业化和农业保险的互动关系

9.4.1 农业产业化对农业保险的作用

农业保险是现代农业体系中的一个重要组分部分,是生产力发展到一定水平时,政府和社会扶持农业生产的一种制度安排和政策工具。国内外实践表明,农业保险必须建立在农业产业化的基础之上,农业产业化是推动农业保险的内在动力,其作用机理表现在以下四个方面:

1. 农业产业化激发和强化农业生产者的保险意识

农业生产者的保险意识在一定程度上决定其保险需求，保险需求则构成农业保险的两大要素之一。研究成果表明：分散的小农户一般只有几亩地、几头牲畜，小农生产方式不可能自发产生现代农业的保险意识，小农往往存在能避开自然灾害的侥幸心理，由于生产规模小，其受灾的损失总量也很小，因而不会产生强烈的保险意识，或称保险欲望。相反，农业产业化经营是现代农业的组织形式，其生产规模大，投入资本多，收获总量大，收获时间长，受灾的可能大，一旦受灾，其损害很大。这样的生产规模和生产方式，必然产生日益强烈的规避风险的要求，形成保险意识。目前云南农业产业刚好遇到三大好的机遇，云南省已经有好多的农业产业，这些产业对农民增收起了很大的作用。

问卷调查结果支撑了上述理论分析。我们进行了一次"云南农业保险问卷调查"，下发问卷调查表 100 份，回收有效问卷 84 份，其中产业化经营主体 50 户、小农户 34 户。

结果表明云南农村养老保险、健康保险等险种普及率相对较高，产业化经营主体与小农户之间的差距不大；参加过农业保险的比例，产业化经营主体明显高于小农户，有保险欲望但投保无门的比例，产业化经营主体高达 70%，而小农户只有 35%，说明产业化经营主体有较强的保险意识，而小农户则缺少这种意识。

2. 农业产业化培育和增强农业生产者的投保能力

农业保险有效需求一方面决定于一定保险价格下的保险欲望，另一方面决定于农业生产者的投保能力。小农户农业保险需求不强的重要原因之一是小农生产方式引致的投保能力不足。据保险部门测定，种植业保险费率约为农业产值的 6.7%。假定一个小农户耕种 4 亩土地，每年要他在风险不确定的情况下支付 580 元的农业保险费是难以承受的。对于产业化经营主体来说，一般都积累了相当的资本，他们把农业保险的保费支出当做正常的生产成本支付，初步具备了支付适当农业保险费的能力。典型调查显示，只要政府和社会能补助保费支出的 1/3 左右，产业化经营主体就能够承受相应的保险支出。同时，由于农业产业化经营形成了农产品生产、加工和销售的产业链，为一体化统筹农业保险资金提供了可能性。

3. 农业产业化促进和增加农业保险的有效供给

(1) 农业产业化经营把分散的农户组织起来，共同参加农业保险。(2) 农业产业化经营建立起农业生产者之间的合作机制，在一个产业化组织内部，信息的透明度和对称性大大提高，成员之间形成了多种形式的相互约束和监督机制，有效降低农业保险中的"道德风险"，化解了保险供给方的一大难题。(3) 农业产业化的多种实现形式可以有选择地成为农业保险的组织载体，例如，"龙头企业+农户"的产业化组织可以成为农业保险的一个投保组合，从而有效降低保险成本。

4. 农业产业化为农业保险提供了重要的组织基础

多年的实践证明，农业产业化有多种实现形式。无论哪一种实现形式，其本质都是提高农户组织化程度，它构成农业保险的组织基础。农业保险机制是一种政府扶持下的农业生产者之间的互助机制，是一项技术性很强的复杂的制度安排，农业保险不可能建立在"一麻袋马铃薯"式的小农经济体之上，它必须建立在具有相当组织化程度的农业生产者群体之上，这就是农业产业化组织。

9.4.2 农业保险促进农业产业化的机理分析

农业保险是农业风险保障体系中的重要内容，对农业产业化同样具有重要的促进作用，具体表现在以下三个方面：

1. 农业保险为农业产业化组织编织了一张"安全网"

农业生产面临着自然风险和市场风险的双重压力，一般来说，市场风险主要依靠产业化组织本身及其政府指导下的行业组织去应对，而自然风险主要依靠政策性农业保险来化解。农业保险的全面实施，分散了农业经营风险，为产业化组织的巩固和发展构建了一张"安全网"，使龙头企业和相关农户生产经营的不确定性大大减少，因而使他们的收入有了基本的保障。加入WTO过渡期的结束，农业"绿箱政策"的必要性愈益凸显。农业政策性保险制度作为一种国际公认的"绿箱政策"，它把政府灾后不确定的救济转变为灾前对农业保险的规范性补贴，为农业生产者提供安全稳定的生产经营环境,从而体现了政府职能的转变。

2. 农业保险促进产业化组织内部利益联结机制的形成和完善

要发展壮大农业产业化组织,关键是要形成和不断提升龙头企业与农户之间利益共享、风险共担的机制。根据目前云南省的"龙头企业+农户"发展模式中的信誉危机突出的情况:(1)农业保险制度可以设计这样的机制,保费由龙头企业、中介组织与农户共同承担,从而构建了一种产业化组织与农户风险共担的机制,强化双方的"内在关联博弈",有利于合作机制的完善。(2)一旦受灾,通过农业保险能有效降低产业化组织及农户的损失,从而稳定了农业生产者的收入水平,保护了农民再生产的能力和积极性。与此同时,由于灾后农业生产能力的迅速恢复,产业链的基础环节得到了稳定和加强,为农产品加工、销售、服务等环节的振兴和发展提供了条件,龙头企业和中介组织又共享了农业保险的"利益"。

3. 农业保险为提高农业产业化水平找到了新的实现手段

从本质上看,农业保险和农业产业化都是提高农民组织化程度的有效手段,农业保险制度的成功构建,可能创造出提高农业组织化程度的多种有效形式,这些有效形式中有些直接可以作为提高农业产业化水平的实现手段,有些稍加修琢就能移植到农业产业化领域中来。例如,上海在农业保险实践中创造的农业保险部门与农业技术机构联合承办农业保险、充分发挥农业科技队伍作用的经验,可以推广到专业合作社等农业产业化组织之中。又如,黑龙江农垦总局从1993年起实施的农业风险互助机制,不仅成为2004年11月获准成立的阳光农业相互保险公司的组织基础,而且风险互助体系本身就是农业产业化的一种实现形式。

9.4.3 农业保险和农业产业化的互动机制创新的相关对策

农业产业化与农业保险的良性互动机制,是以促进农业产业化进程为前提的。农业产业化进程的加快,农业保险就会得到强有力的带动;同时,农业保险的完善,解决农业保险建设过程中的障碍,农业保险就会为农业产业化提供良好的保证。从而形成农业保险与农业产业化的良性互动。因此，建立农业保险与农业产业化的互动机制，应遵循经济发展的内在规律，解决制约农业保险与农业产业化发展的问题和矛盾。

1. 建立云南省的农业保险制度模式

目前，我国正处于新一轮农业保险试点阶段，从国内外的农业保险来看，云南省农业保险要健康发展，必须进行农业保险制度创新。目前情况下，云南省应建立政府主导下的政策性农业保险与政府支持下的相互农业保险相结合的制度模式。

(1) 政府主导下的政策性农业保险制度模式

政府主导下的政策性农业保险，就是政府对农业保险经营提供统一的制度框架，各种允许的经营组织要在这个框架中经营农业保险及再保险业务，同时政府对规定的农业保险产品给予经济、行政支持。参照美国发展农业保险的经验，并结合云南省实际，特别是农村经济比较落后的现实，云南省政府主导下的政策性农业保险应具有以下特点：

①设立农业保险管理专门机构，统筹云南省农业保险的开展，协调各有关部门的关系。其主要职能是，负责设计和改进全省农业保险制度；设计种植业和养殖业的具体险种；对政策性的农业保险业务进行统一规划，研究制定具体政策；审查和监督参与政策性农业保险业务的各经营主体，并根据各经营主体的农业保险的业务量对其提供经营管理费用补贴。

②设定政策性农业保险的实施范围。由于国家财政实力有限，只能对关系到国计民生的主要农作物和畜禽保险采用政策性经营，予以重点扶持；其他保险项目实行商业性经营。政府对经营性农业保险业务的保险公司提供经济支持，主要是给予适度的保费补贴和经营管理费补贴，同时给予财政和保险方面的支持和优惠政策，如免除其营业税和所得税，提供各种形式的优惠保险等。

③实行强制保险和自愿保险相结合。政府对少数关系国计民生的农作物和畜禽实行强制保险，以保证承保面和参与率。其他保险项目实行自愿保险。但要处理好强制与自愿的关系，避免产生抵触情绪。

④建立政府支持的再保险机制。针对某些特殊的巨灾风险如洪灾、飓风等,建立由政府管理的巨灾基金,逐步完善中央、地方财政支持的农业再保险体系,保证农业保险的持续稳定经营。

⑤政府给予行政支持与协助。云南省农业生产以小规模个体农户分散经营为主,农村地区交通不便,通讯落后,因此农业保险的展业、承保、核保、防灾、查勘、定损、理赔等成本高、难度大,需要各级政府给予支持和协助。

由于农业保险业务的"高风险、高成本、高赔付",商业性保险公司往往不愿涉足其间,因而这种模式可以有效解决农业保险供给不足的问题;由于有政府的保费补贴及其他优惠政策,农民的投保积极性也能得到很大的提高,从而可以有效地拉动农业保险的需求。但这种模式也可能带来政府过度干预,其财政补贴也可能导致效率损失。

(2) 政府支持下的农业相互保险制度模式

相互制保险是合作制保险的高级形式,保险人和被保险人的利益高度一致,因而能更好地降低运行成本,优化资源配置,维护投保人的根本利益。借鉴国外相互保险的经验,云南省建立农业相互制保险的思路可以为:

①设立全省性的农业相互保险公司。由一定数量的农业龙头企业认购公司经营所必需的部分初始基金,同时通过发行公司债券的方式筹集另一部分资金。公司的最高权力机构是全体会员大会,由会员大会选举公司董事,组成董事会,处理日常事务。初始会员应赋予对公司的经营管理更大的表决权和被选举权,以鼓励投资者设立相互保险公司。

②建立多级农业相互保险公司组织体系。在总公司之下,各市区设立分公司,县市设立支公司,乡镇设立营业处。由总公司负责制定公司的经营方针政策和各项规章制度,总公司主要负责各分支公司的协调与管理,为各分公司提供再保险业务;各分公司根据本地区农业及农业保险的实际情况,制定相应的管理规定及实施细则,独立开展各项保险业务。

③扩大农业保险经营范围。公司除经营传统的种植业保险、养殖业险种以外,同时也经营与农业生产资料、农用设备设施、

农产品储藏与运输、农产品加工与销售等活动相关的其他财产保险，以及农业生产过程中的雇主责任保险和人生意外伤害保险等，扩展农业保险覆盖面，从而起到"以险养险"的功效，增强公司经营的稳定性。

④建立有效的多层次农业风险分散机制。一是在农业相互保险公司内部建立分级再保险制度，即基层相互保险公司向上一级公司分保。二是在目前市场条件下，由作为国家再保险公司再保险集团采用事故超赔或赔付率超赔的方式，向相互再保险公司提供再保险安排。三是建立中央、地方财政支持的农业再保险体系，为农业相互保险公司提供再保险支持，保证相互保险公司的经营稳定。

⑤政府应在法律、经济、行政上对相互保险公司给予支持。一是明确相互保险公司的法律地位，鼓励相互保险制的实施。二是政府要在财政、保险、税收上给予优惠政策和必要的支持，如减免税负、提供贴息或低息保险等。三是组织乡、村干部学习保险知识，再由乡、村干部向农户宣传，使农户自觉自愿参加保险等。

相互制保险能够降低费用成本，提供价格低廉的险种与服务，能较好地满足云南省低收入农民的保障需求；相互保险中被保险人和保险人利益的一致性，又能有效的防范农业保险中严重的逆向选择和道德风险。另外，采用相互保险模式，主要动员的是民间资金，对政府支持的依赖较小，可以减轻政府的财政负担，因此，相互制保险比较符合云南省的省情，具有广阔的发展前景。

综上所述，目前情况下，云南省应建立政府主导型政策性农业保险与政府支持下的农业相互保险结合的制度模式。

当然在建立云南省政府主导型政策性农业保险与政府支持下的农业相互保险结合的制度模式下应该注意结合以下三点来进行：

①立足于农业产业链，构建多渠道筹措农业保险资金新机制。种养业存在着经济的正外部性，为农产品加工和销售的增值提供了显性和隐性的条件。换句话说，农产品加工、销售和服务

行业共享了种养业的利益,它们理所当然应该成为承担农业保险费用的主体之一。这样,农业保险费用的筹集可以有四个渠道,一是种养业农户。二是农业产业化体系中的龙头企业和赢利性中介机构。三是农业纵向一体化产业链中的各类涉农企业,包括农产品加工和销售企业、种子种苗企业、县域农业生产资料供应企业等。四是当地政府,地级市、县、乡镇三级政府主要筹措基本农业保险费用补贴资金,中央和省级政府主要筹措农业再保险和巨灾风险资金。

②以农业产业化组织为依托,构建农业生产者互保机制。农业保险部门在险种开拓和领域选择时,应注重把农业产业化组织当做农业保险的突破口和重点。在具体操作时,可以把农民专业合作社、龙头企业+农户等产业化组织作为一个农业投保组合。产业化组织指派专人兼职办理保险手续,代表投保方与保险公司协商相关的保险业务,增强农户在保险市场的谈判地位。产业化组织内部在保险公司指导下制订相应的互保契约,构建合作抗灾的互助机制。政府在政策性农业保险实施方案中,对产业化组织内部的互保机制给予适当的政策倾斜。

③推广上海经验,构建农业保险公司与农业科技部门"共保"机制。上海在20世纪90年代中期创造了保险公司与农业科技部门的"共保"经验,即农业保险公司与农业科技推广部门(包括兽医、植保、水产技术推广站、奶牛生产技术服务站)联合承办农业保险,实行责任共负、风险共担、利益共享。据有关部门统计,上海养殖业"共保"前后生猪死亡率由3.6%降到2.4%,奶牛死亡率由5%下降到2.7%,同时使种养业的赔付率长期控制在一个较低水平,有力地促进了农业保险事业的发展。实践证明,"共保"制度把风险补偿与科技服务两大优势有机结合在一起,把农业保险与产业化经营有机结合在一起,既解决了农业保险业务部门人手少、技术力量缺乏、定损经验不足等难题,又调动了农业技术人员的积极性,有利于建立"防赔结合、以防为主"的保险机制。

2. 从农民的内在需求出发,在动态过程中逐步发展农村专业合作经济组织和明晰农村专业合作经济组织的产权关系,借鉴浙江临海上盘西兰花产业合作社的经验发展"合作社 + 公司 + 农户"的模式。

农村专业合作经济组织是由从事同类产品生产经营的农户自愿组织起来,在技术、资金、信息、销售、加工、储运等环节实行自我管理、自我服务、自我发展,以提高市场竞争能力和增加组织成员收入为目的的专业性合作经济组织。

目前,云南省的主要问题是千家万户的农户处于孤立分散状态或大部分是小规模的企业,对农业经营组织形式方面的挑战大大超过农产品市场开放所形成的冲击。由此,农民根据其内在的利益需求,又在生产关系允许的范围内,渐进式地演变成以追逐提高生产经营的组织化程度来有效增强其自身的市场竞争力。

(1) 农业专业合作经济组织是农业形成产业化规模经济的前提条件。国外农业现代化经验充分证明,农业只有走产业化和规模化才能获得竞争优势;农村专业合作经济组织最突出的特点在于其生产与服务的专业化。从而使其生产和服务在达到一定规模的过程中,就可以在短时期内取得边际收益递增的效应。基于社会分工与协作基础上的专业化,不仅有助于充分发挥农户所拥有的比较资源优势,更能进一步"大大降低其学习成本和弥补各种交易造成的巨大的交易成本"。因此,发展农村专业合作经济组织无疑有助于推进农业产业化的进程。

(2) 农村专业合作经济组织是云南省农产品降低进入国内外市场障碍的重要渠道,是农民获得增收的重要保证。农村专业合作经济组织通过按交易量返还的原则,将农产品加工或销售增值的部分利润返还给合作经济组织的成员,可以有效地增加农民的收入,发展农村专业合作经济组织可以在企业与农民之间架起一座互利互惠的桥梁,有利于推进农业产业化,提高农业生产的绩效。

据研究统计,20世纪我国农业自然风险占经营风险的30%左右,市场风险约占45%,制度风险约占15%,剩余的是技术、资产风险,随着经济全球化的不断加快,农业经营风险的种类与表现形式将日益复杂,其中由制度风险引发的市场风险更是呈现非线性增长,这种风险已经充分体现在分散的农户生产资料购买、农产品销售、资金回笼、技术和信息等活动中,这在云南省表现得更加明显。因此，为了克服农业中由制度风险引起的经营风险，云南省应该选择农村专业合作经济组织这种自我服务、减少经营风险的基础模式。农村专业合作经济组织只能通过发挥其规模化和专业化的比较优势，以集团捆绑式"联合舰队"来有效降低这类缺陷和风险。

当前云南省农业生产经营规模小而分散，造成生产经营的盲目性和无序化，已越来越不适应更加广阔的市场和更加激烈的竞争。促进农业产业化，建设多功能、高层次、大容量的社会化服务系统必须紧紧依靠农村专业合作经济组织。另外，它还可以把普及和推广农业科技作为其主要服务内容，有助于提高农民的专业技术水平和农产品的质量，使农民获得增产增收。这也是推进农业产业化的一个重要内容。同时农民的增产增收提高了其提供保费的能力。

发展农村专业合作经济组织的张力是土地合理流转。土地流转是农村专业合作经济组织得以长远发展的重要前提条件，也是实现农业产业化和规模化的张力。

土地流转有利于促进土地资源向农村专业合作经济组织流动，实现土地资源优化配置，加快农村土地规模化、集约化的进程。土地流转有利于促进农业结构调整，加快农业产业化过程，通过土地使用权流转，使土地相对集中于农业企业或经营大户等农村专业合作经济组织手中，便于统一规划，有利于新技术的运用和新品种的推广。特别是有利于高效经济作物的开发，从而使农业产业结构发生变化，加快农业产业化的进程。

农村专业合作经济组织要得到可持续的发展，就必须加快培育优势产业发展优势农产品，扩大市场份额，带动加工、储藏、运输、营销、服务等产业链的成长，并在动态的发展过程中形成支撑产业。尤其是在优势区发展主导产品，能够最大限度地优化资源配置，挖掘资源潜力，释放和形成新的生产力。

由于云南省的优势产业都是种植业和具有特色的农产品，我们可以通过地方各级政府给予政策、资金扶持，逐步培植成具有一定规模的优势产品，进而建立特色农产品生产加工基地。发展农村专业合作经济组织要结合产业带建设，调整区域布局。我们可以根据所处地区的比较优势，确定农业产业结构调整的重点。

临海市上盘镇西兰花产业主要经历三个阶段：

第一阶段是小农经济，这个阶段主要的特点是以农户家庭为单位组织生产，分散经营，单体规模小，发展缓慢。受资金、技术等条件的限制并且市场开拓精神缺乏，销售渠道单一。

第二阶段是"公司+农户"阶段。与农户各自为政的"小农生产"模式相比，"公司+农户"模式已获取了产品销售上的规模经济，实现了"分散生产与集中销售"的统一，但面对外部市场的竞争条件的剧烈变化，"公司+农户"模式仍然存在制度的缺陷，无法将外部性予以内部化。

第三阶段是"合作社+公司+农户"模式。这种模式的出现将加工企业、运销大户、种植户之间提供技术、信息服务和有效监督等"俱乐部产品"统一起来，使上盘镇西兰花产业成功地走向国际市场。

这种合作社为社员提供技术服务和信息服务，这些服务往往有较高的规模要求，单个加工企业、运销企业或农户无法承担成本，但是由多个企业组成"俱乐部"来提供这些服务却可以大大降低每个企业的分担成本，从而在企业能承受的范围内进入国际市场。云南省现在主要也是小规模的企业，通过走上盘镇西兰花产业合作社的道路，一定能走向国际市场。

当然，要使农村专业合作经济组织发挥上述的作用，要进一步规范和明确农村专业合作经济组织的合法权利。农村专业合作经济组织在生产经营活动中，应该与一般社会经济组织享受同等的权利。在立法中首先必须明确：第一，财产所有权。农村专业合作经济组织的财产包括该组织成员所投入的各种资产、货币、劳动权等法律允许农户投入的所有生产要素。第二，承包经营权。承包经营权是农村承包经营户享有的一种财产权，而农村专业合作经济组织是将农户组织起来的特殊"法人"，特别是那些已经通过土地流转获得了土地使用权、经营权和收益权的农村专业合作经济组织，有权依法按照承包合同规定，在承包期内，对承包的财产享有使用权和收益权，并承担合同规定的义务。第三，作为一般法人应该享受的其他权利。

第 10 章 云南农业保险发展模式的功能体系设计

10.1 云南农业保险模式选择的影响因素分析

10.1.1 云南省各地风险差异较大,种植作物种类差异较大

云南省不同地区之间风险差异很大,气候与种植作物的差异较国内其他地区也非常明显。因此,云南省农业保险的模式和思路不能简单照搬国内其他地区的相应模式,而应该因地制宜,根据实际财政情况选择合适的模式,甚至可以采取不同地区不同模式的方法。同时,由于风险差异较大,需要进行较为深入的风险区划工作,实行费率差异化。

10.1.2 农业保险的定位人群(小农户、大农户、龙头企业):农户的基本特征

农业保险究竟是定位于种养大户(龙头企业)还是定位于小农户,取决于政策性农业保险的政策目标。然而,从本书的分析来看,被调查农户的收入较低,保险能力较差,如果采取保障小农户的思路,将面临解决农业保险有效需求严重不足的情况,如果统一采取财政补贴的方式,则农户的保险支付能力和风险结构问题需要进行进一步的深化研究。

农业保险如果定位于种养大户,则需要考虑农业保险的政策目的问题。农业保险究竟是为了解决农业大户的风险问题,还是为了构建农业生产风险安全网的问题。这个问题需要同时考虑农业保险对农业生产的影响问题,需要进行农业保险与作物产量的相关关系研究。

10.1.3 政策性农业保险补贴:保障品种

政策性农业保险通常保障大宗农产品,例如小麦、水稻、棉

花、生猪和奶牛。对于云南省的典型作物烟叶和蔗糖,并不在政策性农业保险的补贴范围之内。而对于烟叶和蔗糖的农业保险在云南省发展相对较快。这个问题需要进行进一步研究。

10.1.4 农业保险供给分析

农业保险模式研究要考虑的问题除了当地农产品的情况、农户的基本情况之外,还要考虑农业保险可能的组织形式。从目前情况看,云南省可供选择的农业保险供给主体主要是中国人民保险公司。其他省份有可能进入的有:中华联合、上海安信等新兴农业保险公司。或者建立本土的农业保险公司。总之,这个问题需要在前述几个问题研究的基础上,更加深化。

10.1.5 云南农村农户收入与农业保险关系研究

农户收入结构与农户保险需求之间的关系也是农业保险模式设计中要考虑的因素。课题组对云南农村居民收入进行调研后,发现云南农村居民主要收入来源为农业生产收入,农业生产收入对云南省农民收入有直接影响,从这一角度分析,可以证明农业保险与农民收入之间的关联性。具体调研分析如下:

调研对象:云南省宣威市直辖的两个乡八个村委会的200户农户。

1. 样本基本情况

表10-1

村庄	户数	总人口	乡村劳动力	占比(%)
双河乡大桥村	768	2 768	1 384	50
双河乡葛菇村	1 183	4 487	2 900	64.6
双河乡豁夏村	618	2 753	1 240	45
双河乡杨家村	573	2 263	1 017	44.9
乐丰乡新德村	737	2 760	1 340	48.5
乐丰乡店子村	1 014	3 977	2 314	58.2
乐丰乡乐丰村	1 092	4 200	2 650	63.1
乐丰乡三联村	1 036	4 337	2 137	49.3

所研究的村庄包括双河乡大桥村、葛菇村、豁夏村、杨家村、乐丰乡新德村、店子村、乐丰村、三联村。每个村委会随机调查 25 户,共计调查样本总量为 200 户。每个村庄采取的样本量均为样本总量的 12.5%。在这 8 个村庄中,劳动力所占比例在 44.9% ~ 64.6%,可见,当地村民还是主要以本土务农为主。

2. 样本回归分析

根据统计资料显示,样本村庄中村总收入主要来源于农业产值、工业产值以及服务业产值。在调研中的具体数据如表 10 -2 所示。

表 10 -2 村庄总收入及各类产值数据

村 庄	Y	X_1	X_2	X_3
乐丰	860	650	150	60
新德	580	520	50	10
葛菇	800	600	100	100
大桥	201.5	120	80	1.5
店子	960	660	240	60
杨家	379	205	88	86
豁夏	580	310	190	80
三联	670	670	0	0

Y:村总收入(万元),X_1:农业产值(万元);X_2:工业产值(万元);X_3:服务业产值(万元)。

根据以上经济指标,我们可以构建以下多元回归模型:

$$\ln Y = C + \alpha \ln X_1 + \beta \ln X_2 + \gamma \ln X_3$$

其中,C 表示常量,α、β、γ,分别表示标准多元回归系数。

用 Eview 软件进行统计后,输出如表 10 -3 结果:

由表 10 -3 输出结果可以得到:可决系数 $R^2 = 0.999\,048$,调整的可决系数 $R^2 = 0.998\,095$,$DW = 2.158\,975$,基本满足线性相关的要求。其中:$C = 1.39$,$\alpha = 0.67$,$\beta = 0.16$,$\gamma = 0.06$,代入上述多元回归模型为:

表 10 - 3

Variable	Coefficient	Std. Error	t - Statistic	Prob.
C	1.386 656	0.126 632	10.950 28	0.001 6
LOG (X_1)	0.671 378	0.017 946	37.410 71	0.000 0
LOG (X_2)	0.157 087	0.021 281	7.381 674	0.005 1
LOG (X_3)	0.062 836	0.008 576	7.327 246	0.005 3
R - squared	0.999 048	Mean dependent var		6.325 408
Adjusted R - squared	0.998 095	S.D. dependent var		0.547 934
S.E. of regression	0.023 914	Akaike info criterion		-4.333 176
Sum squared resid	0.001 716	Schwarz criterion		-4.364 084
Log likelihood	19.166 11	F - statistic		1 049.012
Durbin - Watson stat	2.158 975	Prob (F - statistic)		0.000 050

$$\ln Y = 1.39 + 0.67\ln X_1 + 0.16\ln X_2 + 0.06\ln X_3$$

上式说明：农业产值增加 1%，将引起村庄总收入增加 0.67%；工业产值增加 1%，将引起村庄总收入增加 0.16%；服务业产值增加 1%，引起村庄总收入增加 0.06%。按对收入贡献的大小排序，依次是农业、工业、服务业，其中农业对农户收入的贡献权重占 67%。由此可以认为，各个村的收入均主要来源于农业，农业生产的收入直接决定了农民的收入。由此推测出：农业遭遇天灾必将影响农民收入，农业生产保险是保障农民收入稳定的手段之一，可见，农业生产保险在农村具有极大的发展空间。

10.1.6 保险公司开展农村保险业务的影响因素分析

为了对农村市场中影响保险公司业务发展的因素进行分析，课题组对云南省江川县上头营村 13 个村民小组的 200 户农户进行了问卷调查。调查的基本情况如下：

调查共计发出 200 份调查问卷，回收 200 份问卷，剔除无效问卷 25 份，有效问卷 175 份，有效回收率 87.5%。在本次调研问卷中主要分为两个部分，第一部分是关于农户的基本情况，第二部分则是农户对保险公司的满意度分析。针对第二部分的满意度分析,问卷设计分为非常满意、比较满意、一般、不太满意、不满意五个级别的满意程度,因此我们采用 Likert 5 分评分法,分别对应的分值为 5 分、4 分、3 分、2 分、1 分。

1. 调研问卷中基本情况的描述性统计分析

在本次调研过程中,主要针对农户家庭的户主进行调研,13 个村民小组的农民的文化水平普遍偏低,90% 以上处于小学水平,5% 以上为初中水平,极少数的个别家庭受过高中教育。家庭收入主要通过种植小麦、玉米等经济作物自产自销的方式来获得,93% 以上的家庭月收入都在 1 000 元以下,而且收入绝大部分都是用于对子女的教育。根据我们此次调研发现,农户为了扩大生产规模、提高生产、增加收入,95% 以上的农户还是愿意尝试参加农业保险的,并且愿意用年收入的一部分来参加农业保险。(详见表 10-4)

表 10-4 农户参加农保的年收入百分比

年收入百分比(%)	1~2	2~3	3~4	4~5	5~10	10~15	15 以上
农户的意愿	8%	9%	43%	23%	12%	4%	1%

2. 农户对保险公司的满意度分析

(1) 数据选取依据

满意是人们的一种感觉状态水平,它来源于对一件产品所感知的绩效或产出与人们的期望绩效所进行的比较。因此,满意是感知的绩效与期望绩效的函数。为此,要研究农户满意的关键点是找出这些绩效指标。一般而言,测量满意度的指标设计要涉及对保险公司所提供的服务、对保险公司的收支情况、对保险公司提供服务的便利性、对保险公司员工的满意程度以及对保险公司客户服务满意度的分析等各个方面。

(2) 因子分析模型概述

因子分析是探讨存在相关关系的变量之间,是否存在不能直接观察到但对可观察变量的变化起支配作用的潜在因子的分析方法。统计分析理论认为,在相关的一组指标中,每个指标都是由公共因子和特殊因子决定的,因子分析就是要找出一组指标的公共因子。我们在结合本次调研的数据同时,利用因子分析方法,对数据作出以下的统计分析过程:

①KMO 及其 Bartlett 检验

在进行因子分析之前,需要通过 KMO 统计量和 Bartlett 球体检验对指标是否适合采用因子分析进行分析考察。

KMO(Kaiser – Meyer – Olkim)统计量是用于比较观测相关关系数值和偏相关关系数值的一个指标。当所有变量之间的偏相关系数的平方和比相关系数的平方和小时,KMO 值也较小,这就表明对这些变量进行因子分析的结果可能不太好。(具体 KMO 值区间及含义见表 10 – 5)

Bartlett 球体检验可以用来检验变量之间彼此独立的假设,即总体相关矩阵是单位矩阵这一假设。球体检验统计量是根据相关矩阵行列式的平方转换求得的。该统计量取值大时表示拒绝零假设。当不能拒绝原假设时,因子分析就不适合了。

表 10 – 5 KMO 值区间及含义

KMO 值	含 义	KMO 值	含 义
0.90 ≤ KMO < 1	结果是极好的	0.60 ≤ KMO < 0.70	结果是中等的
0.80 ≤ KMO < 0.90	结果是比较好的	0.50 ≤ KMO < 0.60	结果是糟糕的
0.70 ≤ KMO < 0.80	结果是还好的	KMO < 0.50	结果是不可接受的

②样本均值及方差分析

对于输出结果中的均值及方差分析,可以简单作出描述性统计分析,看出各个指标是否达到平均水平及样本值偏离均值程度。

③公共因子的提取

对样本数据中的指标采用因子分析法,利用最大方差旋转法进行正交旋轴分析,提取特征根大于1的因子,得出特征根大于1的因子个数,即为公共因子的个数,并且从输出结果中可以看出公共因子解释的方差变异程度(累计贡献率即所取的公共因子所包含的信息占原始变量包含的总信息)。一般认为累计贡献率大于等于80%,认为是可以提取的公因子个数。

④样本指标的特征值碎石图分析

一般而言,从样本指标的特征碎石图上可以更直观看出,出现公共因子的拐点情况。

⑤公共因子的判别及其公共因子的得分系数

对不相关的公共因子进行分析判别后,根据因子得分系数,列出公共因子的数学表达式。

⑥对公共因子进行解释

根据公共因子原始变量的基本情况及管理知识,对所得出的公共因子作出适当的解释。

(3) 满意度数据分析过程

结合本次调查数据,我们使用统计软件 SPSS13.0,采用主成分分析方法进行因素抽取,选取特征值大于1的因素,作出特征碎石图及进行分析。同时采用最大方差正交旋轴法进行因素旋轴,对各个因素下的指标进行取舍判断。最后我们将对五大公因子进行解释。

①KMO 及其 Bartlett 检验

因子模型是建立在公共因子彼此不相关并且具有单位方差,特殊因子也彼此不相关且和公共因子也不相关的假定上的。因此需要对样本数据进行检验,主要检验指标为 KMO 值和 Bartlett 值检验。当 KMO 值越大时,表示变量间的共同因素越多,偏相关性越弱,越适合因子分析。Bartlett 统计量用于检验母体中变量之间是否相关,检验这些相关系数是否不同且大于0。本数据中统计结果如表 10-6 所示:

表10-6　KMO and Bartlett's Test

Kaiser – Meyer – Olkin Measure of Sampling Adequacy.	0.713
Bartlett's Test of Sphericity Approx. Chi – Square	2 260.214
df	105
Sig.	0.000

在本模型统计分析中 KMO = 0.713，变量间的相关性很小，适合做因子分析。Bartlett 球形检验的结果为 0.000，结果非常显著，也符合因子分析的条件。

②样本均值及方差分析

本次调查数据来自 175 个样本数据、15 个调查指标中，各自指标中的分数均值均在 3 以上，由此看出，农户对保险公司提供保险业务的满意程度都达到了一般满意的水平。（均值及方差见表10-7）

表10-7　Descriptive Statistics

	V1	V2	V3	V4	V5	V6	V7	V8	V9	V10	V11	V12	V13	V14	V15
Mean	3.26	3.53	3.51	3.06	3.28	3.18	3.14	3.11	3.11	3.26	3.25	3.20	3.13	3.18	3.17
Std. Deviation	0.438	0.523	0.576	0.516	0.564	0.555	0.472	0.596	0.566	0.502	0.448	0.503	0.510	0.468	0.373
Analysis N	175	175	175	175	175	175	175	175	175	175	175	175	175	175	175

③公共因子的提取

对 175 个样本变量中的 15 个指标采用因子分析法，利用最大方差旋转法进行正交旋轴分析，提取特征根大于 1 的因子，得出特征根大于 1 的有 5 个，因此共提取出 5 个公共因子，这 5 个公共因子共解释了 83.295% 的方差变异。（方差的解释见表10-8）

④样本指标的特征值碎石图分析

分析上述特征值碎石图可以看出因子 1 与因子 2，以及因子 2 与因子 3、因子 3 与因子 4、因子 4 与因子 5 之间的特征值之差比较大，而其余因子的特征值差值比较小。通过因子分析，有 5

个成分的特征值大于1,这5个成分的累计解释方差百分比达到了83.295%,而且从碎石图可以看出,第5个成分开始曲线的变化趋势已经开始趋于平稳,因此从调查问卷中的15个指标中通过因素抽取被分为5个因素。下面要做的就是对各个变量进行直角转轴,使具有较大影响因素变量的个数缩减到最低程度,以便解释因素的潜在意义。

表 10-8 Total Variance Explained

Component	Initial Eigenvalues			Extraction Sums of Squared Loadings		
	Total	% of Variance	Cumulative %	Total	% of Variance	Cumulative %
V1	6.956	46.375	46.375	6.956	46.375	46.375
V2	2.598	17.320	63.695	2.598	17.320	63.695
V3	1.266	8.443	72.139	1.266	8.443	72.139
V4	0.934	6.228	78.367	0.934	6.228	78.367
V5	0.739	4.929	83.295	0.739	4.929	83.295
V6	0.519	3.458	86.753			
V7	0.472	3.148	89.902			
V8	0.364	2.427	92.328			
V9	0.295	1.964	94.292			
V10	0.242	1.611	95.903			
V11	0.197	1.313	97.217			
V12	0.160	1.069	98.285			
V13	0.125	0.833	99.118			
V14	0.093	0.617	99.735			
V15	0.040	0.265	100.000			

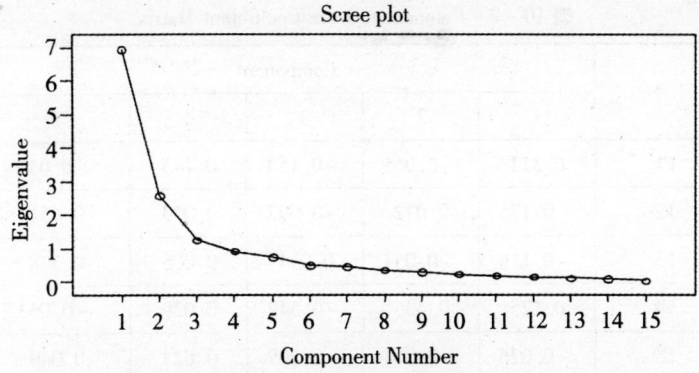

图 10-1 特征值碎石图

⑤公共因子的判别及其公共因子的得分系数

根据公共因子得分系数和原始变量的标准化值,可以计算每个观测量的各因子的得分数,并可以据此对观测量进行进一步的分析。旋转后的因子（主成分）表达式可以写成如下:（旋转后的因子系数见表10-9）

$f_1 = 0.313 \times V1 - 0.175 \times V2 + \cdots - 0.131 \times V14 + 0.021 \times V15$（公共因子1）

$f_2 = -0.065 \times V1 + 0.022 \times V2 + \cdots - 0.142 \times V14 + 0.075 \times V15$（公共因子2）

$f_3 = -0.153 \times V1 - 0.097 \times V2 + \cdots + 0.522 \times V14 + 0.211 \times V15$（公共因子3）

$f_4 = 0.145 \times V1 + 0.073 \times V2 + \cdots - 0.039 \times V14 + 0.050 \times V15$（公共因子4）

$f_5 = -0.039 \times V1 + 0.651 \times V2 + \cdots + 0.002 \times V14 - 0.035 \times V15$（公共因子5）

我们从估计因子分数的协方差矩阵（见表10-10）不难看出,5个公共因子之间是彼此不相关的且具有单位方差。因此提取的这5个因子来概括绝大部分信息是有效的。

表 10-9 Component Score Coefficient Matrix

	Component				
	1	2	3	4	5
V1	0.313	-0.065	-0.153	0.145	-0.039
V2	-0.175	0.022	-0.097	0.073	0.651
V3	-0.118	-0.054	0.034	0.005	0.548
V4	0.125	0.406	-0.342	0.029	-0.053
V5	-0.026	-0.064	-0.209	0.624	0.040
V6	0.506	0.170	-0.314	-0.187	-0.122
V7	0.150	0.131	0.273	-0.402	-0.104
V8	0.053	0.434	-0.082	-0.289	-0.027
V9	-0.129	0.255	-0.050	0.106	0.089
V10	0.137	-0.223	0.248	0.069	-0.041
V11	0.230	-0.066	0.058	0.000	-0.032
V12	-0.006	-0.074	0.018	0.396	-0.067
V13	-0.296	0.015	0.324	0.181	0.040
V14	-0.131	-0.142	0.522	-0.039	0.002
V15	0.021	0.075	0.211	-0.050	-0.035

Extraction Method: Principal Component Analysis.
Rotation Method: Varimax with Kaiser Normalization.
Component Scores.

⑥公共因子的解释

经过因子分析共获得5个公共因子,这5个公共因子共解释了83.295%的方差变异,这5个公共因子互不相关,且能够很好地测量农户对保险公司的满意度,即能够很好地表达农户对保险公司满意度的结构。分析各公共因子的内部原始变量情况,依据管理知识,我们将农户对保险公司的满意度的结构要素各公共因子解释命名为:保险公司的服务内容,保险公司的收支情况,

服务便利性,保险公司的员工形象和保险公司后期客户服务。(归类见表10-11)

表10-10 Component Score Covariance Matrix

Component	1	2	3	4	5
1	1.000	0.000	0.000	0.000	0.000
2	0.000	1.000	0.000	0.000	0.000
3	0.000	0.000	1.000	0.000	0.000
4	0.000	0.000	0.000	1.000	0.000
5	0.000	0.000	0.000	0.000	1.000

表10-11 满意度结构要素归类表

序号	类型	满意度指标
1	保险公司服务内容满意度	总体服务 基本服务 特色服务 新业务服务
2	保险公司收支情况满意度	保费的收取 赔付费用的收取 服务费用的收取
3	服务便利性满意度	相关业务的便利性和快捷性 营业网点分布情况
4	保险公司员工形象满意度	员工的仪容仪表、工作态度 员工的专业知识和差错处理服务
5	保险公司后期客户服务满意度	应急情况处理 客户投诉和差错处理 客户回访服务 提供的信息服务

1—保险公司服务内容满意度（公共因子f_1）

$f_1 = 0.313 \times V1 - 0.175 \times V2 + \cdots - 0.131 \times V14 + 0.021 \times V15$（公共因子1）

从公共因子数学表达式中，可以看出公共因子1主要与保险公司提供的总体服务、基本服务、特色服务和新业务服务相关程度较高。保险公司服务内容满意度体现了农户对保险公司所提供的总体服务、基本服务、特色服务和新业务服务的满意程度。从正交旋转因子载荷表中，可知农户对保险公司服务内容的满意度能单独解释对保险公司服务内容的满意度为52.9%，说明保险公司的服务内容能够对农户对选择保险公司的满意程度上产生很大的影响。

2—保险公司收支情况满意度（公共因子f_2）

$f_2 = -0.065 \times V1 + 0.022 \times V2 + \cdots - 0.142 \times V14 + 0.075 \times V15$（公共因子2）

从公共因子数学表达式中，可以看出公共因子2主要与保险收取保费、赔偿费用及相关服务费用相关程度较高。保险公司收支情况满意度体现了农户对保险公司保费的收取、赔付费用的收取和相关服务费用的收取的满意程度。从正交旋转因子载荷表中，可知农户对保险公司采取的收支费用的满意度能单独解释农户对保险收费标准的满意度为42.9%，说明保险公司的收支费用标准能够对农户选择保险公司的满意程度产生很大的影响作用。

3—服务便利性满意度（公共因子f_3）

$f = -0.153 \times V1 - 0.097 \times V2 + \cdots + 0.522 \times V14 + 0.211 \times V15$（公共因子3）

从公共因子数学表达式中，可以看出公共因子3主要与保险公司的网点分布情况、保险公司提供的相关业务的便利性和快捷性相关程度较高。农户对保险公司的网点分布情况，保险公司提供的相关业务的便利性和快捷性的满意度分析体现了农户对保险公司整体服务便利性满意度分析的影响因素。

4—保险公司员工形象满意度（公共因子f_4）

$f_4 = 0.145 \times V1 + 0.073 \times V2 + \cdots - 0.039 \times V14 + 0.050 \times V15$

（公共因子4）

从公共因子数学表达式中，可以看出公共因子4主要与保险公司员工的仪容仪表、工作态度和员工的专业知识和差错处理服务的相关程度较高。农户对员工的仪容仪表、工作态度和员工的专业知识和差错处理服务方面的满意度分析，体现了农户对保险公司员工形象满意度为61.2%，说明保险公司员工的各个方面形象能够对农户选择某个保险公司产生很大的影响。

5—保险公司后期客户服务满意度（公共因子f_5）

$f_5 = -0.039 \times V1 + 0.651 \times V2 + \cdots + 0.002 \times V14 - 0.035 \times V15$（公共因子5）

从公共因子数学表达式中，可以看出公共因子5主要与保险公司所提供的应急情况处理、客户投诉和差错处理、客户回访服务和提供的信息服务等服务的指标相关程度较高。保险公司后期客户服务满意度体现了农户对保险公司所提供的应急情况处理、客户投诉和差错处理、客户回访服务和提供的信息服务等服务的满意度，从正交旋转因子载荷表中，可以看出，农户对保险公司后期客户服务满意度为40.9%，说明保险公司后期客户服务满意度能够对农户选择某个保险公司产生很大影响。

表 10 – 12　Component Transformation Matrix

Component	1	2	3	4	5
1	0.529	0.503	0.517	0.374	0.246
2	0.588	0.429	-0.061	-0.211	0.464
3	-0.282	-626	-0.118	-0.477	0.704
4	0.067	0.113	-0.739	0.612	0.249
5	-0.539	-0.399	0.411	0.463	0.409

Extraction Method: Principal Component Analysis.
Rotation Method: Varimax with Kaiser Normalization.

3. 结　论

从上述分析可以归纳出5个农户满意度的结构要素，即保险公司服务内容满意度分析、保险公司收支情况满意度分析、服务便利性满意度分析、保险公司员工形象满意度分析、保险公司后期服务满意度分析。通过本研究，更能反映出农户对保险公司的满意度分析，提出针对保险公司满意度的框架结构，以及各个框架对农户选择保险公司的影响程度。

10.2 云南开展农业保险的发展模式

2003年，保监会提出五种模式发展农业保险，力争在一到两年实践中，逐步形成符合我国国情的农业保险制度。一是与地方政府签订协议，由商业保险公司代办农业险；二是在经营农业险基础较好的地区如上海、黑龙江等地，设立专业性农业保险公司；三是设立农业相互保险公司；四是在地方财力允许的情况下，尝试设立由地方财政兜底的政策性农业保险公司；五是继续引进像法国安盟保险等具有农业险经营先进技术和管理经验的外资或合资保险公司。

由于以上五种模式各有利弊，在实际的农业保险发展过程中，不能单独依靠某一种模式。因此，云南省可以根据省情，建立适合云南省省情的农业保险发展模式。

10.2.1 建立政策性农业保险公司

建立政策性的农业保险公司，必须研究农业保险经营主体的组织形式，中国加入WTO之后，对农业的保护将在很大程度上被限定于非价格保护，而农业保险已是国际上最重要的非价格农业保护工具之一。世界贸易组织有关协议都明确规定政府可在财政上参与农业保险以支持本国农业，这些规定有利于我国对农业的保护。因此，把农险业务从商业保险中分离出来，成立政策性的农业保险公司已是当务之急。2004年3月1日，中国第一家专业性的农业保险公司——上海安信农业保险股份有限公司获得保监会批准筹建。这是我国第一家专业性的股份制农业保险公司，也是近七年以来首家获准设立的中资专业保险公司。此举对于我国农业保险制度的建立具有里程碑意义，将引导中国农险事业的发展进程。云南省可以借鉴安信农业保险股份有限公司的经验，发展适合云南省农业情况的政策性农业保险公司。

10.2.2 构建多元化农业保险市场体系

云南是一个高原山区省份，属青藏高原南延部分。地形一般以元江谷地和云岭山脉南段的宽谷为界。由于盆地、河谷、丘陵、低山、中山、高山、山地、高原相间分布，各类地貌之间条件差异很大，类型多样复杂。全省土地面积，按地形看，山地占84%，高原、丘陵约占10%，坝子（盆地、河谷）仅占6%。全省127个县（市、区）及东川市共128个行政单位中，除昆明市的五华、盘龙两个城区外，山区比重都在70%以上，没有一个纯坝区县。其中，山区面积占全县总面积70%～79.9%的有4个县（市），山区面积占80%～89.9%的有13个县（市），占90%～95%的有9个县，其余的县（市）均在95%以上，有18个县99%以上的土地全是山地。根据云南省这一特殊的地形特点，建立一家农业保险公司统一经营农业保险业务，是不现实的。因此，云南省应该建立经营主体多元化的农业保险经营体系，主要形式包括：

（1）建立专业性农业保险公司
（2）商业保险公司经营农业保险
（3）农业相互保险公司
（4）外资保险公司经营农业保险
（5）国内商业保险公司与外资保险公司联合经营农业保险

云南省应该根据省内山多地少，以及特殊的地理地貌等特征，鼓励现有的商业保险公司开发农村和农业保险业务，同时引进在农业保险方面有专长的外资保险公司，从而形成多种形式、多种渠道相结合的农业保险体系。

10.3 云南农业保险发展模式功能

10.3.1 有利于加快农业保险业务的创新

云南省采取上述农业保险发展模式后，将打破原有的农业保险模式，对农业保险的业务进行创新：一是组织形式创新，鼓励成立专业性保险公司、相互制农险公司、地方政策性农险公司、商业保险公司、引进外资保险公司，形成多种组织形式并存的农业保险市场体系；二是产品创新，鼓励保险公司积极开发适合农业生产实际、适销对路的农业保险产品；三是服务创新，使农业保险尽力覆盖农业生产、加工、流通、销售及农民生产生活的各个环节；四是渠道创新，鼓励保险公司将直接销售与间接销售相结合，创新销售形式，扩大保险产品的覆盖范围；五是农业保险范围的创新，云南省将实行强制性与自愿性相结合的经营模式，并实行政府补贴和再保险制度。对于重要农产品（水稻等）等实行强制性保险（可给予保险优惠支持），对次重要农产品（果树、蔬菜、林业等）适合实行自愿性保险。

10.3.2 有利于加速政策性与商业化农业保险经营的结合

加大对商业保险公司开办农业保险的扶持力度，逐步化解政策性与商业化经营的矛盾。一是给商业保险公司一定补贴（大于1%），以促进农业生产和农村产业结构的调整；二是合理确定农业保险费率（结合区域GDP、农村居民人均纯收入、人均年消费性支出等指标）；三是积极支持农民参加农业保险。对参保的农民提供一定的保费补贴，将小额农业保险与推行农业保险结合起来，从政策上引导农民参加农业保险的自觉性。

10.3.3 有利于促进农村保险体系的稳定

农业保险可以使个人风险得到转移、分散，实现将原来不稳定的风险转化为稳定的风险。有农业保险作保障，农业生产趋于稳定，经营者的收益保障程度提高，这种状况有利于改善农业和经营主体的经济地位，从而改善其保险地位，便于其获得保险，引导农业保险资本流入，促进农业生产扩大规模、提高集约化生产水平和降低农业保险成本。

农业保险不仅是稳定农业生产、保障经营者利益的有力手段，由于它对农业保险起到配套保障作用，因此还是一国农村保险体系的重要组成部分，其发展关系到一国农村保险体系的完整性和稳健性。

10.3.4 有利于加强对农业的支持和保护，促进农业和农村经济的稳定发展

可以说，随着我国加入WTO和经济的发展，农业保险是市

场和开放经济条件下政府进行农业支持的有力工具。WTO 的规则要求成员逐步开放农产品市场并减少对农业的补贴，但与农业生产相关的自然灾害保险则不予限制。农业保险已经成为 WTO 成员支持本国农业的基本手段和方式之一。因此，大力发展农业保险，建立政策性和商业性相结合的农业保险制度，是我国合理运用 WTO 规则，完善农业保护体系，提高我国农业的生产经营水平和国际竞争实力的必要措施。

农业产业与其他产业具有高度联动性，农业生产的发展会直接带动农业产前、产后和相关服务业的发展，农民收入的提高可以直接促进其对工业品、服务业的消费。由于农业保险稳定了农业投资收益，会促进社会增加对现代农业的投入，因此，农业保险可以通过促进农业生产的稳定来促进农村相关产业的稳定和发展。

农业是母体性产业，是国民经济的基础，是人们最主要的生活来源，"三农"问题不仅直接关系到本部门的产业发展、就业增长和区域稳定，还是拉动内需的核心力量，是实现经济持续发展的根本保障。因此，通过农业保险促进农业的稳定与发展，使广大农民从容面对天灾人祸，有利于国民经济和社会的稳定、发展，从而也有利于云南省经济的稳定发展。

10.3.5 开发设计适销对路的农业保险险种且展现积极的营销创新

保险险种设计应充分考虑到城市和农村市场的不同需求，注意研究农村保险标的危险单位的划分、农民付费能力、保险需求乃至保险费率的制定，对险种的开发必须以适应农村经济需求为前提，不断扩大服务领域，为农村经济和农民生活提供全方位服务。对于险种开发的要求应该充分考虑到农村工业、建筑业、运输业及服务业的需求，不断开发适销对路的险种。

积极主动地进行表现营销创新是保险公司化解不利因素的有效措施。云南省农村保险市场发展缓慢的一个原因就是保险营销手段落后，因此要发展农村保险市场，就要改变这种状况，积极进行保险营销创新。在经营中保险公司首要的转变就是营销理念。保险业属于服务业，保险公司要树立起市场经济中的营销服务意识，只有最了解客户期望的公司，才能提供最受欢迎的服务，尤其在农村市场，由于农民居住较分散，更应强化服务意识，拓展服务渠道，以满足农民需要。在管理上，树立以人为本，建立优秀的保险企业文化，以充分调动全体员工的积极性、创造性，最大限度地发挥他们的潜力，形成合力。保险公司要善于分析、研究市场，紧紧盯住市场的需求，努力探索和开发较新颖的、低成本而且便利客户的营销方式，了解农民的切实需要，选择有前途的新型营销领域。

10.3.6 预防巨灾风险带来的损失，保护农民的利益

相互保险公司要与有关部门共同建立自然灾害风险信息系统，根据气象、水文、台风以及灾害信息，报告重大灾害损失，帮助决策层及时掌握灾情，迅速决策，指导救灾工作。对于巨灾风险的来临，不仅一般企业和老百姓无法抗拒，对政府来说也是一个沉重的负担。因此，农民向农业保险公司投保，不仅可以预防由于巨灾风险所带来的损失，也有效地保护了自己的利益。云南省应该借鉴国内外成功预防巨灾风险的成功案例，有效预防巨灾风险，尽可能地降低损失，分散风险。

10.3.7 促进政策性农业保险制度的建立

农业是一个准公共部门，农业保险的发展具有极强的公共性和外部性，因此，建立对农业的支持保护体系需要探索建立政策性农业保险制度。建立科学的政策性农业保险制度既能解决农民抵御风险力量过弱的问题，又能弥补仅靠国家救助导致财政压力过重的不足，有利于调动各方面的积极性，是市场经济条件下一种有效的农业风险补偿制度。云南省应根据本省的经济发展水平、财政水平、农业生产力水平较低以及自然灾害特殊的情况，因地制宜地选择经营主体形式，开展农业保险。云南省开展农业保险是不可能照搬其他的现成做法，也不可能完全依赖国家的财政补贴，而是应该最终建立多层次体系、多渠道支持、多主体经营的政策性农业保险制度。

第11章 结 论

通过分析中国农业保险的供求现状,发现了中国农业保险发展中存在着严重的供求矛盾,进一步对这些矛盾成因的分析,找到了构建中国农业保险经营模式的切入点;通过对中国农业保险经营模式的实践情况进行分析,总结了实践中取得的成绩及发现的问题;通过对国外较有代表性的农业保险经营模式进行比较分析,找出其成功经验给中国带来的启示。以此为依据和参考,提出适宜于中国的农业保险经营模式是将政府主办模式与互助合作模式相结合,以合作保险组织为主体,以农业保险公司为主导,其他保险公司为补充的模式,并进一步从增强农民保险意识、加快立法、加大财政支持、加强防灾防损体系建设等方面提出了构建中国农业保险经营模式的政策保障。

本书研究的创新点主要有以下几个方面:

第一,提出了政府主办模式与互助合作模式相结合,以合作保险组织为主体,以农业保险公司为主导,其他保险公司为补充的农业保险经营模式。

第二,提出了把目前的农业保险业务从中国人民保险公司独立出来,成立专业性公司——中国农业保险公司。

第三,提出了从增强农民保险意识、加快立法、加大财政支持、加强防灾防损体系建设等方面保障中国农业保险的发展和运行。

本书的不足之处在于,由于农业保险在中国的发展还处于刚刚起步的阶段,各方面的数据都还没有系统建立起来,所以有些方面还不能做到量化的分析。但随着农业保险在中国的进一步发展,这方面的工作会逐步得到完善的。

参考文献

1. S. M. Ahsan, A. Ali and N. Kurian. Toward a Theory of Agricultural Insurance. Amer. J. Agr. Econ. 64 (August 1982): 520-529.

2. Alexander Sarris. The Demand for Commodity Insurance by Developing Country Agricultural Producers: Theory and an Application to Cocoa in Ghana. Working Paper, University of Athens.

3. R. G. Chambers. Insurability and Moral Hazard in Agricultural Insurance Markets. Amer. J. Agr. Econ. 71 (August 1989): 604-616.

4. J. W. Glauber & Keith J. Collins. Crop Insurance, Disaster Assistance, and the Role of the Federal Government in Providing Catastrophic Risk Protection. Agricultural Finance Review, Fall 2002, 82-103.

5. B. K. Goodwin and M. Vandeveer. An Empirical Analysis of Acreage Distortions and Participation in the Federal Crop Insurance Program. Paper Presented at the Economic Research Service Workshop Titled "Crop Insurance, Land Use, and the Environment". Washington, DC, 20-22 September 2000.

6. B. K. Goodwin and V. H. Smith. The Economics of Crop Insurance and Disaster Aid. Washington, DC: The AEI Press, 1995.

7. B. K. Goodwin. An Empirical Analysis of the Demand for Crop Insurance, Amer. J. Agr. Eron. 75 (May 1993): 425-434.

8. H. Holly Wang. Zone-Based Group Risk Insurance. Journal of Agricultural and Resource Economics 25 (December 2000): 411-431.

9. J. R. Harwood, K. Heifner, J. Coble. Perry and A. Somwaru. Managing Risk in Farming: Concepts, Research, and 100 the Role of the Federal Government in Providing Risk Protection Analysis. Agr. Econ. Rep. No. 774, USDA/Economic Research Serv-

ice, Washington, DC, March 1999.

10. B. Holmstrom. Moral Hazard and Observability. Bell J. Econ. 10 (Spring 1979): 74-91.

11. R. E. Just, L. Calvin and J. Quiggin. Adverse Selection in Crop Insurance. Amer. J. Agr. Econ. 81 (November 1999): 834-849.

12. Keith H. Coble, Terry Hanson, J. Corey Miller, Saleem Shaik. Agricultural Insurance as an Environmental Policy Tool. Journal of Agricultural and Applied Economics, 35, 2 (August 2003): 391-405.

13. 丁少群, 庹国柱. 国外农业保险发展模式及扶持政策. 世界农业, 1997年第8期, 第7~9页.

14. 费友海. 我国农业保险发展困境的深层根源——基于福利经济学角度的分析. 保险研究, 2005年第3期, 第133~144页.

15. 冯文丽. 我国农业保险市场失灵与制度供给. 保险研究, 2004年第4期, 第124~129页.

16. 顾海英, 张跃华. 政策性农业保险的商业化运作——以上海农业保险为例. 中国农村经济, 2005年第6期, 第53~60页.

17. 郭晓航, 姜云亭. 农业保险. 北京: 中国保险出版社, 1987.

18. 郭永利. 关于农业保险现状与体制改革方案的思考. 中国软科学, 1996年6月, 第44~47页.

19. 胡亦琴. 论农业保险制度的基本框架与路径选择. 农业经济问题, 2003年第10期, 第40~43页.

20. 黄公安. 农业保险的理论及其组织. 北京: 商务印书馆, 中华民国二十六年五月初版 (1937年5月).

21. 李秉龙. 将农业保险纳入国家农业政策保护体系. 中国农村经济, 1994年4月, 第51~52页.

22. 李军. 农业保险的性质、立法原则及发展思路. 中国农村经济, 1996年1月, 第55~59页.

23. 刘京生. 中国农村保险制度论纲. 北京: 中国社会科学出版社, 2000.

24. 刘宽. 我国农业保险的现状、问题及对策. 中国农村经济, 1999年10月, 第10~11页.

25. 刘荣茂, 李岳云, 刘妍. 建立中国政策性农业保险的对策研究. 南京农业大学学报 (社会科学版), 2004年9月 (第3期), 第44~48页.

26. 龙文军. 试论我国推进政策性农业保险的深层障碍. 南方农村, 2006年第4期, 第10~14页.

27. 皮立波, 李军. 我国农村经济发展新阶段的保险需求与商业性供给分析. 中国农村经济, 2003年第5期, 第6~9页.

28. 石秀和. 建立我国农业风险保险保障体系的思考. 中国农村经济, 1996年7月, 第67~69页.

29. 史建民, 孟昭智. 我国农业保险现状、问题及对策研究. 农业经济问题, 2003年第9期, 第45~49页.

30. 史清华, 顾海英, 张跃华. 农民家庭风险保障从传统模式到商业保险. 管理世界, 2003年11月, 第101~108页.

31. 庹国柱, 丁少群. 论农作物保险区划及其理论根据. 当代经济科学, 1994年第3期, 第64~69页.

32. 庹国柱, 王国军. 中国农业保险与农村社会保障制度研究. 北京: 首都经贸大学出版社, 2002.

33. 庹国柱, 杨翠迎, 丁少群. 农民的风险, 谁来担？——陕西、福建六县农村保险市场的调查. 中国保险, 2001年3月, 第34~36页.

34. 吴扬. 从"负保护"到积极的政策性农业保险运作. 上海经济研究, 2003年3月, 第18~23页.

35. 张少权. 农业保险的理论与实际. 上海农村, 1937年4月, 1卷2期.

36. 张跃华. 河南省农村互助统筹保险模式分析. 保险理论与实践, 2004年12月, 第55~57页.

37. 张跃华. 农业保险、粮食"直补"对农民福利的影响及比较——以上海长兴岛为例. 上海农业学报, 2005年第4期, 第110~114页.

38. 张跃华. 农业保险团体保险（区域保险）与中国农业保险发展. 中国保险, 2005年第6期, 第57~58页.

39. 张跃华. 上海、新疆、河南农业保险制度的分析与比较. 中国保险, 2004 年第 24 期, 第 54~55 页.

40. 张跃华, 顾海英. 上海农业保险状况分析与对策探讨. 上海农村经济, 2003 年 11 月, 第 19~21 页.

41. 张跃华, 顾海英. 准公共产品、外部性与农业保险的性质. 中国软科学, 2004 年 9 月, 第 10~15 页.

42. 张跃华, 顾海英, 史清华. 农业保险需求不足效用层面的一个解释及实证研究. 数量经济技术经济研究, 2005 年第 3 期, 第 53~60 页.

43. 张跃华, 顾海英, 万皓. 新疆建设兵团农业保险调查报告. 新疆大学学报, 2005 年第 2 期, 第 10~13 页.

44. 张震宇, 王文楷, 胡福森. 河南自然灾害及对策. 北京: 气象出版社, 1993.

45. 赵黎明, 邱佩华. 河南省抗灾救灾系统研究. 天津: 天津人民出版社, 1997.

46. 赵勇, 陈登泉主编. 农村救灾合作保险. 长沙: 湖南科学技术出版社, 1989.

47. 郑迥. 泛论农业保险. 中国农业月刊, 1944 年 11 月 5 卷 11 期, 第 23~28 页.

48. 中国保险史编审委员会. 中国保险史. 北京: 中国保险出版社, 1998.

49. 谢应齐, 杨子生. 云南省农业自然灾害区划. 北京: 中国农业出版社, 1995.

50. 虞锡君. 农业保险与农业产业化互动机制探析. 农业经济问题, 2005 年第 8 期.

51. 郭树华, 付庆华. 现代保险与云南新型投融资方式研究. 昆明: 云南大学出版社, 2005.

52. 冯文丽, 林宝清. 我国农业保险短缺的经济分析. 福建论坛（经济社会版）, 2003.

53. 龙文军, 张显峰. 农业保险主体行为的博弈分析. 中国农村经济, 2003 (5).

54. 庹国柱. C. F. Framingham. 农业保险: 理论、经验与问题. 北京: 中国农业出版社, 1995.

55. 谢家智,蒲林昌. 政府诱导型农业保险发展模式研究. 保险研究,2003（11）:42~44.

56. 李秉龙,薛兴利. 农业经济学. 北京:中国农业大学出版社,2003.

57. 康云海,张士强. 云南农业产业化发展研究. 昆明:云南民族出版社,1999.

58. 龙文军. 谁来拯救农业保险:农业保险行为主体互动研究. 保险研究,2004.08.

59. 冷晓明,王铁生,叶英斌. 农业产业化概论. 北京:中国农业出版社,1998.

60. 林存吉,秦庆武,李超群. 农业产业化概论. 济南:山东人民出版社,1998.

61. 刘庆国,武银祥,尚一雷. 农业产业化简论. 石家庄:河北科学技术出版社,1997.

62. 滕锡尧,常承国. 中国农业产业化及其现代化发展道路. 北京:中国农业出版社,1999.

63. 庹国柱,李军. 农业保险. 北京:中国人民大学出版社,2005.

64. 杨文钰. 农业产业化概论. 北京:高等教育出版社,2005.

65. 姜春海. 我国农业风险管理的问题与对策. 湖南经济,1999.

66. 卢鸿鹏. 农业产业化风险和农业保险. 江西农业大学学报（社会科学版）,2004年6月第3卷第2期.

67. 罗东明. 我国农业产业化经营风险问题研究. 东北农业大学,2005.

68. 陆文聪,西爱琴. 农业产业化中农户经营风险特征及有效应对措施. 福建论坛（人文社科版）,2005年7月.

69. 冯文丽. 中国农业保险制度变迁研究. 北京:中国金融出版社,2004.

70. 王力宾. 云南农业保险业的现状、问题与对策研究. 学术探讨,2001年第4期.

71. 解明恩,程建刚,范菠. 云南气象灾害的时空分布规律．自然灾害学报，2004 年 10 月．

72. 白树明，黄中艳．云南旱灾特点和未来 10 年干旱趋势预测．人民珠江，2003 年 6 月．

73. 胥嘉国，汪增群．积极推进现代农业风险防范体系建设．光明日报，2007 - 02 - 01．

74. 何德旭，王朝阳，张捷．机制设计理论的发展与应用．中国经济时报，2007 年 10 月 23 日．

75. 张杰．中国农村保险制度调整的绩效：保险需求视角．北京：中国人民大学出版社，2007．

76. 刘民权．中国农村保险市场研究．北京：中国人民大学出版社，2006．

77. 江成会，吴楚平．保险供求非均衡状态下农户保险模式的理性选择——京山县农户保险模式个案研究．保险研究，2006（4）．

78. 王芳．中国农村保险需求与农村保险制度：一个理论框架．保险研究，2005（4）．

79. 刘锡良，洪正．多机构共存下的小额保险市场均衡．经济研究，2005（3）．

80. 何广文．中国农村保险转型与保险机构多元化．农村经济观察，2004（2）．

81. 张健．农村保险供给多元化与保险需求．保险研究，2004（4）．

82. 张维远．博弈论与信息经济学．上海：上海三联书店、上海人民出版社，2004．

83. 普兰纳布·巴德汉，克里斯托夫·尤迪．发展微观经济学．陶然等译．北京：北京大学出版社，2002．

84. 田国强主编．现代经济学与保险学前沿发展．北京：商务印书馆，2002．

85. 温铁军．农户信用与民间借贷研究——农户信用与民间借贷课题主报告．中经网，2001 - 07 - 05．

86. 罗杰·B．迈尔森．博弈论：矛盾冲突分析（中译本）．于寅、费剑平译．北京：中国经济出版社，2001．

87. 张杰．中国农村保险制度：结构、变迁与政策．北京：

中国人民大学出版社，1998.

88. The 2007 Bank of Sweden Prize in Economic Sciences in Memory of Alfred Nobel (Information for the public).

89. Mechanism Design Theory, Scientific Background on the Sveriges Risk Bank Prize in Economic Science in Memory of Alfred Nobel 2007.

90. 庹国柱．外国农业保险立法的比较与借鉴．中国农村经济，2001.

91. 龙文军．美国农业保险的历程和经验．世界农业，2002.

92. 马斌．现代农业呼唤现代农业保险．调研世界，2002.

93. 刘京生．中国农村保险制度论纲．北京：中国社会科学出版社，2000.

94. 郭晓航．农业保险．北京：中国保险出版社，1992.

95. 王和，皮立波．论发展中国政策性农业保险的策略．保险研究，2004 年第 2 期.

96. 张甲习．中国农业保险面临的问题及对策分析．理论导刊，2005 年第 11 期.

97. 刘蓉．中国农业保险现状的统计分析．统计研究，2004 年第 11 期.

98. 谢家智．农业保险区域化发展问题研究．南方农村，2003 年第 6 期.

99. 刘素春．论中国农业保险的发展状况．经济论坛，2005 年第 14 期.

100. 王凤山，王永文．促进和完善中国的农业保险事业．保险理论与实践，2005 年第 2 期.

101. 张惠茹．中国农业保险研究观点综述．经济纵横，2005 年第 5 期.

102. 张文武．中国农业保险的难点与对策．保险研究，2005 年第 9 期.

103. 付俊文，赵红．农业保险经济学分析．西安保险，2005 年第 5 期.

104. 鲍金红. 试论中国农业保险中的政府角色和作用. 统计与决策, 2005年8月（下）.

105. 柳翠. 中国政策性农业保险发展问题及对策. 保险与经济, 2005年第10期.

106. 谢家智, 林涌. 论加快中国农业保险经营技术创新. 保险研究, 2004年第5期.

107. 曹前进. 农业保险创新是解决农业保险问题的出路. 财经科学, 2005年第3期.

108. 王新亮, 汪延法. 美国农业保险的历程及启示. 农村经济, 2004年第11期.

109. 郭永利. 对制定和实施农业保险计划几个问题的反思. 上海保险, 1999年第5期.

110. 常保平. 保险支持农业结构调整的创新路径. 济南保险, 2002年第6期.

111. 钱立秀, 黄晓东. 中国设立农业保险合作社的构想. 市场周刊（财经论坛）, 2004年第7期.

112. 庄树雄. 可保风险条件和现代保险经营. 中山大学学报论丛, 2005年第3期.

113. 任素梅. 农业保险概论. 北京：中国农业出版社, 1995.

114. Hazell, Peter and Alberto Valdes. Crop Insurance for Agricultural Development. Issues and Experience. Baltimore. The John Hopkins University Press, 2000.

115. Jerry R. Skees. Agricultural Insurance Programs: Challenges and Lessons Learned. Workshop on Income Risk Management Session 4: From Risk – Pooling to Safety Nets. Insurance Systems OECD, Paris 15 – 16 May 2000.

116. Shri R. C. A. Jain. Challenges in Implementing Agriculture Insurance and Re – Insurance in Developing Countries. the Journal, January – June, 2004.

117. Shri Nicolas Chatelain. Challenges In Implementing Agricultural Insurance & Re – insurance in Developing Countries. the Journal, January – June, 2004.

后　记

　　本书是在省院省校合作研究项目"农业保险与农业产业发展的互动机制及其对策研究"的基础上，进一步拓展研究的结果。真诚感谢云南省省院省校合作办公室和云南大学出版社张丽华老师的支持和帮助。